生活向上につながる賃上げの実現と労働環境の改善へ

2024〜2025年度 経済情勢報告

公益財団法人 連合総合生活開発研究所

コンポーズ・ユニ

公益財団法人　連合総合生活開発研究所

　1987年12月に設立された連合総合生活開発研究所（略称：連合総研）は、「連合」のシンクタンクとして、連合及び傘下の加盟労働組合が主要な運動、政策・制度要求を展開するうえで必要とされる国内外の経済・社会・労働問題等に関する調査・分析等の活動を行うとともに、新たな時代を先取りする創造的な政策研究を通じて、我が国経済社会の発展と、国民生活全般にわたる総合的向上を図ることを目的としています。研究活動は研究所長を中心に、テーマごとに研究者や専門家の協力を得ながら進めています。

（連合総研ホームページ https://www.rengo-soken.or.jp/）

年度	経済情勢報告副題	連合総研フォーラム開催日
1988〜89	「生活の質向上をめざして」	（1988年11月 4日）
1989〜90	「新成長時代に向けて」	（1989年11月13日）
1990〜91	「調整局面をいかに乗り切るか」	（1990年11月 8日）
1991〜92	「内需主導型成長の第二段階へ」	（1991年11月 1日）
1992〜93	「人間中心社会の基盤構築にむけて」	（1992年11月 4日）
1993〜94	「内需主導型経済の再構築」	（1993年11月 1日）
1994〜95	「構造調整を超え生活の新時代へ」	（1994年11月 2日）
1995〜96	「日本経済の新機軸を求めて」	（1995年11月 9日）
1996〜97	「自律的回復の道と構造改革の構図」	（1996年11月 5日）
1997〜98	「持続可能な成長と新たな経済社会モデルの構築」	（1997年11月 4日）
1998〜99	「危機の克服から経済再生へ」	（1998年11月 4日）
1999〜2000	「安心社会への新たな発展の布石」	（1999年11月 2日）
2000〜01	「活力ある安心社会構築のために」	（2000年11月 9日）
2001〜02	「デフレからの脱出と日本経済の再生」	（2001年11月 8日）
2002〜03	「長引く不況,すすむ雇用破壊—デフレ克服なくして再生なし」	（2002年11月21日）
2003〜04	「自律的な景気回復を確実にするために」	（2003年11月25日）
2004〜05	「持続的回復の条件は何か」	（2004年10月27日）
2005〜06	「生活の改善と安定成長への道筋」	（2005年10月26日）
2006〜07	「公正で健全な経済社会への道」	（2006年10月24日）
2007〜08	「暮らしと雇用の質を高める持続的成長へ」	（2007年10月29日）
2008〜09	「生活防衛から安心安定経済へ」	（2008年10月27日）
2009〜10	「雇用とくらしの新たな基盤づくり」	（2009年10月26日）
2010〜11	「縮み志向の企業行動からの脱却を」	（2010年10月27日）
2011〜12	「職場・地域から『絆』の再生を」	（2011年10月25日）
2012〜13	「グローバリゼーションと雇用・生活の再生」	（2012年10月22日）
2013〜14	「適切な配分と投資による『成長』を求めて」	（2013年10月28日）
2014〜15	「『好循環』への反転を目指して」	（2014年10月21日）
2015〜16	「一人ひとりが活き活きと働ける社会を目指して」	（2015年10月28日）
2016〜17	「暮らしの底上げに向けて」	（2016年10月25日）
2017〜18	「人間らしい働き方の実現」	（2017年10月24日）
2018〜19	「働き方の多様化と公正な分配」	（2018年10月25日）
2019〜20	「誰もが働きがいと生きがいを実感できる社会の実現」	（2019年10月18日）
2020〜21	「新型コロナ・ショックとwithコロナ時代に向けて」	―
2021〜22	「コロナ後を見据えて」	（2021年12月 3日）
2022〜23	「新たな時代における経済の好循環実現に向けて」	（2022年10月28日）
2023〜24	「持続的な賃上げにつながる社会経済の構築へ」	（2023年10月26日）
2024〜25	「生活向上につながる賃上げの実現と労働環境の改善へ」	（2024年10月29日）

「経済社会研究委員会」について

経済社会研究委員会は、連合総研に常設される研究委員会です。
　経済情勢報告の取りまとめにあたり、当委員会において本報告書で取り上げる検討課題についてご議論いただくとともに、各委員・オブザーバーからご助言をいただいております。

【委　員】
- 主査　　吉川　洋　　　　東京大学名誉教授
- 委員　　太田　聰一　　　慶應義塾大学経済学部教授
- 委員　　齋藤　潤　　　　（公社）日本経済研究センター研究顧問
- 委員　　冨田　珠代　　　連合　総合政策推進局総合局長
- 委員　　永瀬　伸子　　　お茶の水女子大学基幹研究院教授

（オブザーバー）
- 新沼　かつら　　連合　労働条件・中小地域対策局長
- 大津　翠　　　　連合　経済・社会政策局部長

【連合総研事務局】
- 伊藤　彰久　　副所長
- 石黒　生子　　主幹研究員
- 中村　天江　　主幹研究員
- 太田　哲生　　主任研究員
- 千谷　真美子　主任研究員
- 堀江　則子　　主任研究員
- 松岡　康司　　主任研究員
- 石川　茉莉　　　　研究員

（肩書は2024年9月現在）

「経済情勢報告」について

「経済情勢報告」は連合総研の責任においてとりまとめられたものです。したがって、その内容は、とりまとめにあたりご助言をいただいた経済社会研究委員会の各委員・オブザーバーの見解を示すものではありません。

（問合せ先：rengosoken@rengo-soken.or.jp）

はじめに

　連合総合生活開発研究所（連合総研）では、勤労者生活にかかわる内外の経済情勢を分析し、毎年「経済情勢報告」として発表しています。第37回となる本報告書では、働く者の生活向上につながる賃上げの実現と労働環境の改善に向けた課題について、客観的な分析に基づいた提言を行っています。

　第Ⅰ部では、最近の経済動向について分析しています。我が国経済は、コロナ禍の影響から着実に回復しており、2024年4－6月期の名目GDPは、物価上昇の影響もあり、年率で600兆円の大台を初めて突破しました。他方、物価高は家計の実質的な可処分所得や消費の減少などの副作用をもたらしており、国民生活は依然として厳しい状況におかれています。2024年の春闘における賃上げは約33年ぶりに5％超の高水準となり、実質賃金は2024年6月に27か月ぶりでプラスに転じましたが、今後このような改善の動きが定着するかについてはなお注視を要するといえます。

　こうした中で、コロナ禍後の景気回復や円安等を背景として企業収益は大幅に増加しており、労働分配率は過去最低の水準にまで低下しています。企業の賃上げ余力が大きくなっている今こそ成果の公正配分を図るまたとない好機であり、持続的な賃上げを通じて、働く者の生活向上と経済の好循環を実現することが重要であることなどを、具体的な分析に基づき論じています。

　第Ⅱ部では、働きやすい労働環境の実現に向けた各種の課題について検討しています。今後、生産年齢人口の減少が加速する中で豊かさを維持していくためには、労働生産性の向上を図ることが必要です。労働生産性を向上させるためには、設備や研究開発への投資に加えて「人への投資」を強化することが不可欠ですが、働く人々の持てる力をいかんなく発揮してもらうためにも、労働環境の改善を通じて、働きやすい職場としていくことが重要であるといえます。このような問題意識の下、労働者の健康維持管理、仕事と育児・介護等との両立支援、働きがいやエンゲージメントの向上といった問題をめぐる現状や課題を整理するとともに、これらの課題に対して労働組合が果たすべき社会的役割などについて検討し、今後の取組の方向性についての提言を行っています。

　第Ⅲ部では、第Ⅰ部、第Ⅱ部での分析を踏まえ、更に有識者の方々に、働く者の生活向上につながる賃上げと働きやすい労働環境の実現に向けた課題と提言について、マクロ経済学、労働経済学、労働・雇用政策などの観点から、ご寄稿いただきました。

　補論においては、2025年度の我が国の経済情勢を展望しています。

　本報告書は、2025年度における連合の政策・制度要求や春季生活闘争、そして経済政策や労働・雇用政策をめぐる活動に向けて参考資料となることを意図して作成したものです。労働組合関係者だけではなく、多くの方々に本書に目を通していただき、持続的な賃上げにつながる社会経済システムの構築に向けた諸課題を議論するにあたり役立てていただければ幸いです。

　本報告書は、当研究所に常設されている「経済社会研究委員会」でのご議論やご助言を踏まえて、当研究所の責任において取りまとめたものです。報告書作成にあたり、懇切なご指導と多大なご尽力をいただきました吉川洋主査をはじめ、経済社会研究委員会の各委員に対し心から感謝を申し上げる次第です。

2024年10月
公益財団法人　連合総合生活開発研究所
所長　市川正樹

生活向上につながる賃上げの実現と労働環境の改善へ

2024～2025年度 経済情勢報告

（目　次）

はじめに ——————————————————————————————— 4

第Ⅰ部　働く者の生活向上につながる賃上げの実現へ ——————— 9

第1章　2023年秋以降の日本経済 ———————————————— 10
- 第1節　マクロ経済の概況 ————————————————————— 12
- 第2節　物価、消費 ———————————————————————— 23
- 第3節　企業活動 ————————————————————————— 30
- 第4節　輸出入 —————————————————————————— 42
- 第5節　経済政策 ————————————————————————— 46

第2章　コロナ禍から経済が回復する中での労働市場の概況 ———— 57
- 第1節　雇用情勢の改善が続く一方で深刻化する人手不足 ——————— 58
- 第2節　足元の物価高と持続的な賃上げの必要性 ——————————— 67

第3章　世界経済の概況 ———————————————————— 76
- 第1節　世界経済の現状と見通し —————————————————— 77
- 第2節　主要国・地域の景気動向及びマクロ経済政策 ————————— 80

第Ⅱ部　働きやすい労働環境の実現へ ————————————— 83

第1章　労働者の健康維持管理 ————————————————— 87
1. 人生100年、健康寿命がより重視される時代 ———————————— 88
2. 高年齢労働者や病気との両立支援へも対応した職場環境づくり ——— 90
3. 女性特有の健康課題への取り組み ————————————————— 93
4. 労働組合の取り組みと課題～職場環境整備に向けた労働組合の取り組み～ ——— 96

第2章　仕事と育児・介護等との両立支援の課題 ————————— 99
1. 出産・育児や子育て、介護・看護をしながら働いている労働者の状況 ——— 100
2. 出産・育児や介護・看護を理由とした離職者の状況 ————————— 101
3. 待機児童の状況 ————————————————————————— 102
4. 企業（事業所）における育児・介護等と仕事の両立に関する各種制度の状況 ——— 104
5. 妊娠・出産・育児等を理由として離職した人の状況・理由等 ————— 105
6. 仕事と育児・介護等との両立を支援するさらなる取り組みの必要性 —— 106

目次

第3章　働きがい/エンゲージメント向上における労働組合の役割 ── 108
　1．働きがい、エンゲージメントとは ── 109
　2．働きがい（ワークエンゲージメント）と人材定着率などの関係 ── 109
　3．日本における従業員エンゲージメントの状況 ── 110
　4．従業員の働きがいを高めるために ── 111
　5．働きがい（従業員エンゲージメント）を高める項目の検討 ── 112
　6．労働組合の役割と対応について ── 113

第4章　社会的役割を担う労働組合 ── 116
　1．労働組合の存在意義 ── 117
　2．労働組合の社会的役割 ── 117
　3．環境変化による期待役割の拡大 ── 118
　4．働く人々の健康 ── 120
　5．キャリア形成 ── 122
　6．経営の健全化 ── 122
　7．家族の幸せ ── 123
　8．人々のつながり ── 123
　9．地域の自治 ── 124
　10．持続可能な社会に向けて ── 125

第Ⅲ部　生活向上につながる賃上げと働きやすい労働環境の実現に向けた課題 ── 127

賃金と労働生産性
　　　　吉川　洋　　東京大学名誉教授 ── 128
賃上げの今後のあり方を考える
　　　　齋藤　潤　　（公社）日本経済研究センター研究顧問 ── 131
正規雇用と非正規雇用者に分かれた雇用システムをどう変えていくのか
　　　　永瀬　伸子　　お茶の水女子大学基幹研究院教授 ── 136
高齢化社会における労働災害をあらためて考える
　　　　太田　聰一　　慶應義塾大学経済学部教授 ── 141

補論：2025年度の日本経済の姿 ── 144

※第Ⅰ部及び第Ⅱ部については一部を除き、原則9月中旬までのデータを反映。

図表一覧

図表Ⅰ-1-1　ＧＤＰの推移（季節調整値、年率）
図表Ⅰ-1-2　１人当たり名目ＧＤＰ（2023年）の国際比較（ドル、ＰＰＰベース）
図表Ⅰ-1-3　年齢階級別賃金の動向（男女計、2023年の対前年比増減率）
図表Ⅰ-1-4　ビッグデータからみた年齢別賃金の動向（2023年４～７月平均、対前年同期比増減率）
図表Ⅰ-1-5　ベースアップ率と消費者物価上昇率（前年度比）
図表Ⅰ-1-6　労働分配率の推移
図表Ⅰ-1-7　名目賃金と実質賃金の推移（対前年同月比）
図表Ⅰ-1-8　企業収益の推移
図表Ⅰ-1-9　家計と企業の景況感の比較
図表Ⅰ-1-10　年間年収階級別の消費者マインド（暮らし向き）の推移
図表Ⅰ-1-11　従業員規模別にみた景気認識の推移
図表Ⅰ-1-12　ＧＤＰギャップと潜在成長率の推移
　(1)ＧＤＰギャップ
　(2)潜在成長率
図表Ⅰ-1-13　生産年齢人口の見通し
　(1)水準
　(2)変化率
図表Ⅰ-1-14　消費者物価（コアＣＰＩ）及びその内訳の推移
図表Ⅰ-1-15　消費者物価（生鮮食料品を除く食料）の推移
図表Ⅰ-1-16　可処分所得（実質）の推移
図表Ⅰ-1-17　家計貯蓄率の推移
図表Ⅰ-1-18　実質家計消費支出の要因分析（所得・貯蓄面）
図表Ⅰ-1-19　実質家計消費支出の要因分析（消費形態別）
図表Ⅰ-1-20　世帯で支出を切り詰めている割合（費目別）
図表Ⅰ-1-21　エンゲル係数の推移
図表Ⅰ-1-22　勤労者世帯の年収階級別預金等の増減
図表Ⅰ-1-23　売上高経常利益率の推移
図表Ⅰ-1-24　設備投資・キャッシュフロー比率の推移
図表Ⅰ-1-25　利益剰余金残高の推移
図表Ⅰ-1-26　設備投資配当比率の推移
図表Ⅰ-1-27　労働分配率（ＳＮＡベース）の推移
図表Ⅰ-1-28　労働生産性と実質賃金の関係（ＳＮＡベース）
図表Ⅰ-1-29　設備投資における計画と実績の乖離
図表Ⅰ-1-30　職場の人手過不足感
図表Ⅰ-1-31　人手不足への対応状況
図表Ⅰ-1-32　ＡＩ利用による労働者の業務効率向上
図表Ⅰ-1-33　企業倒産件数の推移
図表Ⅰ-1-34　財・サービス収支の推移
　(1)財・サービス収支
　(2)財の輸出入
　(3)サービスの輸出入
図表Ⅰ-1-35　交易利得（損失）の推移
図表Ⅰ-1-36　国・地方の財政収支・公債等残高の見通し（対名目ＧＤＰ比）
　(1)（基礎的）財政収支
　(2)公債等残高
図表Ⅰ-1-37　独立財政機関（ＩＦＩ）の各国比較（アメリカ、イギリス、ドイツ）
図表Ⅰ-1-38　将来の公的年金の財政見通し（2024年財政検証）

図表Ⅰ-2-1　完全失業率と求人倍率（季節調整値）の推移
図表Ⅰ-2-2　完全失業率（前年差）の要因分解
図表Ⅰ-2-3　新規求人数の推移（産業別、規模別）
図表Ⅰ-2-4　雇用者数の推移（雇用形態別／年齢別、性別）
図表Ⅰ-2-5　雇用人員判断ＤＩの推移
　業種別
　規模別
図表Ⅰ-2-6　雇用人員判断ＤＩの変化（2020年から2024年の変化）
　大企業・製造業
　大企業・非製造業
　中小企業・製造業
　中小企業・非製造業
図表Ⅰ-2-7　一般労働者の労働時間の動向
図表Ⅰ-2-8　建設業の一般労働者の労働時間の動向
図表Ⅰ-2-9　運輸業、郵便業の一般労働者の労働時間の動向
図表Ⅰ-2-10　医療、福祉の一般労働者の労働時間の動向
図表Ⅰ-2-11　平均賃金方式での賃上げ状況の推移

目　次

図表一覧

図表Ⅰ-2-12　大卒初任給の状況
図表Ⅰ-2-13　給与の推移（季節調整値）
図表Ⅰ-2-14　一般労働者の賃金の動向
図表Ⅰ-2-15　パート労働者の賃金の動向
図表Ⅰ-2-16　事業所規模別にみた給与の推移
　　現金給与総額の推移（事業所規模別）
　　現金給与総額の前年比（事業所規模別）
図表Ⅰ-2-17　実質賃金（前年同月比）の推移と増減要因（事業所規模5人以上）
図表Ⅰ-2-18　労働分配率の推移
図表Ⅰ-2-19　「経常利益」「配当金」「社内留保」「役員一人当たり給与」「従業員一人当たり給与」の推移（全規模・全産業）
図表Ⅰ-2-20
　(1) 平均年収（2000年＝100）の国際比較
　(2) 平均年収（水準）の国際比較

図表Ⅰ-3-1　ＩＭＦによる世界経済見通し（2024年7月）主要国・地域の実質ＧＤＰ成長率見通し
図表Ⅰ-3-2　ＯＥＣＤによる世界経済見通し（2024年9月）主要国・地域の実質ＧＤＰ成長率見通し

図表Ⅱ-1-1　健康状態別生きがい（喜びや楽しみ）を感じているか（択一回答）
図表Ⅱ-1-2　「健康経営・健康投資」とは
図表Ⅱ-1-3　あなたは、何歳ごろまで収入を伴う仕事をしたいですか（択一回答）
図表Ⅱ-1-4　年齢階級別就業率の推移
図表Ⅱ-1-5　高年齢労働者の労働災害発生状況
図表Ⅱ-1-6　仕事を持ちながら癌で通院している人数の変化
図表Ⅱ-1-7　事業所のメンタルヘルス対策の実施割合
図表Ⅱ-1-8　事業所のメンタルヘルス対策の内容について
図表Ⅱ-1-9　女性特有の健康課題による社会全体の経済損失（試算結果）

図表Ⅱ-1-10　健康上の問題で仕事・家事等への影響がある者の数及び割合（男女・年齢階級別 2022年国民生活基礎調査）
図表Ⅱ-1-11　女性特有・男性特有の病気の総患者数（年齢階級別・2020年患者調査）
図表Ⅱ-1-12　女性特有の健康課題に対する職場における支援状況
図表Ⅱ-1-13　生理（月経）痛の有無
図表Ⅱ-1-14　生理（月経）痛の時の対処法（複数選択、生理痛のある方）
図表Ⅱ-1-15　女性の健康啓発リーフレット（ＵＡゼンセン）

図表Ⅱ-2-1　育児・介護を理由とした離職者の推移
図表Ⅱ-2-2　待機児童数及び保育利用率の実績の推移
図表Ⅱ-2-3　放課後児童クラブのクラブ数、支援の単位数、登録児童数及び利用できなかった児童数の推移
図表Ⅱ-2-4　利用すれば仕事を続けられたと思う支援・サービス（複数回答）

図表Ⅱ-3-1　「働きがい」と定着率・離職率
図表Ⅱ-3-2　従業員エンゲージメントの割合
図表Ⅱ-3-3　仕事を選ぶ上で重視すること（27項目から優先度の高い5つまでを選択）
図表Ⅱ-3-4　仕事を選ぶ上で重視すること（2022年調査と2019年調査の比較）

図表Ⅱ-4-1　労働組合の社会的役割
図表Ⅱ-4-2　労働組合への期待の変化（2003年と2022年の比較）
図表Ⅱ-4-3　労働組合への期待（2022年調査、属性別）
図表Ⅱ-4-4　労災による死亡者数と精神障害にかかる労災請求件数の推移

第Ⅰ部

働く者の生活向上につながる賃上げの実現へ

第1章　2023年秋以降の日本経済

第2章　コロナ禍から経済が回復する中での労働市場の概況

第3章　世界経済の概況

第1章 2023年秋以降の日本経済

第Ⅰ部 第1章のポイント

○実質GDPは、基調として内需に力強さが欠ける中で、コロナ禍前の時期とほぼ同程度の水準にとどまっている。一方、名目GDPは、物価上昇の影響もあって、2024年4-6月期には年率で600兆円の大台を初めて突破した。

○2024年の春闘の賃上げ率は、定期昇給分とベースアップ相当分をあわせて5.10％と33年ぶりに5％超えの水準となった。一方、中小組合の賃上げ率は平均4.45％にとどまり、中小企業にも高い賃上げ率を波及できるかが今後の課題である。

○物価の高騰等を背景として長らく実質賃金のマイナスが続いてきたが、春闘の結果等を受けた賞与等の増加により、2024年6月に27か月ぶりでプラスに転じた。今後も改善に向けた動きが定着するか、引き続き注視する必要がある。

○コロナ禍後の景気回復等を背景として企業収益は増加傾向にあるが、これにより労働分配率は過去最低の水準にまで低下している。企業がその利益を賃金に分配する余力が大きくなっており、今こそ成果の公正分配を図ることが重要である。

○物価は一時の上昇のテンポが緩やかになる傾向もみられたが、既往の円安や海外情勢等の影響により、今後も食料品やエネルギー関連品目等の値上げが続く可能性がある。

○実質賃金の減少が続いてきたことなどを背景に、家計の実質的な可処分所得は低迷しており、生活必需品をはじめとする物価高騰の影響も相まって、家計の実質的な消費は減少している。

○物価の上昇は低所得世帯や年金受給世帯の生活困窮を深刻化させる可能性があり、こうした観点からも、賃上げを通じた可処分所得の増加や社会保障制度改革等が重要である。

○生産年齢人口の減少を背景に現場の人手不足が深刻化しており、設備投資の進捗が遅れるなど経済への影響も顕在化してきている。人手不足対策として、AI等のデジタル技術を活用した省人化投資や業務効率化投資が期待されており、必要なルール整備等を通じてより積極的な活用を促していくことが重要である。

○政府が2024年6月に閣議決定した「骨太の方針2024」において、国と地方の基礎的財政収支を2025年度に黒字化する目標が3年ぶりに明記されたほか、内閣府が同7月に公表した「中長期試算」においても、2025年度の国と地方の基礎的財政収支が黒字化する見通しが示された。不測の事態に備え財政余力を残しておくためにも財政目標を堅持することは重要であり、経済対策の内容については、必要かつ効果的な内容に絞ったものとすべきである。

○生産年齢人口の減少が加速化する中で、必要な労働力の確保やその質的向上等を図っていくためにも、男女間の賃金格差の是正、同一労働同一賃金の実現、いわゆる「年収の壁」の解消、子ども・子育て支援の充実等の重要課題に適切に対処するとともに、働き方等に中立的で、真に持続可能な年金制度の構築等を目指すべきである。
○金融政策の変更に伴う金利上昇等により株式・為替市場の先行きに対する不確実性が高まっており、今後もその動向を注視する必要がある。金利上昇の家計への影響を考えるにあたっては、世帯ごとの資産・負債を巡る状況の格差に十分留意する必要がある。

第1章 2023年秋以降の日本経済

第1節 マクロ経済の概況

ＧＤＰの概況

2023年の日本の名目ＧＤＰは過去最高水準となったが、ドルベースではドイツに抜かれて世界4位に転落した。国際通貨基金（ＩＭＦ）の試算によると、2025年にはインドにも抜かれて世界5位となる見込みとなっている[1]。

2023年の日本の1人あたりの名目ＧＤＰは約3万4千ドルで、Ｇ7中最下位の世界34位である。なお、購買力平価（ＰＰＰ）ベースでみた場合でも日本はＧ7中最下位の世界38位で、韓国（同31位）を下回っている。

2024年に入ってからの実質ＧＤＰの成長率は、1－3月期にマイナス成長となった後、4－6月期は個人消費や設備投資等が増加したことにより前期比0.7%（年率2.9%）のプラス成長に転じたが、基調として内需に力強さが欠ける状況が続く中で、その水準はコロナ禍前の時期とほぼ同程度にとどまっている。一方、名目ＧＤＰは、物価上昇の影響もあって増加幅が大きくなっており、4－6月期には年率で600兆円の大台を初めて突破した。

図表Ⅰ－1－1　ＧＤＰの推移（季節調整値、年率）

（備考）1．内閣府「四半期別ＧＤＰ速報」（2024年4－6月期2次速報値）により作成。
　　　　2．実質ＧＤＰは2015暦年連鎖価格。

---

[1] 購買力平価（ＰＰＰ）ベースでみた場合、2023年の名目ＧＤＰは、中国（32.9兆ドル）、アメリカ合衆国（27.4兆ドル）、インド（13.3兆ドル）に次いで、日本（6.5兆ドル）は4位、ドイツ（5.5兆ドル）は5位となっている。

図表Ⅰ－1－2　1人当たり名目GDP（2023年）の国際比較（ドル、PPPベース）

<ドルベース>　　　　　　　　　　（単位）US$

順位	国	金額
1位	ルクセンブルク	129,810
2位	アイルランド	104,272
3位	スイス	100,413
4位	ノルウェー	87,739
5位	シンガポール	84,734
6位	アメリカ合衆国	81,632
…		
18位	カナダ	53,548
19位	ドイツ	52,727
23位	イギリス	49,099
25位	フランス	46,001
28位	イタリア	38,326
34位	**日本**	**33,806**
35位	韓国	33,192

<購買力平価ベース>　　　　　　　（単位）US$

順位	国	金額
1位	ルクセンブルク	141,380
2位	アイルランド	130,915
3位	シンガポール	128,349
4位	マカオ	116,847
5位	カタール	108,570
…		
9位	アメリカ合衆国	81,632
22位	ドイツ	65,584
26位	カナダ	59,712
28位	フランス	58,647
30位	イギリス	57,492
31位	韓国	56,552
33位	イタリア	55,144
38位	**日本**	**52,215**

（備考）IMF「World Economic Outlook」（2024年4月）により作成。

賃金の動向

　2024年の春季労使交渉（春闘）の賃上げ率は、定期昇給分とベースアップ相当分をあわせて5.10％（連合第7回集計結果）と、1991年以来33年ぶりとなる5％超えの水準となった。同集計結果によると、組合員数300人未満の中小組合の賃上げ率は平均4.45％にとどまり、中小企業にも高い賃上げ率を波及できるかが今後の課題であるといえる。

　日本商工会議所等が2024年4～5月に実施した調査[2]では、2024年度に賃上げを実施予定とした割合は74.3％と7割を超えているが、従業員数20人以下の企業では63.3％にとどまる。正社員の賃上げ率は加重平均で3.62％であり、5％以上の賃上げを実施する企業の割合は24.7％にとどまっている。

　また、帝国データバンクが2024年4月に実施した調査[3]では、3社に2社が賃上げ率は5％に届かないと回答している。

　中小企業についても高い賃上げが実現できるよう、サプライチェーン全体で生み出した付加価値の適正分配、働き方を含めた「取引の適正化」に取り組むことが重要である。政府も労務費を価格に転嫁するための指針を策定し、指針を十分に守らない企業名を公表するなど、取引価格適正化に向けた取組を進めてきた。しかし、財務省が4月5日時点で全国の1,125社を対象に行ったヒアリング調査[4]によると、「人件費を取引価格に上乗せできているか」という質問に対して「（十分または全く）できていない」と回答した大企業は44.6％、中堅・中小企業等は50.2％といずれも半数前後に上っている。今後もいかに取引先の理解を得て、賃上げの原資を確保していくかが課題となっている。

---

[2] 日本商工会議所・東京商工会議所「中小企業の賃金改定に関する調査」（2024年6月5日）
[3] 帝国データバンク「2024年度賃上げ実績と初任給の実態アンケート」（2024年4月18日）
[4] 財務省「地域企業における賃上げ等の動向について（特別調査）」（2024年5月17日）

第1章　2023年秋以降の日本経済

賃金決定の個別化とベースアップの重要性

　近年、社内の労働者の賃金について勤続年数等に応じて一律的に決定するのではなく、査定を重視するなどして個々に決定する「賃金決定の個別化」が進んでいることが指摘されており[5]、その結果として、経済全体ではマクロで賃上げがなされていても、労働者個人では賃金が上がっている人もいれば、そうでない人もいるという状況が生じている可能性がある。

　連合総研が2024年4月に実施した第47回勤労者短観（首都圏・関西圏）の調査結果では、「1年前に比べて、自身の賃金収入は増えた」実感があるのは働き手の約3割（32.1％）にとどまった。この結果には「年収の壁」による就業調整の影響、働き手の認知による可能性（賃金が上がっていても物価がそれ以上に上がっているので、賃上げの実感がない）、勤務先の経営状況による影響なども考えられ、すべてが「賃金決定の個別化」によるものとは言えない[6]。

　しかし、労働者によって賃上げの程度が異なる傾向、特に若年層では賃金上昇率が高い一方、中高年層では賃金がそれほど上がっていない傾向は統計やビッグデータによっても確認できる。例えば、厚生労働省「令和5年賃金構造基本統計調査」によると、20～24歳や25～29歳では、いずれも男女計で対前年比2.8％増だったのに対し、30代、40代、50代では、いずれも2％未満の増加率にとどまっている。

図表Ⅰ－1－3　年齢階級別賃金の動向（男女計、2023年の対前年比増減率）

年齢	～19	20～24	25～29	30～34	35～39	40～44	45～49	50～54	55～59
（％）	3.1	2.8	2.8	1.8	0.7	1.5	1.9	1.8	1.7

（備考）厚生労働省「令和5年賃金構造基本統計調査」により作成。

---

[5] 鬼丸朋子「賃金決定の個別化の進行に対する労働組合の対応」（連合総研ブックレットNo.17（2021年8月））では、「賃金決定の個別化」が進んでいる要因として以下が挙げられている。
　・個別企業における従業員構成の変化（社内に多数の中高年齢者を抱える企業にとって、賃金水準が高くなる層に対して年功的な昇給を抑制する傾向が強まりつつある）
　・社会・経済状況の変化（バブル崩壊以降の長期不況によって、企業から年功的な賃金支払いの余力が減じ、人件費抑制を実施する企業も少なくなかった）
　・いわゆる「成果主義の拡大」（限られた人件費を重点配分することで、社員のやる気を高め、優秀な社員の確保・維持を図ろうとする機運が高まった）
　・労働者自身の意識の変化（個人の仕事の成果に基づいて評価することに肯定的な者が多くなっている）

[6] 第47回勤労者短観（首都圏・関西圏）の賃上げの実感の調査結果について、男女・就業形態別、会社規模別等の属性によりクロス集計をした結果は、鈴木智之「賃上げを実感しているのは働き手の約3割－物価上昇時の賃上げはどうあるべきか－」連合総研レポートDIO 2024年6月号 No.398参照。

また、株式会社ペイロールの保有する給与計算代行サービスデータによると、2023年4～7月平均の年齢別賃金上昇率（対前年同期比）は、40歳代と50歳代では減少している。

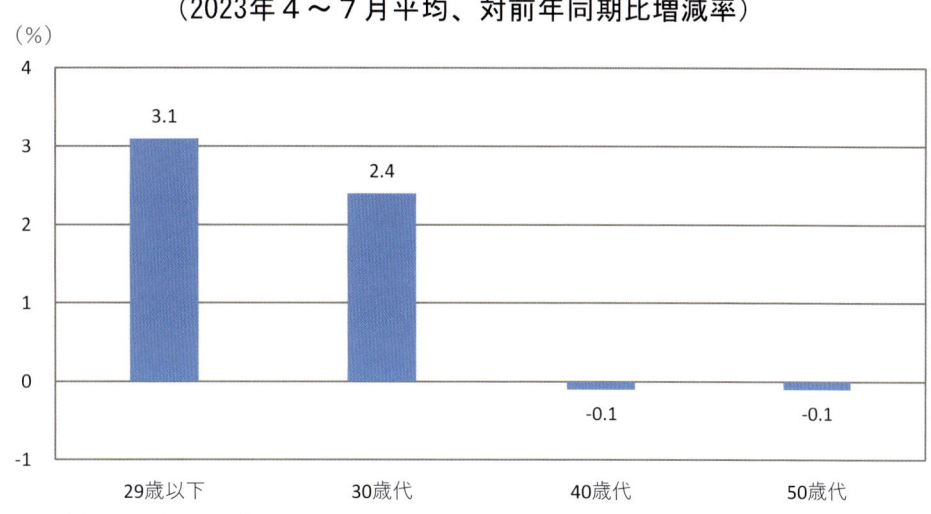

図表Ⅰ－1－4　ビッグデータからみた年齢別賃金の動向
（2023年4～7月平均、対前年同期比増減率）

（備考）1．内閣府「月例経済報告関係閣僚会議資料」（2024年5月27日）より作成。
　　　　2．元データは株式会社ペイロールが保有する給与計算代行サービスデータ。

現状では、賃金決定の個別化が進んでいる中で、物価の上昇が起きていることに留意が必要である。物価の上昇は、賃金が上がらない働き手も含めて、すべての個人・世帯に影響する。所得が低い世帯ほど消費支出に占める食料品やエネルギーのウエイトが大きいため、それらの価格が上昇した際の影響は比較的大きくなりうる点にも留意が必要である[7]。

ベースアップ（ベア）は、物価が高騰し、賃金表の金額がその分目減りした場合、自社の労働者の実質賃金を維持するために使用者が賃金表の書き換えを行うスキーム[8]といった側面もあるため、現状のような物価上昇局面では重要であるが、賃金決定の個別化が進んでいる中ではその重要性が更に増していると言える。

個人別の賃金は定期昇給（定昇）によっても上昇するが、定昇は同じ企業に勤続するなかで賃金が上がる仕組みであるので、企業にとっては、従業員の年齢構成が一定であれば賃金総額は変化しないことになる。よって、定昇は、特定の労働者個人にだけ着目するのであれば賃金が上昇することもありうるが、経済全体のマクロでみれば賃金が上昇するとは限らない。

今年の春闘では、ベアと定昇を明確に区別できる3,639組合のベア率は3.56％であった（連合第

---

[7] 総務省「家計調査」によると、年間収入五分位階層別にみると、2023年の消費支出に占める食料の割合（エンゲル係数）は、第Ⅰ階級（年間収入の平均は261万円）では32.0％であるのに対して、第Ⅴ階級（年間収入の平均は1,193万円）では24.8％となっている。また、2023年の消費支出に占める光熱・水道の割合は、第Ⅰ階級では10.7％であるのに対して、第Ⅴ階級は6.3％となっている。このため、食料品やエネルギーの価格の上昇の程度によっては、収入階層別によって消費支出の物価上昇率が異なるという事態が起こりうる。2023年の消費者物価上昇率（総合）は第Ⅰ階級～第Ⅴ階級すべてにおいて対前年比3.2％であったものの、2022年の同上昇率は第Ⅰ階級では2.5％だったのに対して、第Ⅴ階級では2.2％となり収入階層によって差異が生じていた。

[8] 例えば、1989年にまとめられた産業労働調査所「賃金用語事典」によると、労働者がベースアップを要求する理由の一つとして「消費者物価が高騰し、賃金表の金額がその分目減りしたことによるもので、労働組合の要求をまたなくても、本来自社の労働者の実質賃金を維持するために使用者は賃金表の書き換えを行わなくてはならない」と記述されている。（連合総研「日本の賃金－歴史と展望」調査報告書（2012年12月））

7回集計結果）。2023年度の消費者物価上昇率（総合）[9,10]は対前年度比3.00％であり、ベアだけでみても物価上昇率を上回る賃上げ率を達成していることになる。

　過去35年間のベア率と消費者物価上昇率（総合）の関係は、**図表Ⅰ－１－５**の通りであり、ベア率は概ね前年度の物価上昇率を上回っていたことが見て取れる。物価上昇率がマイナスになる時期でもゼロ近傍のベア率を達成できていたことに関しては、労働組合の存在が賃金水準に与える効果を指摘する研究もある[11]。2012年以降の企業のパネル・データを用いた検証の結果、過去に所定内給与の引き下げができなかった企業ほど景気回復後の賃上げを躊躇する（逆に過去に所定内給与を引き下げた企業ほどその後の賃上げに積極的になっている）傾向が、部分的ではあるが確認されたとする研究もある[12]。2010年代の景気回復局面において、ベア率が前年度の物価上昇率を下回っている期間もある背景には、期待成長率の低下や景気の先行きについての不確実性の増大等により企業が賃上げに慎重であったことに加えて、そうした過去における賃金の下方硬直性を念頭に、企業が賃上げを躊躇した可能性もある。

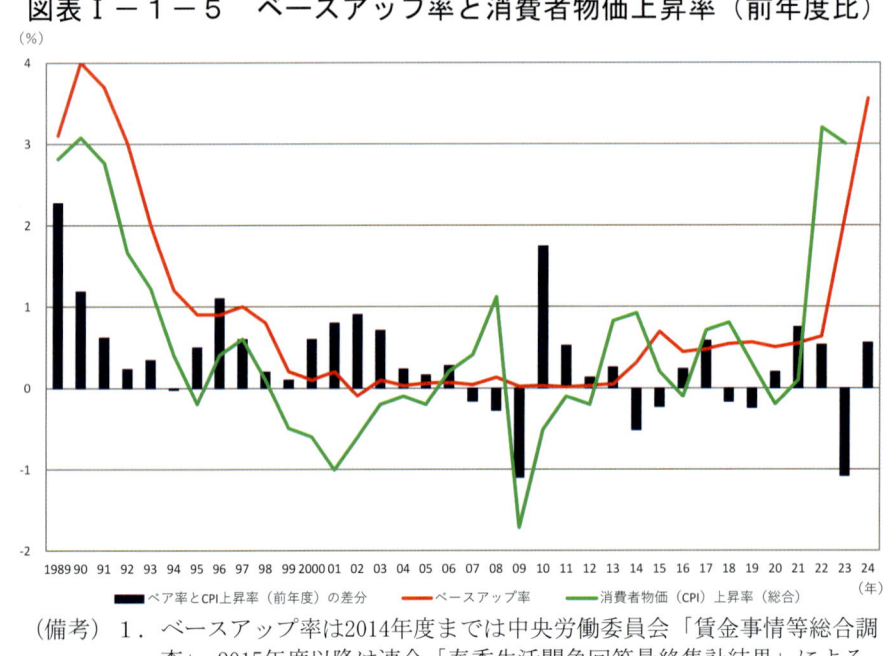

図表Ⅰ－１－５　ベースアップ率と消費者物価上昇率（前年度比）

（備考）　1．ベースアップ率は2014年度までは中央労働委員会「賃金事情等総合調査」、2015年度以降は連合「春季生活闘争回答最終集計結果」による。
　　　　　2．消費者物価上昇率は、総務省「消費者物価指数」による。「総合」の消費税率引き上げの影響を除いた値を使用。

---

[9] 厚生労働省が毎月勤労統計で公表している実質賃金では「帰属家賃を除く総合」が物価指数として用いられている。これは、1970年より前は、消費者物価指数に帰属家賃は入っていなかった（現在は帰属家賃を含む総合指数が公表されている）ため、厚生労働省では、継続性という観点からその後も帰属家賃を除いた消費者物価指数で実質賃金を計算しているという経緯によるものと言われている。しかし、帰属家賃は上昇率がほぼゼロであるため、それを除くことで物価上昇率が高くカウントされているのではないかとの議論もある。実際に、2023年度の消費者物価上昇率（対前年度比）は「総合」3.00％、「生鮮食品を除く総合」2.82％に対して「持家の帰属家賃除く総合」は3.57％となっている。以上の理由から、ここでは消費者物価上昇率の「総合」と比較することにした。この論点についての詳細は、「新しい資本主義実現会議（第24回）基礎資料（2024年2月27日）」を参照。
[10] 消費者物価の「前年度」の上昇率と比較することにしたのは、春闘の賃上げ方針が決まるのが前年末頃であり、その前提となる物価情勢についての認識は、前年度の上昇率に近いと考えられることによる。
[11] 川口大司・原ひろみ「日本の労働組合は役に立っているのか？－組合効果の計測－」（JILPT Discussion Paper 2007年3月）
[12] 山本勲・黒田祥子「給与の下方硬直性がもたらす上方硬直性」（玄田有史編「人手不足なのになぜ賃金が上がらないのか」2017年、収録）

成果の公正分配の重要性

では、賃上げ率は物価上昇率を上回る水準、すなわち実質賃金が下がらない水準で十分なのか。

仮に実質賃金が横ばいだったとしても、労働生産性が上昇して付加価値が増加した場合、生産性上昇に見合った賃金の増加を受け取らないと、労働者としてはその分配を受けることができないことになる。つまり、企業の利益などのうち賃金に回る割合を示す労働分配率は低下することになる。

近年では労働分配率の低下が顕著である。財務省が公表した法人企業統計によると、2024年1－3月期の大企業（資本金10億円以上の企業）の労働分配率は過去最低水準となっている。（企業規模別の労働分配率の分析については、第2章参照。）

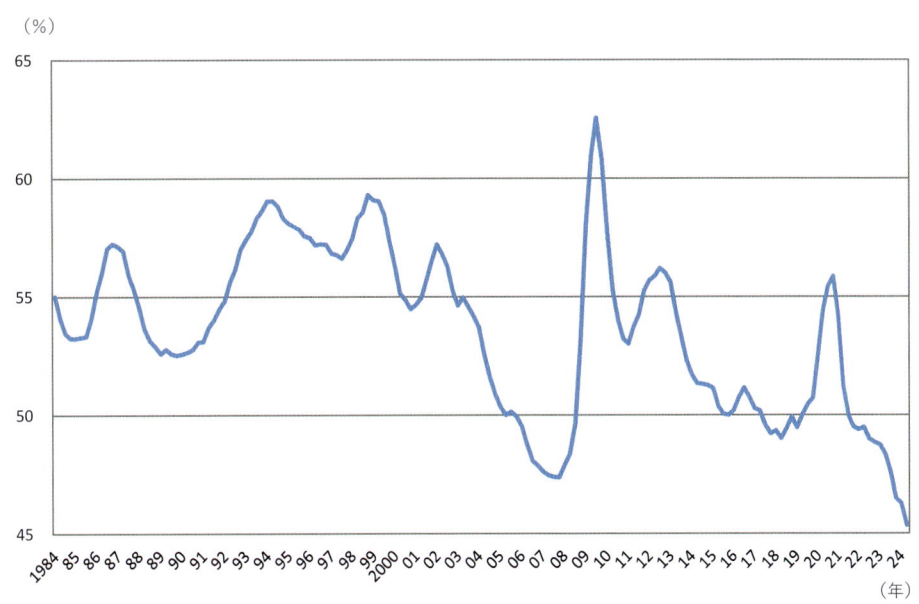

図表Ⅰ－1－6　労働分配率の推移

（備考）1．財務省「法人企業統計調査」により作成。
　　　　2．金融保険業を除く全産業、資本金10億円以上の大企業。
　　　　3．労働分配率＝人件費／付加価値。付加価値は人件費、減価償却費、営業利益の合計。グラフは後方4四半期移動平均の値。

戦後の労使関係のベースとなってきた生産性運動においては、生産性三原則として、①雇用の維持・拡大、②労使の協力と協議とともに、③成果の公正分配が掲げられてきた。「生産性向上の諸成果は、経営者、労働者及び消費者に、国民経済の実情に応じて、公正に分配されるものとする」という考え方である[13]。労働分配率が過去最低の水準にあるということは、企業にとって賃金に分配する余力がこれまでで一番大きいことを意味しており、今こそ成果の公正分配の重要性を改めて認識すべきである。

連合は、2024年の春闘の評価にあたり「今後の国民所得の分配について、物価と賃金の関係のみならず、社会全体の生産性の伸びに応じて日本全体の賃金の中央値を引き上げるとともに賃金の底上げ・格差是正をはかり、分厚い中間層の復活と働く貧困層の解消をめざすべきである」との

---

[13] 連合「連合ビジョン」（2019年10月）より引用。

課題を挙げているところである[14]。

物価と賃金の関係にかかわらず、働き手が生産性の伸びに応じて賃金を受け取れるようにすることは、成果の公正分配の観点から重要であり、分厚い中間層の復活や格差是正にもつながると考えられる。

景況感

厚生労働省「毎月勤労統計」によると、実質賃金は賃金の上昇が物価の上昇に追いついていないことを背景として前年比でマイナスが続いてきたが、2024年6月に27か月ぶりでプラスに転じ、7月もプラスとなった。これは、春闘の結果を反映して賞与等が増加したことによる影響と考えられるが、賃金と物価をめぐる状況は依然として厳しいことから、今後も改善に向けた動きが定着するか、引き続き注視する必要がある。

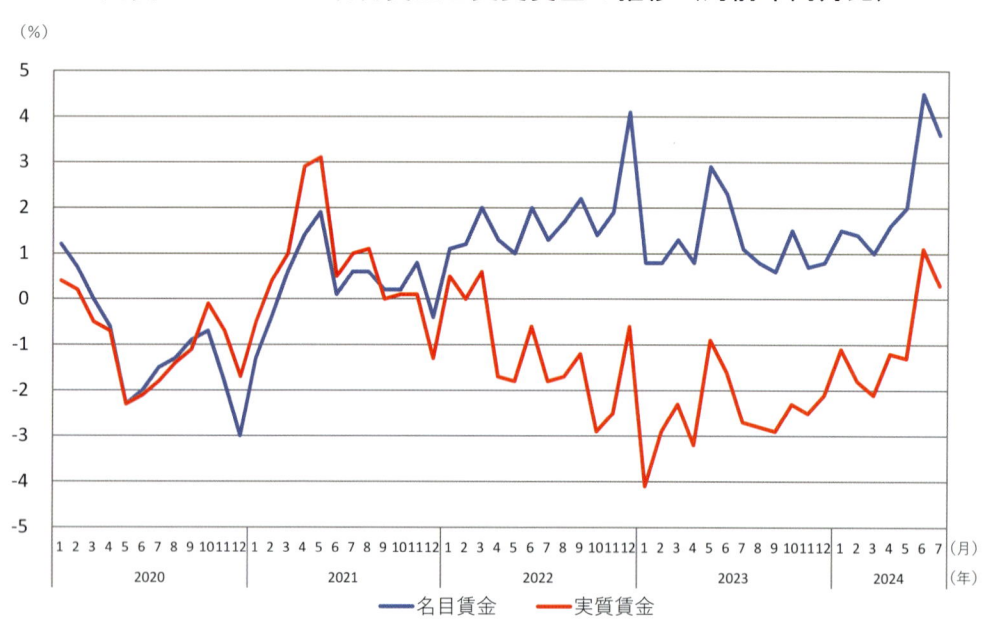

図表Ⅰ－1－7　名目賃金と実質賃金の推移（対前年同月比）

（備考）1．厚生労働省「毎月勤労統計調査」により作成。事業規模5人以上、調査産業計。
　　　　2．実質賃金指数は、名目賃金指数を消費者物価指数（持家の帰属家賃を除く総合）で除して算出している。

一方、企業収益は経常利益、営業利益ともに増加傾向にあり、企業部門は好調である。

---

[14] 連合「2024春季生活闘争　まとめ～評価と課題～」（2024年7月19日）

図表Ⅰ－1－8　企業収益の推移

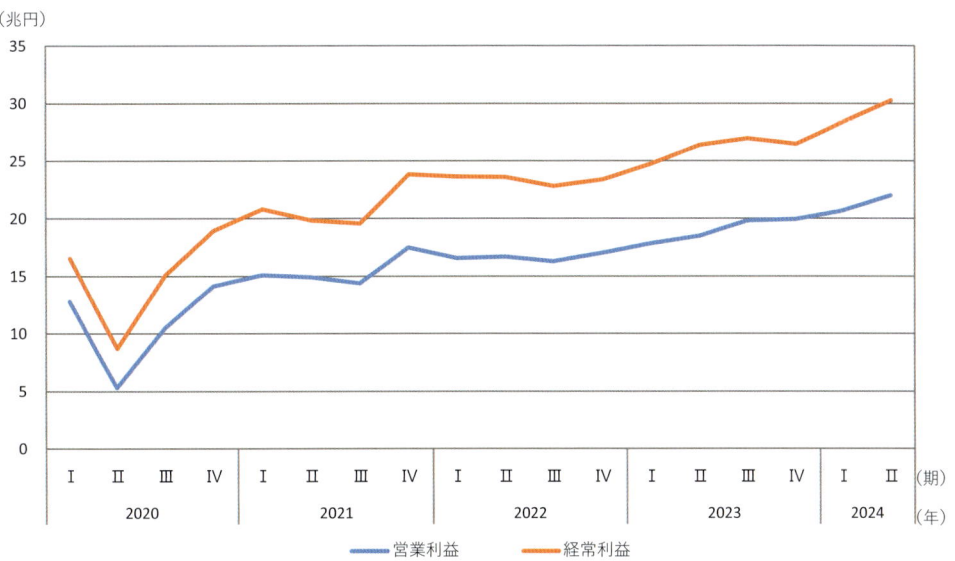

（備考）1．財務省「法人企業統計調査」により作成。
　　　　2．金融業・保険業を除く全業種、全規模、季節調整値。

　以上のような状況を背景として、家計と企業の間における景況感のギャップは大きい。全国の満20歳以上の個人を対象とした日本銀行「生活意識に関するアンケート調査」では、景況感D.I.（1年前対比で「良くなった」と答えた割合から「悪くなった」と答えた割合を引いた指数）は大幅なマイナス水準が続いている。一方、日本銀行の「全国企業短期経済観測調査」（日銀短観）では、全規模・全産業の業況判断指数（D.I.）（「良い」と答えた割合から「悪い」と答えた割合を引いた指数）は、2022年6月調査以来9期連続のプラスが続いている。

図表Ⅰ－1－9　家計と企業の景況感の比較

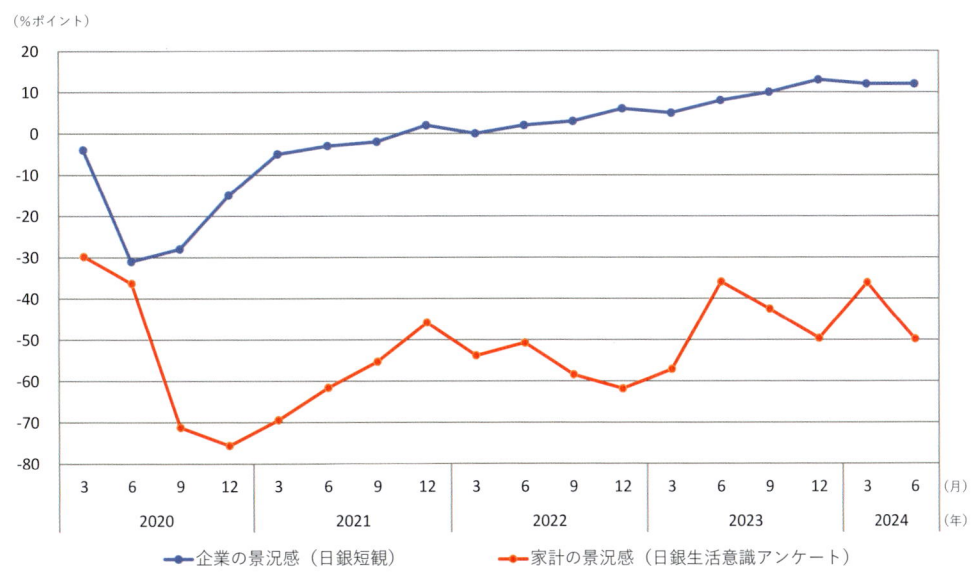

（備考）1．日本銀行「日銀短観」、「生活意識に関するアンケート調査」により作成。
　　　　2．企業の景況感は業況判断D.I.（全規模・全産業）、家計の景況感は1年前と比べた現在の景況感D.I.。

第1章　2023年秋以降の日本経済

　消費者マインドについては、年収による格差も存在する。内閣府「消費動向調査」によると、世帯年収1,200万円以上と300万円未満の消費者の間では、消費者マインド（暮らし向き）についての大きな格差が存在しており、物価高等の影響により両者の格差が拡大する傾向も見られた。

図表Ⅰ－1－10　年間年収階級別の消費者マインド（暮らし向き）の推移

（備考）内閣府「消費動向調査」により作成。

　企業収益は好調であるが、勤め先の企業規模によっても景況感に差が出ている。連合総研の勤労者短観の調査結果でも、事業所規模間で景気認識D.I.に格差が生じている。

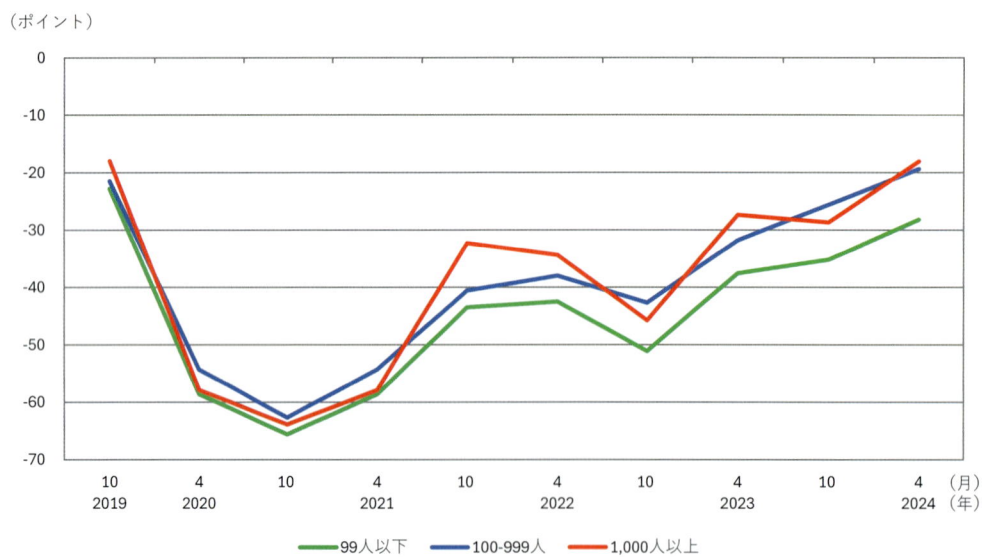

図表Ⅰ－1－11　従業員規模別にみた景気認識の推移

（備考）1．連合総研「第47回勤労者短観」（2024年6月）により作成。
　　　　2．首都圏・関西圏の民間企業に雇用されている者に1年前と比べた景気認識を尋ねたもの（従業員規模別、D.I.）。
　　　　3．D.I.＝｛「かなり良くなった」×1＋「やや良くなった」×0.5＋「変わらない」×0＋「やや悪くなった」×(-0.5)＋「かなり悪くなった」×(-1)｝÷回答数（「わからない」を除く）×100

持続的成長のための課題

　持続的な賃上げを実現するためには、潜在成長力を高め、経済全体として賃上げの原資となる企業収益を高める必要がある。

　しかし、足元のＧＤＰギャップはコロナ禍からは改善傾向にあるものの、中長期的に持続可能な日本経済の成長力を示す潜在成長率は０％台半ばという低い水準にとどまっている。

図表Ⅰ－１－12　ＧＤＰギャップと潜在成長率の推移
（１）ＧＤＰギャップ

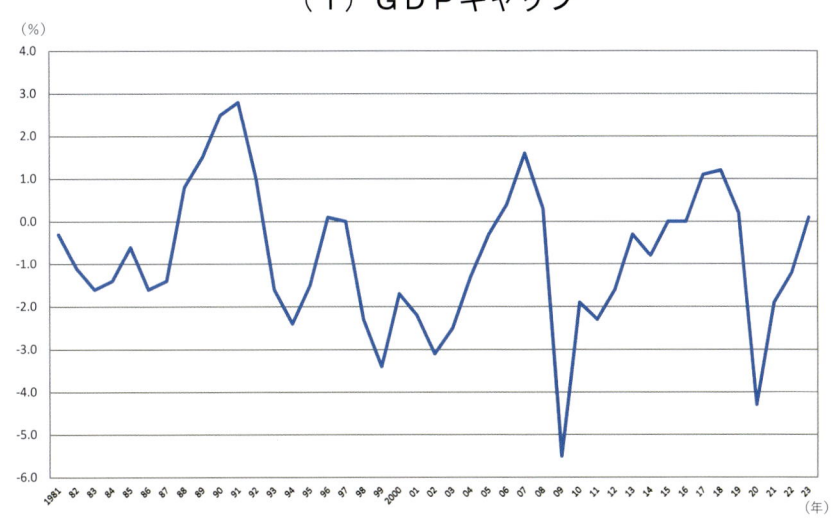

（２）潜在成長率

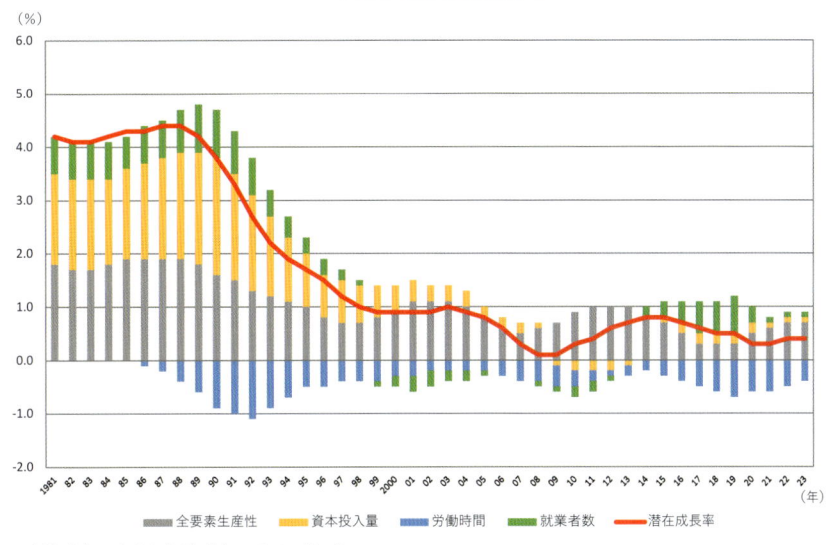

（備考）内閣府資料により作成。

　潜在成長率の今後を考えた場合、労働投入の減少の影響が懸念される。生産年齢人口（15～64歳人口）は今後も減少することが見込まれ、減少率は2030年代に加速する見込みである。国立社会保障・人口問題研究所（社人研）の日本の将来人口推計（中位推計）によると、生産年齢人口は、2020年の約7,509万人から2030年は約7,076万人と10年間で約433万人減少するのに対し、2040年には約6,213万人と10年間で約862万人減少する。つまり2030年代は2020年代の倍程度のペースで減

第1章　2023年秋以降の日本経済

少することが見込まれている[15]。

こうした生産年齢人口の減少を背景に、人手不足は今後より深刻になる懸念があり、2040年には約1,100万人の労働供給が不足するという試算もある[16]。

持続的な経済成長を実現するためには、労働参加を妨げる障壁の除去など働きやすい労働環境の整備、人への投資や省人化投資を通じた労働生産性の向上によって、労働投入の減少の影響を緩和することが重要である。

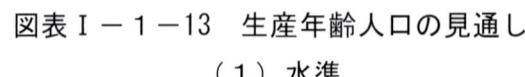

図表Ⅰ－1－13　生産年齢人口の見通し
（1）水準

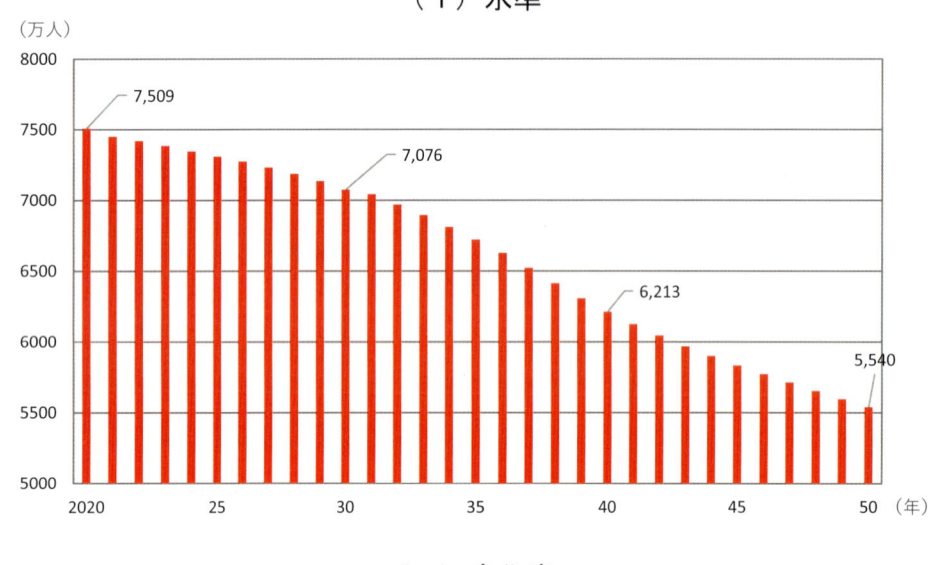

（2）変化率

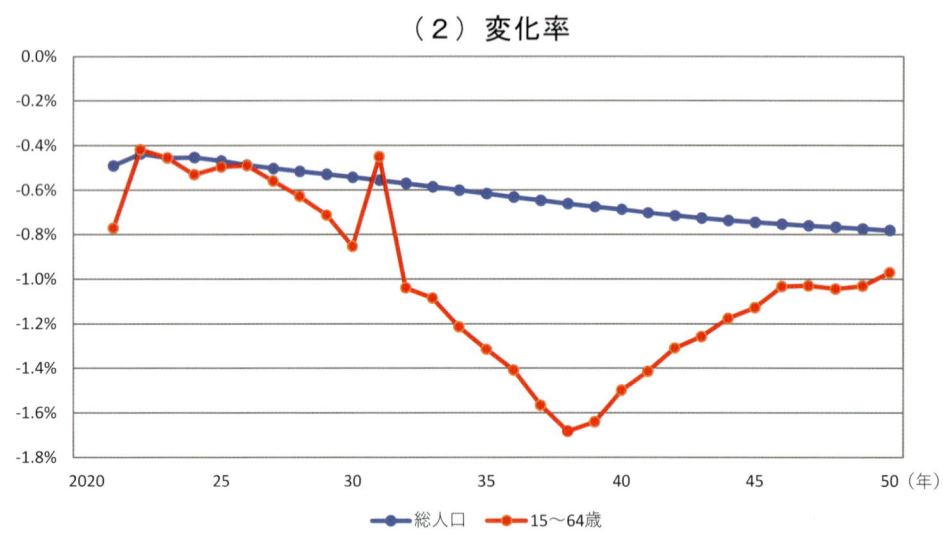

（備考）国立社会保障・人口問題研究所「日本の将来推計人口（令和5年推計）」により作成。出生中位（死亡中位）推計。

---

[15] 外国人労働者は社人研の中位推計を上回るペースで増加している点については留意が必要である。中位推計では、2022年以降2040年までの将来の外国人の入国超過数について年間16.4万人程度と見込んでいたが、2023年10月末時点の外国人労働者は前年比約22.6万人増加している。（厚生労働省「「外国人雇用状況」の届出状況まとめ（令和5年10月末時点）」（2024年1月26日））
　なお、連合は外国人労働者の適正な受入れに関して「特定産業分野における人手不足の状況や賃金水準の動向、日本人の就業率等についての調査および統計整備や、評価試験の適正化などを行い、安易な受入れ拡大は認めない」ことを政府に対して要請している。（「2024年度 連合の重点政策」に関する要請（2024年6月））

[16] リクルートワークス研究所「未来予測2040」

第2節 物価、消費

物価の概況

　消費者物価は上昇率が徐々に緩やかになる傾向にあったが、2024年5月以降、変動の大きい生鮮食品を除く総合指数の前年同月比の上昇幅はやや拡大している。これは5月から再生可能エネルギー普及のため国が上乗せする賦課金が引き上げられたことによる影響であり、5月以降のエネルギーの上昇率は前年同月比で7％を超えるなど、4月の0.1％から急拡大した。

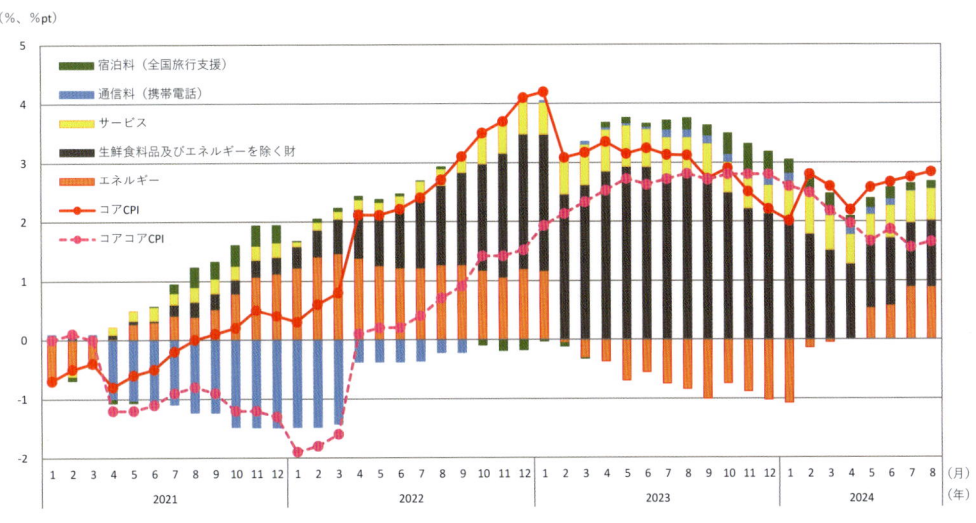

図表Ⅰ－1－14　消費者物価（コアＣＰＩ）及びその内訳の推移

（備考）1．総務省「消費者物価指数」により作成。前年同月比及び寄与度。
　　　　2．公表系列のないものは2020年基準のウエイトを基に試算。
　　　　3．「コアＣＰＩ」は生鮮食品を除く総合、「コアコアＣＰＩ」は食料（酒類を除く）及びエネルギーを除く総合。
　　　　4．「サービス」は携帯通信料の引き下げ及びGO TO及び全国旅行支援の影響を除く。

　一方で、生鮮食料品を除く食料については、2023年後半以降、前年比上昇率の伸びが緩やかになる傾向にあるが、2024年8月は米の値上がり等の影響により増加幅が拡大した。

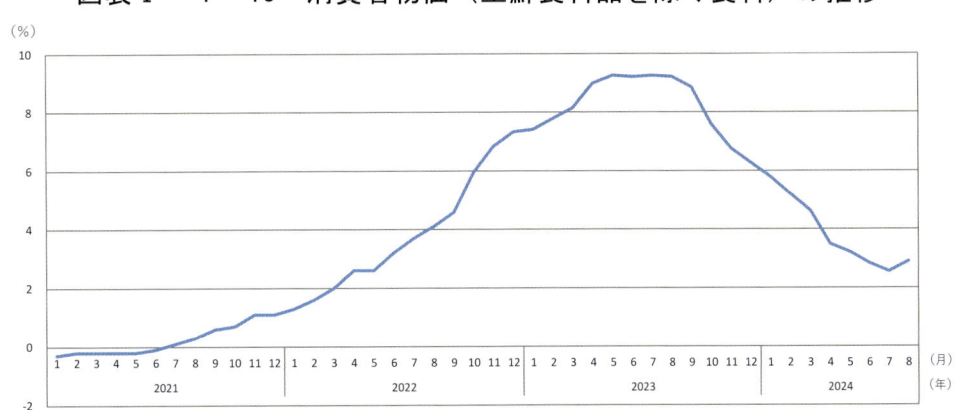

図表Ⅰ－1－15　消費者物価（生鮮食料品を除く食料）の推移

（備考）総務省「消費者物価指数」により作成。前年同月比。

第1章　2023年秋以降の日本経済

しかし、今後も物価上昇は続く可能性がある。為替レートは一時期の急速な円安の進行が反転する動きも見られているが、既往の円安による輸入品価格の高騰の影響を受けて、今後も食料品等の値上げが続く可能性がある。帝国データバンクが2024年8月末に公表した調査によると、原材料高や円安による影響の長期化等を背景として、2024年通年の食品値上げの品目数は1万5千品目前後となることが見込まれている[17]。

また、エネルギー価格については中東情勢の緊迫によって高騰する懸念があるほか、電気・ガス料金の負担軽減策が2024年5月分までで終了したことや、5月検針分の電気料金から再生エネルギーの普及のために上乗せする賦課金が引き上げられたことが影響する可能性もある。電気・ガス料金については8～10月分を対象として補助が再開されたが、年内に限り継続するとされたガソリンへの補助とともに「脱炭素の流れに逆行することもあり、いつまでも続けるべきものではない」として将来的に廃止される方針も示されている[18]。これらの補助が廃止された場合、さらなる物価上昇要因になると考えられる。

消費

賃上げは、経済全体で見ると、消費や生産等を増加させる効果があると言われる。厚生労働省の分析[19]によると、フルタイム労働者の定期・特別給与が1％増加すると、各々0.2％、0.1％消費を増加させる効果があるという。また、全労働者の賃金が1％増加すると、生産額が約2.2兆円、雇用者報酬が約0.5兆円増加すると見込まれている。

しかし、これまでも名目賃金は増加してきたものの、物価上昇の影響から実質賃金の弱い動きが継続し、家計の実質的な可処分所得も減少傾向で推移してきた。2024年に入ってからは、名目賃金の増加幅が拡大したことにより、実質可処分所得にも反転の兆しが見られるものの、この動きが定着するかについては、なお注視を要する。

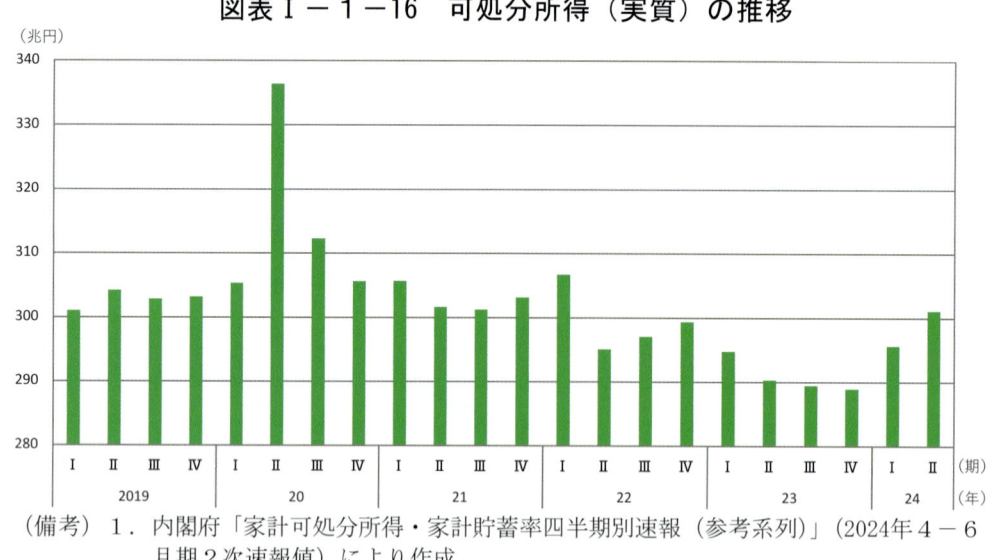

図表Ⅰ－1－16　可処分所得（実質）の推移

（備考）1．内閣府「家計可処分所得・家計貯蓄率四半期別速報（参考系列）」（2024年4－6月期2次速報値）により作成。
　　　　2．実質（2015暦年連鎖価格）、季節調整値。

---

[17] 帝国データバンク「定期調査：「食品主要195社」価格改定動向調査－2024年9月」
[18] 岸田総理記者会見（2024年6月21日）
[19] 厚生労働省「令和5年版　労働経済の分析」（2023年9月29日閣議報告）

実質的な可処分所得が減少傾向で推移してきたことを受けて、家計貯蓄率も基調として弱い動きとなっている。

図表Ⅰ－1－17　家計貯蓄率の推移

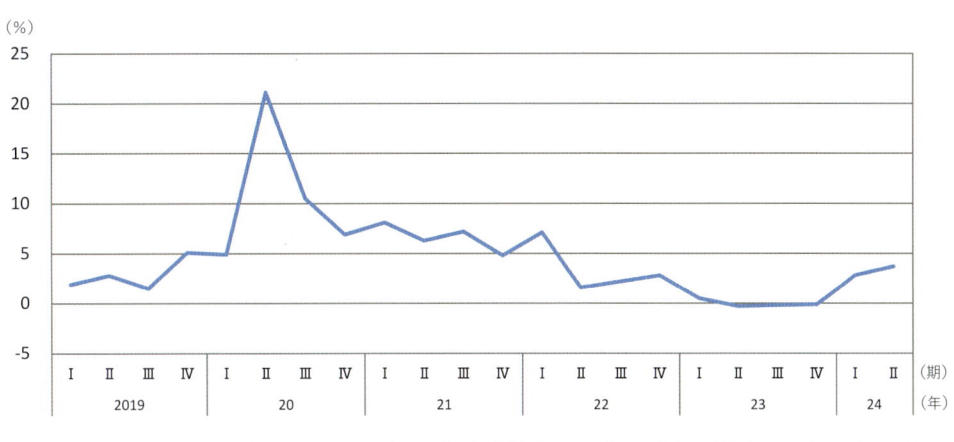

（備考）1．内閣府「家計可処分所得・家計貯蓄率四半期別速報（参考系列）」（2024年4－6月期2次速報値）により作成。季節調整値。
　　　　2．貯蓄率＝貯蓄÷（可処分所得＋年金受給権の変動調整（受取））

　可処分所得の弱さ等を背景として、個人消費は力強さを欠いている。ＳＮＡベースの家計消費支出の推移（前年同期比）を所得・貯蓄面から分析すると、雇用者報酬やその他の所得の伸びが総じて力強さを欠く中で、家計は毎期の貯蓄額を減らす（逆符号で消費にはプラスに寄与）ことなどにより名目上の消費額を維持してきているものの、物価上昇の影響によりデフレーター（逆符号）がマイナスに寄与しており、実質的な消費水準は減少していることがわかる。

図表Ⅰ－1－18　実質家計消費支出の要因分析（所得・貯蓄面）

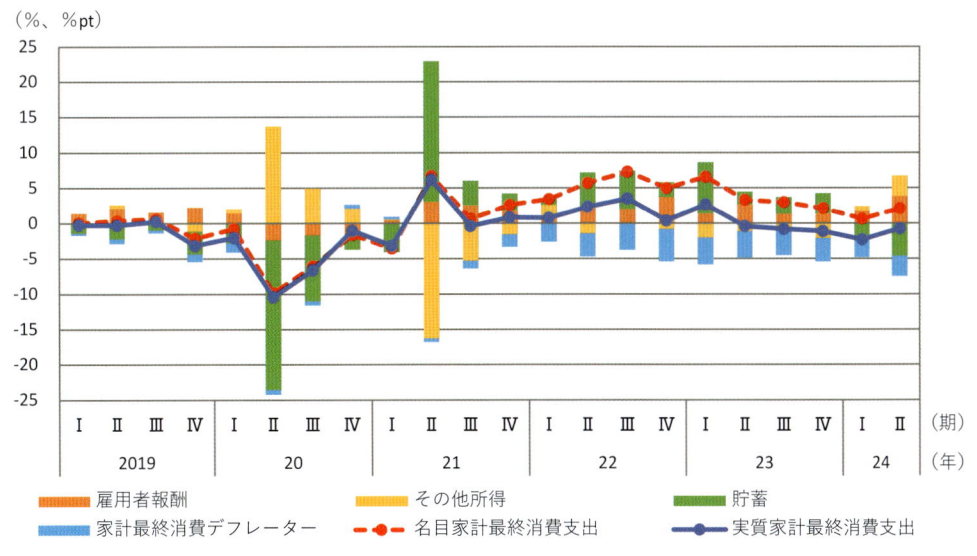

（備考）1．内閣府「四半期別ＧＤＰ速報」及び「家計可処分所得・家計貯蓄率四半期別速報（参考系列）」（いずれも2024年4－6月期2次速報値）により作成。前年同期比。
　　　　2．家計最終消費デフレーターは持ち家の帰属家賃を除くベース。

第1章 2023年秋以降の日本経済

　同じくＳＮＡベースの家計消費支出の推移を消費形態別に分析すると、コロナ禍の影響から経済が回復する中で、サービス分野を中心に増えているものの、生活必需品をはじめとする物価の高騰を背景として、非耐久財（食料品等）や半耐久財（衣料等）などへの支出が減少する傾向が認められ、日々の生活における家計の消費行動が慎重化していることがうかがわれる。

　連合総研の勤労者短観の調査結果においても、世帯で支出を切り詰めている費目について、教育費や医療費等のサービス分野の費目では切り詰めているとする割合が相対的に低い一方、衣料費や食費、耐久消費財等の費目ではその割合が高くなっている。

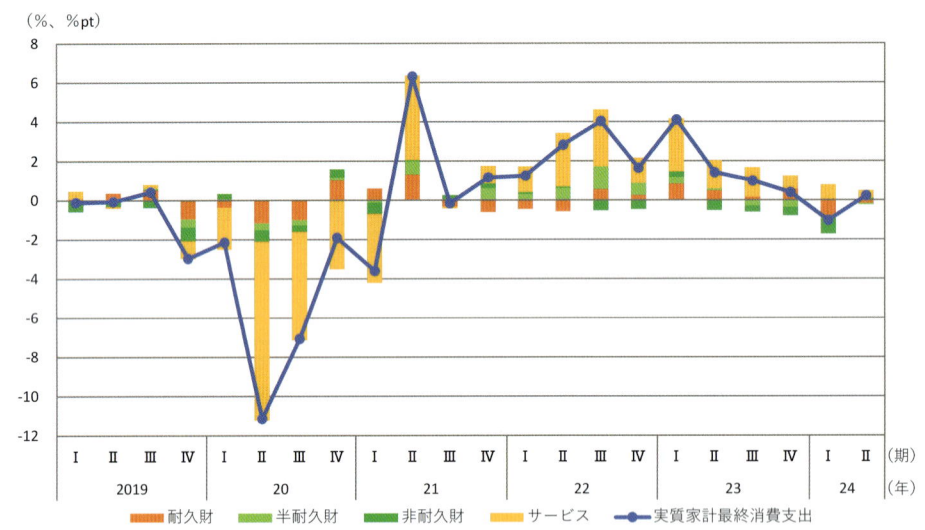

図表Ⅰ－1－19　実質家計消費支出の要因分析（消費形態別）

（備考）1．内閣府「四半期別ＧＤＰ速報（2024年4－6月期2次速報値）」により作成。前年同期比。
　　　　2．家計消費支出は「国内家計消費支出」。

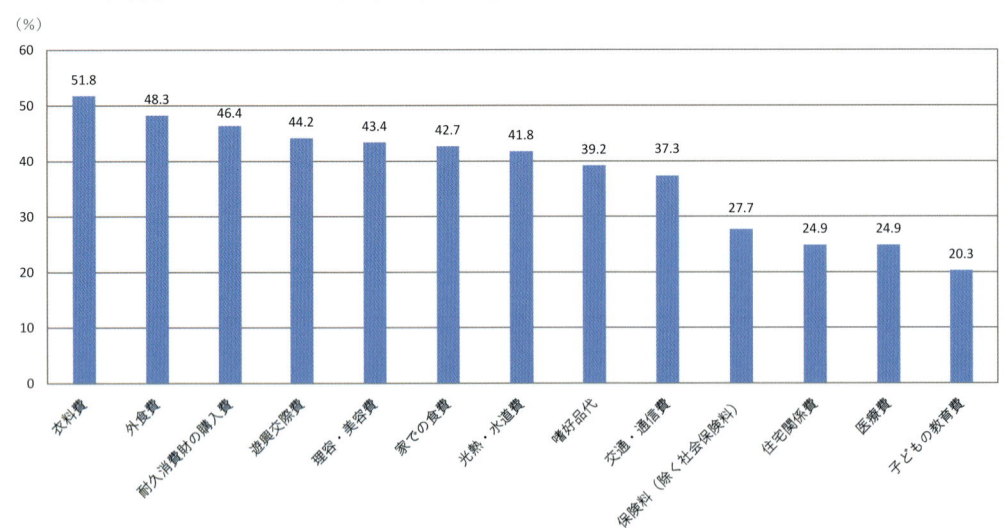

図表Ⅰ－1－20　世帯で支出を切り詰めている割合（費目別）

（備考）1．連合総研「第47回勤労者短観」（2024年6月）により作成。
　　　　2．首都圏・関西圏の民間企業に雇用されている者に世帯で支出を切り詰めている費目について尋ねたもの。
　　　　3．費目ごとに、「該当する支出はない」との回答を除いたうち、「切り詰めている」と回答した割合を示している。

経済格差の課題も懸念される。総務省によると２人以上の世帯で消費支出に占める食費の割合（エンゲル係数）は2023年に27.8％に達し、現在の基準で遡れる2000年以降で最高となっている。所得が低いほどエンゲル係数は高くなる傾向にあるので、今後も上昇が続くと、低所得者ほど物価高の影響がさらに大きくなることが懸念される。

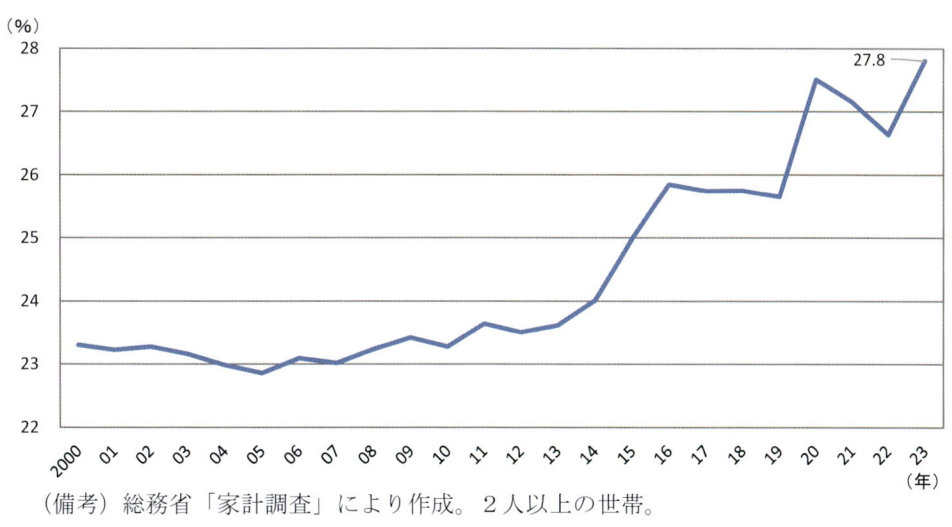

図表Ⅰ－１－21　エンゲル係数の推移

（備考）総務省「家計調査」により作成。２人以上の世帯。

連合総研の勤労者短観の調査結果によると、１年前と比較して蓄え（預金や有価証券等）が「増えた」とする回答は世帯年収が高いほど割合が高くなる。高収入層では物価高を上回る賃金の上昇や株高の恩恵を受けた金融資産の増加などによって蓄えが増えている一方、低所得層では物価高の影響により貯蓄や投資に回す金銭的余裕がない可能性がある。

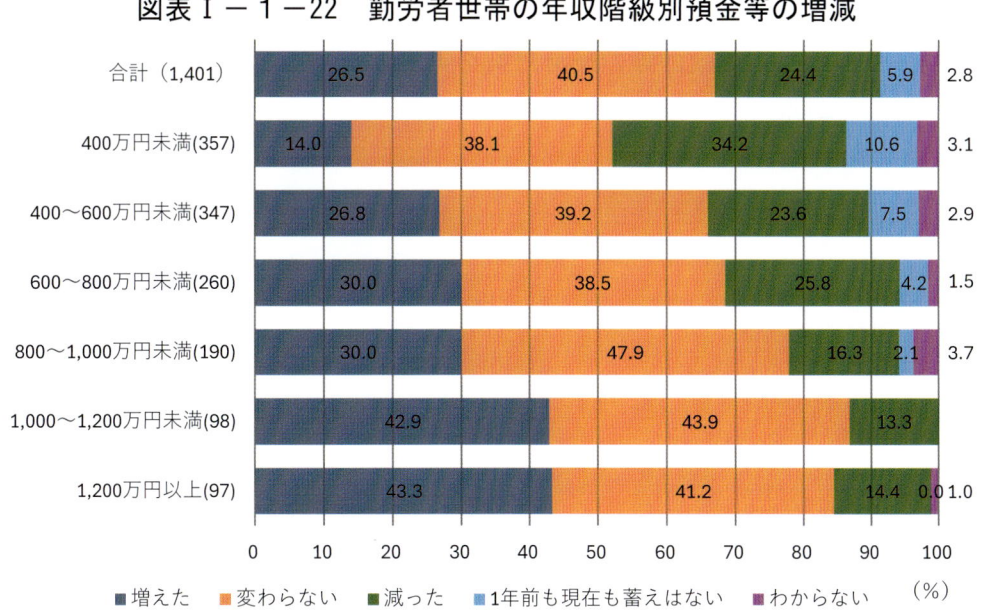

図表Ⅰ－１－22　勤労者世帯の年収階級別預金等の増減

（備考）１．連合総研「第47回勤労者短観」（2024年６月）により作成。
　　　　２．首都圏・関西圏の民間企業に雇用されている者に１年前と比較した世帯の預金等の増減を尋ねたもの。
　　　　３．括弧内は回答者数。

個人消費が力強さを欠く背景の一つとして、年金制度など社会保障への将来不安の問題もあると考えられる。社会保障への将来不安が払拭されなければ、家計は所得を消費ではなく、貯蓄や投資に回してしまう。

Job総研が2024年１月に実施したアンケート調査によると[20]、老後資金に不安があると回答した人は82.3％であり、不安があると回答した人のうちその理由で最多だったのが「年金の受給有無（68.3％）」、次いで「物価高騰による生活費の増加（54.3％）」「健康保険や医療費の増額（50.3％）」であった。老後資金の貯蓄有無を聞いた質問では、「すでに貯め始めている」が52.0％で過半数を占め、投資・資産運用のいずれかをしている割合は75.1％であった。

個人消費の持続的な回復を実現するためには、今後も賃上げを継続して可処分所得を着実に増加させるとともに、社会保障制度改革への道筋を明確に示し、社会保障への将来不安を払拭していくことが必要である。

また、物価の上昇が年金生活者に与える影響も懸念される。現在の年金制度は、将来の給付水準を確保するためのマクロ経済スライドの仕組みによって、年金支給額の伸びが物価や賃金の伸びより低く抑えるようになっており、実質的には目減りするようになっている。2024年度の場合、2023年の物価変動率が3.2％、過去３年間の名目賃金の変動率が3.1％となったことを受け、公的年金の支給額は2.7％引き上げるとされている。

厚生労働省が公表した2023年の国民生活基礎調査によると、生活意識が「苦しい」と回答した65歳以上の高齢者世帯は前年から10.7％ポイント増となる59.0％に上り、調査を開始した1986年以降最も高くなった。

また、高齢者世帯の割合は上昇しており、年金生活者の貧困問題が経済全体に与える影響も以前に比べて大きくなっている可能性がある。厚生労働省「国民生活基礎調査」によると、高齢者世帯は2001年には665万世帯（全世帯の14.6％）だったのに対して、2023年には1,656万世帯（全世帯の30.4％）と20年余りで倍以上に増加している。

政府は住民税非課税世帯への給付等の経済対策を実施しているが、年金生活者の貧困問題には引き続き留意が必要である。

---

[20] Job総研「2024年　老後資金の意識調査」（2024年１月29日）

コラム　物価高の教育への影響

　物価高は、家計の実質可処分所得の減少を通じて個人消費を減少させるほか、社会の様々な面に影響を与えている。

　教育面では、給食費の値上がりが生じている。学校給食は法律で定められた項目の摂取基準を満たす必要があるため、食材価格の高騰を受けて給食費が値上がりしている。全国の自治体の３割では公立小中学校の全児童生徒の給食を無償化しているが、政令指定都市など人口規模の大きいところでは財源が課題となり、地域間での対応の差が生じている[21]。

　教育への影響は、給食だけに限らない。総務省「家計調査」によると、学習塾や習い事などの「補習教育」について、２人以上の世帯における2023年度月平均の支出額は前年度比▲10.5％と減少が著しい。近年は、入学試験においても学力試験だけでなく、体験価値を評価する仕組みが導入されている場合もあるが、そうした体験は費用をかけないとできないものも多く、世帯の経済状況が進学に影響することも懸念される。

　また、国立大学で授業料を標準額より引き上げる動きが相次ぎ、東京大学でも2025年度の入学者から授業料を10万円余り引き上げることが報道される[22]など、大学をはじめとした高等教育の学費の値上げが今後も行われる可能性がある。一方、東京都では、2024年４月から都立大学や高等学校の授業料実質無償化が世帯の収入状況に関係なく実施されるなど、高等教育の学費については地域間での対応の差も生じている。

　さらに、高等教育に関しては、奨学金の返済が少子化に影響を及ぼしているとの指摘もある。近年、大学生の奨学金利用率は増加しており、大学生のおよそ２人に１人は大学に通うために何らかの奨学金を利用している状態にある[23]。労働者福祉中央協議会が2022年に実施したアンケート調査によると、貸与奨学金の返済が生活設計に与える影響について、「結婚」「出産」「子育て」のいずれの項目においても「影響を及ぼしている」と回答した者の割合が３割を超えている[24]。

　本来、教育には将来の格差を是正する役割もあるはずであるが、世帯の経済状況や地域ごとの対応の差が教育機会に影響し得る状況が続くと格差の拡大再生産に繋がることが懸念され、昨今の物価高はそのような懸念をさらに深刻なものにしている。連合は「就学前教育から高等教育まで、すべての教育にかかる費用の無償化を行う」ことを政府に要請しているところであるが、社会全体で子どもたちの学びを支えることを考えるべきではないか。

---

[21] 朝日新聞「全国で３割の自治体が給食無償化実施　でも大都市では財源ネックに」（2024年６月12日）
[22] ＮＨＫニュース「東京大学来年度の入学者から授業料を10万円余り引き上げへ」（2024年９月10日）
[23] 日本学生支援機構「令和４年度学生生活調査」（2024年３月29日）
[24] 労働者福祉中央協議会「奨学金や教育費負担に関するアンケート調査」（2023年３月９日）

第1章　2023年秋以降の日本経済

第3節　企業活動

企業収益

　企業収益を見ると、経常利益は増加傾向にあり、好調である（前掲【図表Ⅰ－1－8】参照）。

　財務省「法人企業統計」によると、全産業（金融業、保険業を除く、以下同じ）の経常利益は、四半期ベースで増益が続いており、直近の2024年4－6月期（原数値）は本統計上過去最高の約35.8兆円となった。

　次に、企業の収益性を計る売上高経常利益率（除く純粋持ち株会社）は、2010年代以降、コロナ禍の時期を除いて増加傾向にあり、直近の2024年4－6月期は全産業で7.4％と同じく過去最高となった。

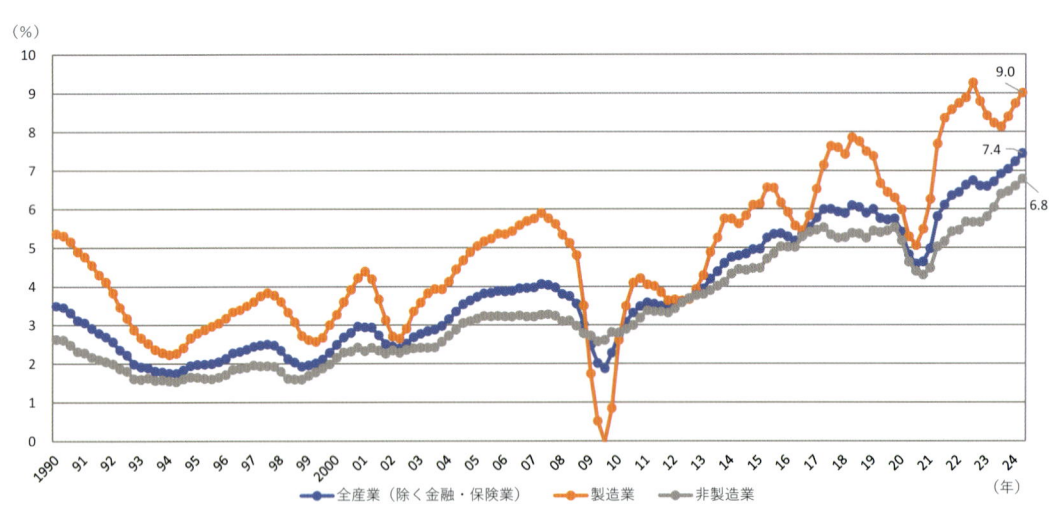

図表Ⅰ－1－23　売上高経常利益率の推移

（備考）　1．財務省「法人企業統計季報」により作成。後方4四半期移動平均。
　　　　　2．売上高経常利益率＝経常利益/売上高×100

　過去30年間における企業の経常利益の増加について分析を行った内閣府のレポートによると、売上高要因は景気の動向によって変動し、期間を通じて均してみれば主要な押上げ要因とはなっていない中で、主として、生産効率化も含めた変動費率の低下、人件費等の抑制、過剰債務の解消等による支払利息等の減少といった企業のコストカット、また、海外生産の拡大に伴う営業外収益の増加によって経常利益の増加がもたらされてきたとされている[25]。

設備投資、内部留保、配当金

　法人企業統計によると、設備投資の対営業キャッシュフローは、2010年代以降、ほぼ6割程度の水準で推移している。

---

[25] 内閣府「日本経済レポート（2023年度）」（2024年2月）

図表Ⅰ－1－24　設備投資・キャッシュフロー比率の推移

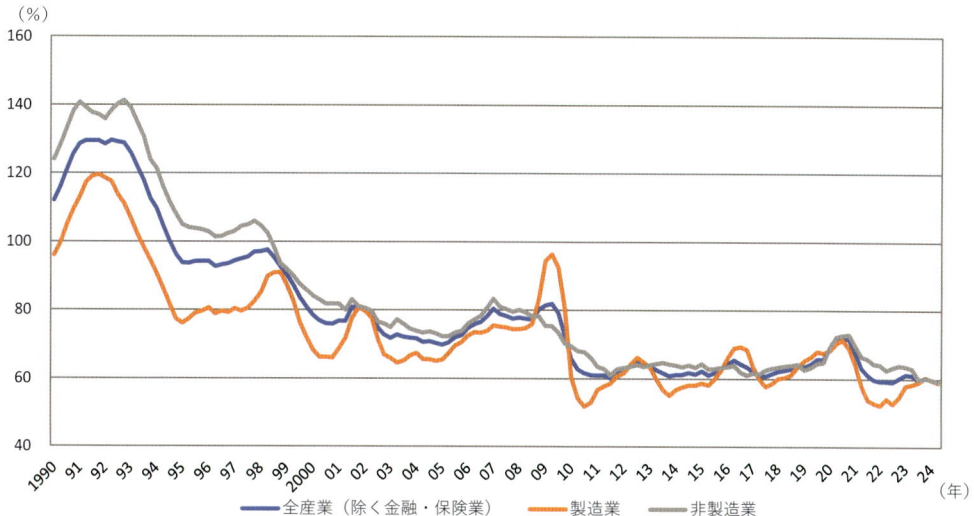

(備考) 1. 財務省「法人企業統計季報」より作成。いずれも後方4四半期移動平均。
　　　 2. 営業キャッシュフロー＝経常利益×0.5＋減価償却費。設備投資はソフトウエア含む。

　経常利益は増加傾向であるので、設備投資のキャッシュフロー比率が長期にわたって低迷しているのは、利益の低迷により投資資金が不足していることによるものではないと言える。

　内閣府のレポートによると、増加した経常利益は、主として、①利益剰余金の増加を通じた財務体質の強化、②現金・預金の増加を通じた手元流動性の確保、③海外投資の拡大に用いられてきた一方、人件費や国内での設備投資は抑制されてきたと分析されている[26]。こうした傾向に関しては、企業の経営スタンスが、利益率を上げて自己資本を積み上げ、それを手元流動性という形で保有する、利益が増えても設備投資は積極的に行わない、というリスク回避姿勢の強い経営に変わってしまったとの指摘がある[27]。

　実際に、法人企業統計からも、利益剰余金残高は増加傾向にあることが見て取れ、2023年度末には初めて600兆円を超えた。

---

[26] 内閣府「日本経済レポート（2023年度）」（2024年2月）
[27] 伊丹敬之「漂流する日本企業」（2024年1月）。設備投資の停滞に関しては、償却費も減る（増えない）という意味で会計計算上はプラスの面がある一方で、生産能力の停滞や生産性向上の期待薄という現象も発生し、それが売上減少やコストダウンの難しさにつながってしまう懸念も指摘されている。

図表Ⅰ-1-25　利益剰余金残高の推移

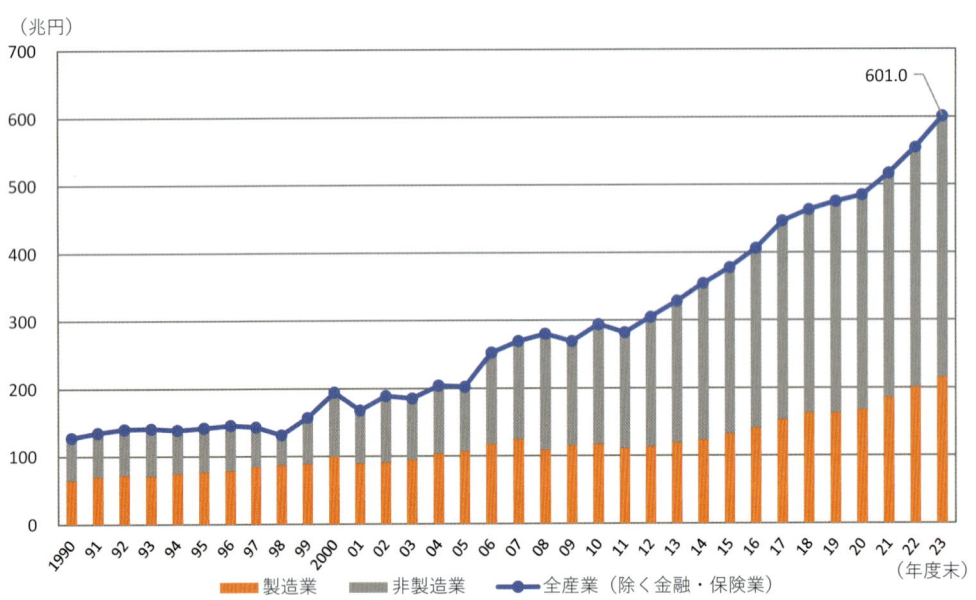

（備考）財務省「法人企業統計年報」により作成。

設備投資があまり増えていない一方、配当金の支払額は増えてきた。このため、近年、大企業における設備投資配当比率が1を割り込んでいることも指摘されている[28]。

図表Ⅰ-1-26　設備投資配当比率の推移

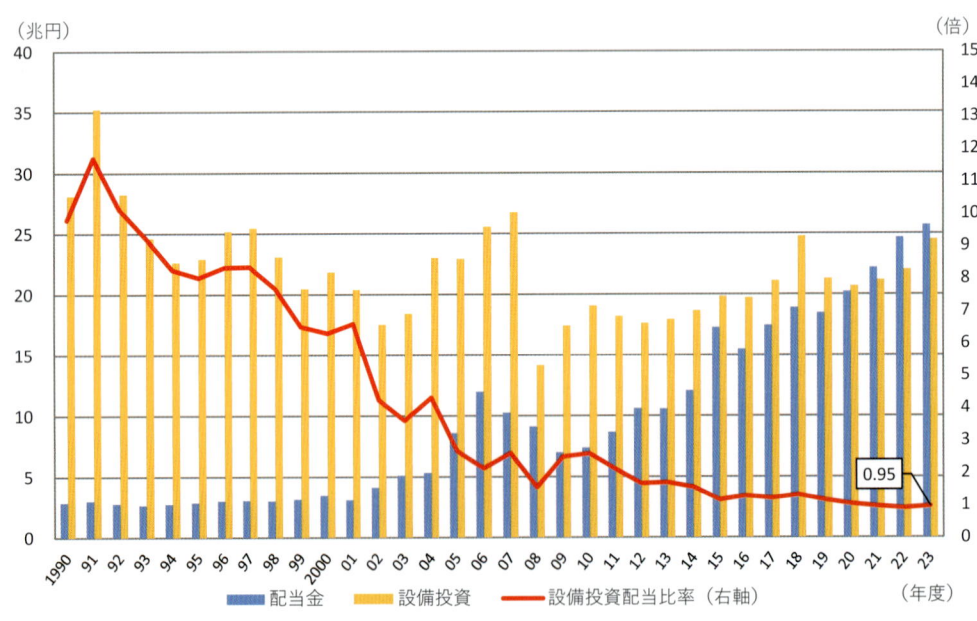

（備考）1．財務省「法人企業統計年報」により作成。
　　　　2．金融・保険業を除く全産業、資本金10億円以上の大企業。

日本国内での設備投資が低迷してきた根本的な要因は、国内で投資を行うことによって得られ

---

[28] 伊丹敬之「漂流する日本企業」（2024年1月）

る期待収益率が低いと認識されてきたからであるとの見方もある[29]。こうした見方に基づけば、日本国内での設備投資を促進するためには、賃上げ等を通じて個人消費の活性化を図るとともに、人材や研究開発への投資等を通じてより付加価値の高い商品・サービスを創出し、期待収益率を引き上げていくことが重要であると言える。

労働分配率

利益が増えても人件費が抑えられてきたことは、労働分配率の低下によって確認できる。前述の通り、法人企業統計ベースの労働分配率（付加価値に対する人件費の割合）は、過去最低の水準にまで低下している。（前掲【図表Ⅰ－1－6】参照）

なお、ＳＮＡベースでみた場合、労働分配率（付加価値ベース、名目ＧＤＰに対する雇用者報酬の割合）は、法人企業統計ベースほど低下していないとの指摘もある[30]が、足元では低下傾向にある。

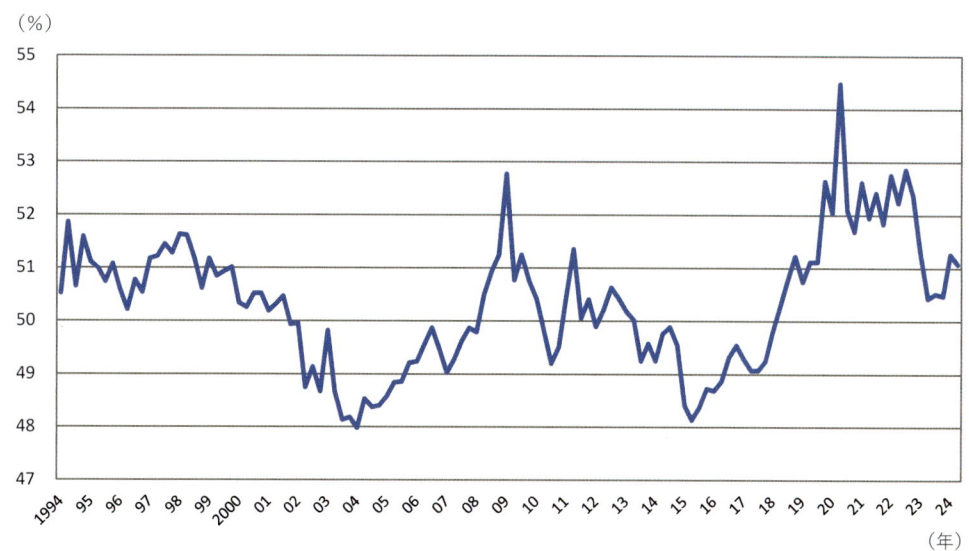

図表Ⅰ－1－27　労働分配率（ＳＮＡベース）の推移

（備考）1．内閣府「四半期別ＧＤＰ速報」（2024年4－6月期2次速報）により作成。季節調整値。
　　　　2．労働分配率（ＳＮＡ・付加価値ベース）＝名目雇用者報酬/名目ＧＤＰ×100

また、ＳＮＡベースでも、長期的な趨勢で見ると、実質賃金の伸びは労働生産性の伸びよりも低いものにとどまっていることが確認できる。

図表Ⅰ－1－28は、労働生産性と実質賃金を労働時間1時間当たりで捉え、1994年度を起点として、その後2022年度までの労働生産性の上昇分は、どのように実質賃金に配分されてきたかを見ている[31]。ここでは、賃金への分配について、景気循環に伴う短期的な変化ではなく趨勢でみるために、各年度における分配ではなく、1994年度以降、その時点までの労働生産性の上昇分の累積について見ている。なお、1994年度を起点としたのは、「2015年（平成27年）基準（2008SNA）」

---

[29] 「国際収支から見た日本経済の課題と処方箋」懇談会（2024年7月2日）
[30] 服部直樹「労働分配率は本当に低下したのか― 企業の「賃上げ余力」は意外に小さい可能性 ―」（2024年5月29日）
[31] この分析手法については、齋藤潤（2023）「賃金引上げと人的資本への投資」（2023～2024年度経済情勢報告）を参考にした。

に基づく計数が遡及、公表されているのが1994年であることによる。

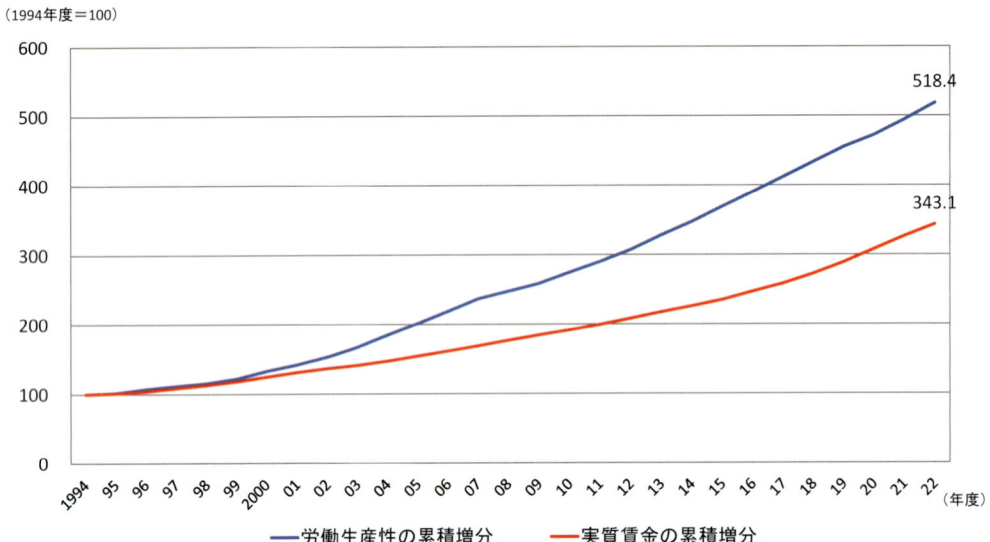

図表Ⅰ－1－28　労働生産性と実質賃金の関係（ＳＮＡベース）

（備考）1．内閣府「国民経済計算年次推計」より作成。
　　　　2．労働生産性は、国民所得（要素費用表示）を国民総支出デフレーターで実質化した国民所得を総労働時間で除したもの。実質賃金は、雇用者報酬を民間最終消費支出デフレーターで実質化して得た実質雇用者所得を総労働時間で除したもの。

　1994年度以降の労働生産性の増加分は、1994年度を100とすると、その後の累積で、2022年度は518.4となっており、年平均0.8％程度の増加である。一方、実質賃金の増加分は、1994年度を100とすると2022年度は343.1となっており、年平均0.6％程度の増加にとどまっている。つまり、ＳＮＡベースでも、長期的な趨勢で見ると、実質賃金の伸びが労働生産性の伸びよりも低いものにとどまっていることが確認できる。
　労働分配率に関しては、先述のとおり成果の公正分配の観点から重要であるほか、従業員への分配を優先することにより従業員の企業へのコミットメントが大きくなり、結果として株主も利益・配当の増加や株価上昇などのメリットをえられる可能性が高いとの指摘もある[32]。労働分配率の向上はこうした観点からも重要である。

設備投資の計画と実績の乖離
　企業の設備投資については、近年、計画段階での意欲は高い一方で、実際の設備投資には結びつきにくくなっている可能性がある。日銀短観における全規模・全産業の設備投資計画（計画）[33]と、国民経済計算における民間企業設備投資額（実績）を比較すると、近年、計画と実績の乖離が拡大している。

---

[32] 伊丹敬之「漂流する日本企業」（2024年１月）
[33] 年度央に当たる９月調査の数値を使用。

図表Ⅰ－1－29　設備投資における計画と実績の乖離

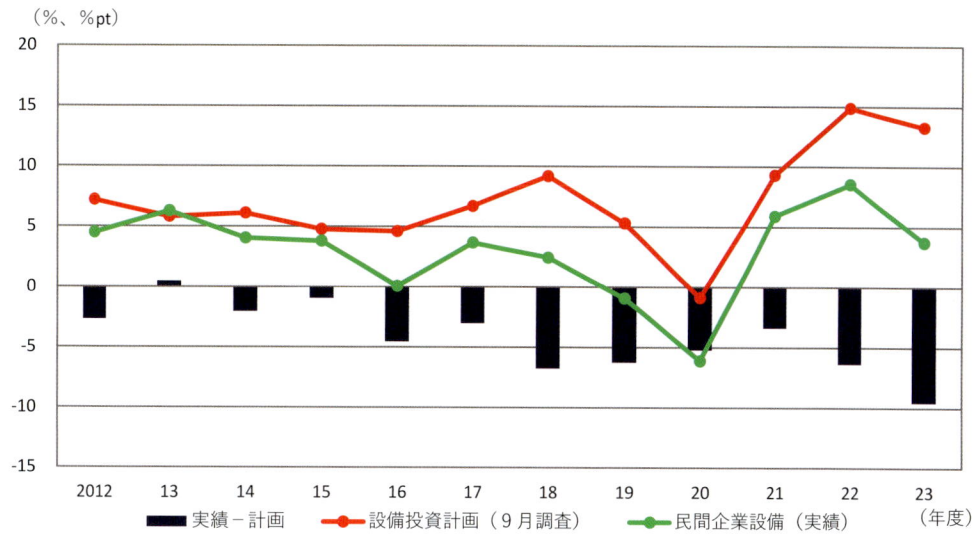

(備考) 1. 日本銀行「全国企業短期経済観測調査(短観)」、内閣府「国民経済計算」により作成。
　　　 2. 設備投資計画の数値は「ソフトウェア・研究開発を含む設備投資額(除く土地投資額)」。

　この主な原因として考えられるのは、物価高の影響と人手不足である。内閣府と財務省が2024年3月に公表した法人企業景気予測調査では、計画と実績見込みがずれている理由として「コストの変化」を挙げた割合は大企業で33.4%、中小企業で40.9%であった。

　物価高の影響が深刻なのは建設業である。専門家によると、この4年間で鉄筋や鋼管、鉄骨といった建設資材で多く使われる鋼材の価格が50～70%程度上がっており、電気や空調、エレベーターといった設備などの品目も値上がりしているという[34]。ロシアによるウクライナ侵攻などでエネルギーや資源の価格が上がり、円安が輸入価格の高騰に拍車をかけているためである。建設業の人手不足もあり、工事費が大きく高騰しており、工事の執行にも影響が出ていることが考えられる。

　また、企業の人手不足感は高まっている。連合総研の勤労者短観の調査結果によると、職場の人手不足感は全産業では4割以上、建設業では過半数となっている。

---

[34] 朝日新聞「改修見直しの「北とぴあ」　専門家が指摘する「2つのリスク」」(2024年5月14日)より。みずほリサーチ&テクノロジーズ主席コンサルタントの小林敬幸氏によるコメント。

図表Ⅰ－1－30　職場の人手過不足感

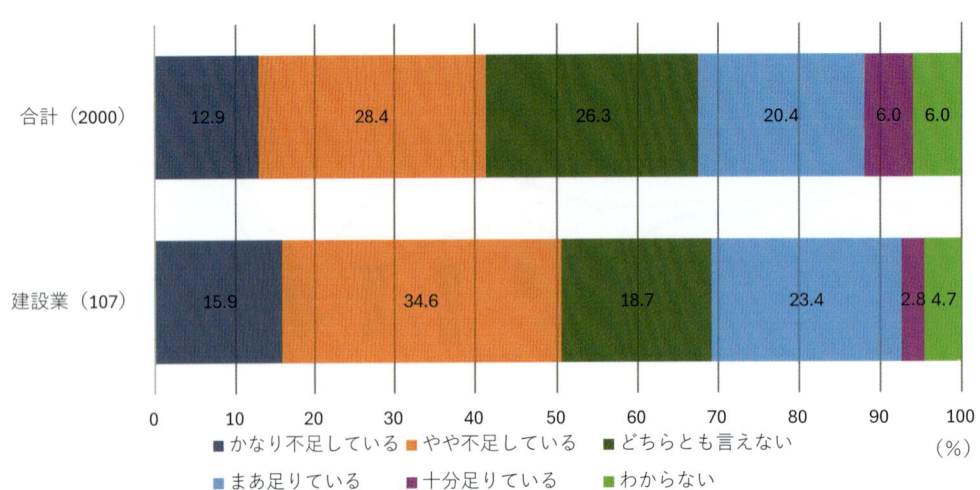

（備考）1．連合総研「第47回勤労者短観」（2024年6月）により作成。
　　　　2．首都圏・関西圏の民間企業に雇用されている者に現在の職場の人手過不足感
　　　　　（仕事量対比）を尋ねたもの。
　　　　3．括弧内は回答者数。

　帝国データバンクが2024年4月に行った調査[35]によると、2024年は企業の設備投資計画が4年ぶりに減少する結果となっており、コスト高や人手不足の影響が懸念される。

省人化投資の重要性

　人手不足への対応策として期待されるのは、デジタル投資をはじめとする省人化投資である。しかし、日本商工会議所等が行った調査によると、人手不足への対応策について、採用活動の強化と比べると、デジタル・機械・ロボットの活用は十分に進んでいないとの結果になっている。

図表Ⅰ－1－31　人手不足への対応状況

採用活動の強化（非正規社員含む）	81.1%
事業のスリム化、無駄の排除、外注の活用	39.1%
女性・高齢者・外国人材など多様な人材の活躍促進	37.3%
従業員の能力開発	34.6%
デジタル・機械・ロボットの活用	26.6%
労働時間・残業時間の増加	18.9%
多様で柔軟な働き方の導入（テレワーク、副業・兼業など）	14.3%
過剰品質・過剰サービスの見直し	10.7%

（備考）日本商工会議所等「中小企業の人手不足、賃金・最低賃金に関する調査」（2024年2月14日）により作成。

---

[35] 帝国データバンク「2024年度の設備投資に関する企業の意識調査」（2024年5月23日）

一方で、前掲の帝国データバンクの調査によると、予定している設備投資の内容について、「情報化（ＩＴ化）関連」「ＤＸ」のいずれかを選択した、デジタル投資を検討している企業は37.4％と４割近くにのぼり、関心の高さがうかがえる。

　デジタル投資の中でも、期待されるのはＡＩの利用による業務効率の向上である。仕事でのＡＩ利用による労働者の業務効率の向上効果は、全産業平均で21.8％となっており、業種別では専門サービス業、運輸業、宿泊・飲食業が高いとの研究もある。

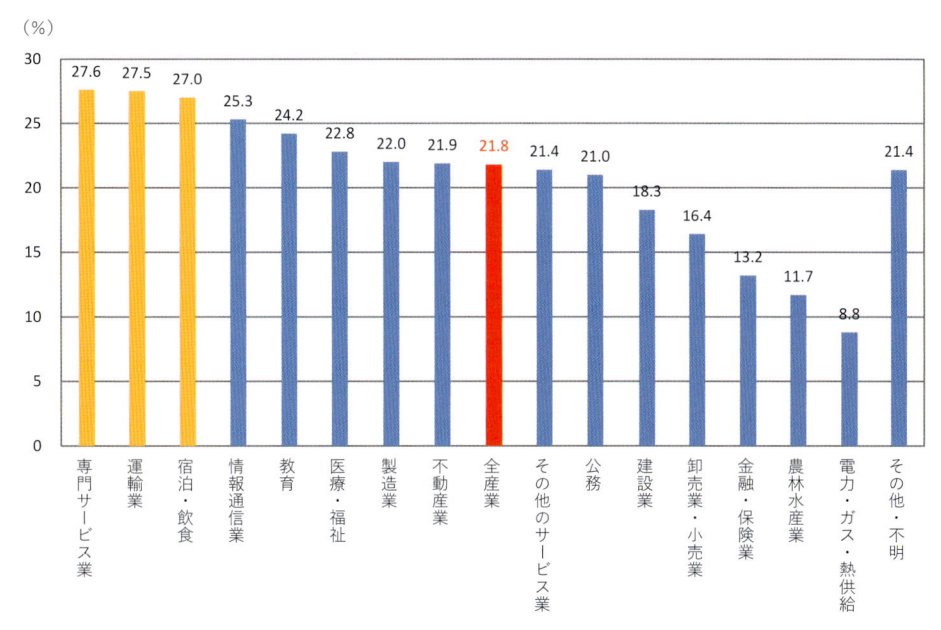

図表Ⅰ－１－32　ＡＩ利用による労働者の業務効率向上

業種	％
専門サービス業	27.6
運輸業	27.5
宿泊・飲食	27.0
情報通信業	25.3
教育	24.2
医療・福祉	22.8
製造業	22.0
不動産業	21.9
全産業	21.8
その他のサービス業	21.4
公務	21.0
建設業	18.3
卸売業・小売業	16.4
金融・保険業	13.2
農林水産業	11.7
電力・ガス・熱供給	8.8
その他・不明	21.4

（備考）１．新しい資本主義実現会議（2024年３月26日）資料より転載。原資料は森川正之（ＲＩＥＴＩ／一橋大学）の2024年３月の講演資料（東北大学－経済産業研究所共催シンポジウム「生成ＡＩは経済社会をどう変えるか」）。
　　　　２．2023年９月に総務省「就業構造基本調査」（2022年）の性別・年齢別構成に合わせて13,150人に調査。
　　　　３．業務効率性の向上については、各企業に対して０～100％の値で任意に回答してもらい平均化したもの。

　一方、ＡＩについては、偽・誤情報の流布や犯罪の巧妙化など様々なリスクも指摘されている。2024年６月のＧ７サミットでも、人権侵害などのリスクを軽減しつつ、ＡＩの可能性を活用するために、国際的なＡＩガバナンスの形成が必要との共通認識が示され、今後の方針として労働や雇用におけるＡＩの活用に関する行動計画をＧ７各国が新たに策定することなどが示された。

　ＡＩについては、その発展に応じて倫理面・技術面での国際基準のルールを整えながら、より豊かな社会を築く技術として向き合うことが重要である。

第1章 2023年秋以降の日本経済

> **コラム**　ＡＩの影響

　連合総研が2021年9月～22年1月に実施した「経営に関する労使協議についてのアンケート調査」の結果によると、ＡＩ等デジタル技術が雇用に与える影響に関する質問について、「生産性を高めることにより人手不足対策になるので、積極的に導入すべきだ」等の導入に積極的な回答が8割以上を占めていた。一方、「雇用を減らす恐れがあるので、導入には慎重になるべき」といった雇用の喪失を懸念する回答は僅か3.5％だった。日本の労働者が新技術の導入に前向きである背景には、質問の選択肢にもある通り、人手不足への対応策としての期待があるものと考えられる。

　しかし、近年、ＡＩに関して雇用の喪失を懸念する研究が相次いでいる[36]。2022年に米国OpenAIが「ChatGPT」を一般公開し、生成ＡＩが世間に浸透したことをきっかけに、2013年にオックスフォード大学のオズボーン氏らが公表した論文[37]（以下、「雇用の未来」という）が再注目された。同論文では、「米国雇用者の47％の従事する職業が、今後10年から20年の間に70％以上の確率で自動化される可能性がある」とされていた。その後、ＡＩの進化によって人間に残される仕事は管理的職業や専門的・科学的職業など限られたものになるという見方[38]や、希望する全員が働くために必要な十分な量の仕事は残らないという悲観的な見解[39]も示されるようになった。

　さらに、生成ＡＩに関しては、「雇用の未来」の推計で想定されたよりも多くのタスク（例えば、創造性が高いとされたデザイナーなどの仕事）が影響を受けるのではないかとの見方もなされ、2023年に公表されたゴールドマンサックスのレポートでは「生成ＡＩの導入により、全世界で3億人分の雇用が影響を受ける」との見通しが示された[40]。

　ＡＩに関しては、大量の雇用喪失を生じる懸念があるので、再分配政策が重要であるという見方もあるが、ＡＩの活用による雇用の喪失よりも、労働力人口が減少することによる影響の方が深刻であるとの見方もある[41]。

　最近では、ＡＩによって恩恵を受けるのは高スキルの労働者ではなく、むしろ非熟練の労働者であるという研究成果も報告されており[42]、低スキルの労働者ほど恩恵が大きいことを示

---

[36] 詳細は、鈴木智之「ＡＩが雇用に及ぼす影響～勤労者短観を踏まえて～」連合総研レポートDIO 2024年1月号 No.393を参照。
[37] Frey, C. and M.Osborne (2013) "The Future Of Employment: How susceptible are jobs to computerization?", OMS Working Paper, University of Oxford
[38] Baldwin, Richard (2019) "The Globotics Upheaval"（翻訳：GLOBOTICS　グローバル化＋ロボット化がもたらす大激変（2019年））
[39] Daniel Susskind (2020) " A World Without Work"（翻訳：WORLD WITHOUT WORK－ＡＩ時代の新「大きな政府」論（2022年））
[40] Joseph Briggs and Devesh Kodnani (2023) "The Potentially Large Effects of Artificial Intelligence on Economic Growth"
[41] 米マサチューセッツ工科大学（ＭＩＴ）のディビッド・オーター（David Autor）教授は、本年2月に全米経済研究所（ＮＢＥＲ）に寄せた評論の中で、「移民政策を大幅に変更しない限り、米国やその他の豊かな国では、雇用がなくなる前に労働者が尽きてしまうだろう」と述べている。John Thornhill (2024) "Superfluous people vs AI: what the jobs revolution might look like" Financial Times, March 14, 2024.（翻訳 ジョン・ソーンヒル「ＡＩで「余計者」生み出すな」日本経済新聞2024年3月22日）
[42] David Autor (2024) "Applying AI to Rebuild Middle Class Jobs", NBER Working Paper 32140

す実証研究も存在する[43]。

　新技術がもたらす利益の分配に留意すべきという見方もある。MITのダロン・アセモグル教授は、2023年に公表した共著[44]において、生産性を高める新しい機械や生産方法は賃金も上昇させるという主張は必ずしも成り立つわけではないことを指摘している。まず、企業は技術革新によって生産性が向上すると生産量を増やすが、労働需要が増える（より多くの労働者を必要とする）とは限らない。また、労働需要が増えた場合でも、労働者の賃金が上がるとは限らない。賃金は労使の交渉によって決定されるからだ。

　新技術がもたらす利益を労働者にも公正に分配するためには、労使の交渉における労働組合の役割に期待される。アセモグル教授らも「労働組合は、（中略）雇用者と労働者のあいだで生産性向上の共有を支える重要な媒体だった。労働者が（中略）発言権を持つ職場では、技術的・組織的決定に労働者の意見も取り入れられ、組合が過剰なオートメーションへの対抗勢力としての役割を果たせる場合もあった」[45]と、新技術への過度な楽観主義に対する対抗勢力の一つとして、労働組合の役割を評価している。

　今後も技術の進歩に合わせて、労働環境の整備や利益の公正な分配をめぐって労使間でより積極的に協議していくことが必要であろう。

---

[43] Erik Brynjolfsson, Danielle Li & Lindsey R. Raymond (2023) "Generative AI at work", NBER Working Paper 31161

[44] Daron Acemoglu & Simon Johnson (2023) "Power and Progress : Our Thousand-Year Struggle Over Technology and Prosperity"（翻訳　ダロン・アセモグル＆サイモン・ジョンソン「技術革新と不平等の1000年史」）

[45] 前掲書日本語版p239からの引用。

第 1 章　2023 年秋以降の日本経済

対日直接投資

　対日直接投資が地域の雇用創出、賃金に好影響を与えていると考えられる事例が増えている。例えば、熊本県に工場を建設したＴＳＭＣ（台湾積体電路製造）の場合、当該地域において比較的好待遇の雇用機会を創出することによって、周辺の企業の賃金も引き上げられる現象が起きている[46]。同様の現象は、群馬県における外資系スーパーや外資系家具量販店の参入においてもみられる[47]。

　しかし、日本への対内直接投資は、国際的にみても低い水準にある。2022年の国連貿易開発会議（ＵＮＣＴＡＤ）の統計によると、日本の対内投資残高のＧＤＰ比は5.3％と198カ国・地域中196位であり、北朝鮮（同6.3％）よりも低くなっている。政府は、2022年末で約46.2兆円の対日直接投資残高について、2030年までに100兆円にするという目標の早期実現を目指している。対日直接投資は、働き手にとっても雇用機会の創出や賃金の引き上げをもたらすものであり、政府目標の実現を図るべきである。

倒産件数

　東京商工リサーチ「全国企業倒産状況」によると、2023年度の倒産件数は8,881件と、前年度と比べて30.6％増加した。新型コロナの感染拡大を受けたいわゆる「ゼロゼロ融資」の返済が本格化したことや、社会保険料の支払い猶予が終了したことなどが主な要因と考えられる。また、人手不足で事業の継続が難しくなったことを要因とする倒産件数については、2023年度は313件と前年度の２倍以上に増えており、うち232件が従業員100人未満の小規模事業者であった。

　2024年５月の企業倒産件数は1,009件と10年10カ月ぶりに１千件を超え、６月以降も基調として高い水準で推移している。

　円安に伴う物価高、人件費の上昇などのコストアップを価格転嫁できていないことが中小企業に影響していると見られるが、今後、貸出金利が上昇した場合の中小企業への影響も懸念される。

---

[46] ＴＳＭＣの工場を運営する子会社ＪＡＳＭの大卒初任給は熊本県職員より約７万円高い28万円。2024年４月１日には昨春の約２倍の256人が入社した。2024年内に建設を始める第２工場は、九州を中心に1,200人程度を雇用する予定だ。こうしたことを受けて、熊本県の最大地銀、肥後銀行は４月、全行員を対象に5.8％の賃上げを実施。大卒初任給も24万円と２万円上積みし、2025年４月には26万円にする。一方で、熊本県商工会連合会が2023年12月末に地元企業を対象に行ったアンケートでは、ＴＳＭＣ進出に伴う負の影響として58％が人手不足、47％が人件費上昇をそれぞれ挙げるなど、地元の中小企業の経営環境は厳しくなっている側面もある。（共同通信「ＴＳＭＣ進出、熊本の就職事情に地殻変動」（2024年５月２日））

[47] ＦＮＮプライムオンライン「コストコ時給1,500円来年にはＩＫＥＡも参入の群馬　一方で最低賃金ＵＰに苦しむ地元企業…高賃金の外資系にどう対応すべき？」（2023年11月９日）

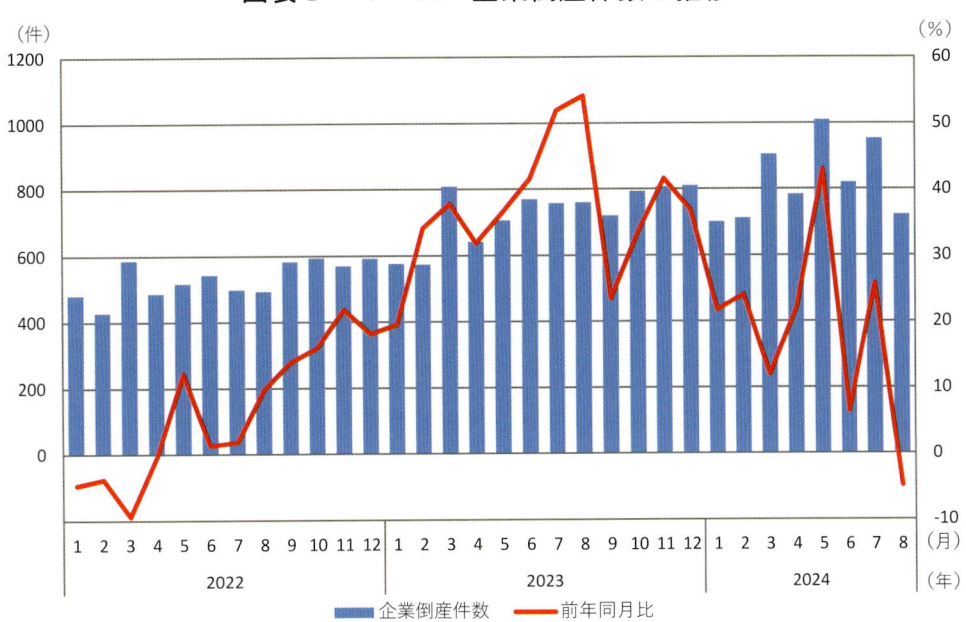

第1章 2023年秋以降の日本経済

図表Ⅰ-1-33 企業倒産件数の推移

(備考) 1. 東京商工リサーチ「倒産月報」により作成。
2. 負債1000万円以上の法的整理が対象。

第1章 2023年秋以降の日本経済

第4節 輸出入

輸出入の状況

　財の輸出については、一部自動車メーカーの生産・出荷停止という国内供給要因の影響等により、米国やEU向けの輸出を中心に弱い動きも見られたが、このところおおむね横ばいで推移している。

　先行きについては、海外経済の持ち直しが続き、自動車の生産・出荷が再開される中で持ち直していくことが期待される一方、米国における高い金利水準が同国の経済に与える影響、不動産市場の停滞が続く中国の下振れ及びこれに伴うアジア経済への影響などのリスク要因が存在しており、輸出の先行きについては引き続き注視が必要である。

　財の輸入については、内需に力強さが欠けていたことなどを反映して、おおむね横ばいとなっている。地域別では、アジアやEUからの輸入はおおむね横ばいとなっている一方、米国からの輸入は足元やや弱い動きがみられる。先行きについては、内需が緩やかに回復する中で、持ち直しに向かうことが期待される。

　サービス収支に関しては、好調なインバウンドを背景に、旅行収支の黒字は2023年度には過去最大規模となった。しかし、今後については、人手不足をはじめとする受け入れ側の制約もあるため、必ずしも足元のペースで伸びていくとは限らないことに留意する必要がある。

　他方、デジタル分野の収支については、赤字が拡大している。外国企業が提供するデジタル関連サービスのプラットフォーム（各種ソフトウェア、クラウド、検索サイト、オンライン会議等）への依存度が高まっていることが要因であり、デジタル分野における日本の競争力低下による国富の流出が深刻になっている。

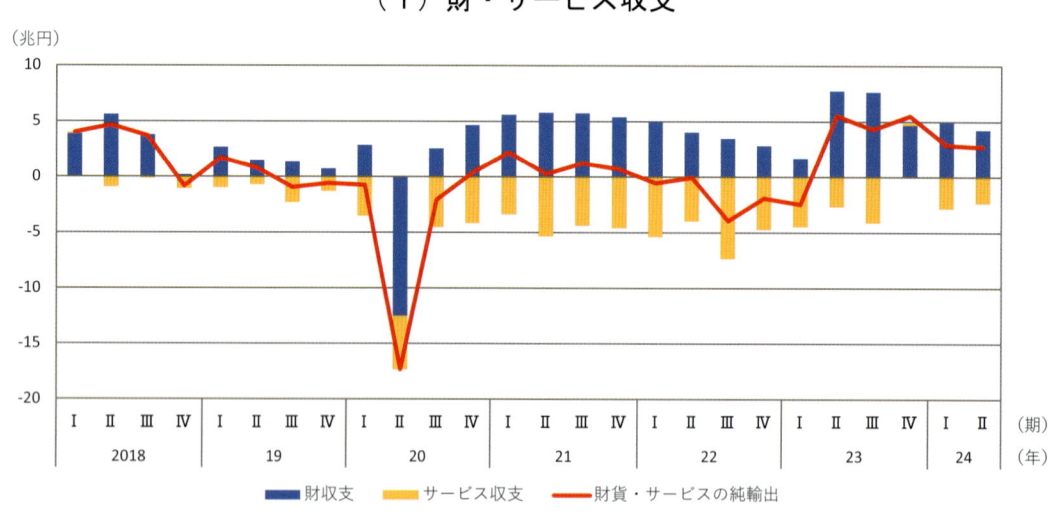

図表Ⅰ－1－34　財・サービス収支の推移

（1）財・サービス収支

（２）財の輸出入

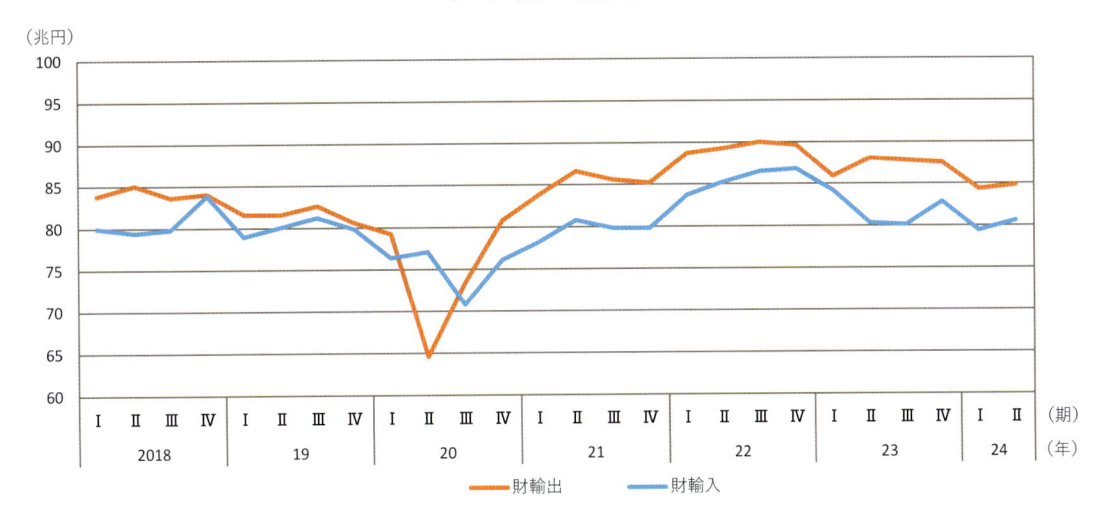

（３）サービスの輸出入

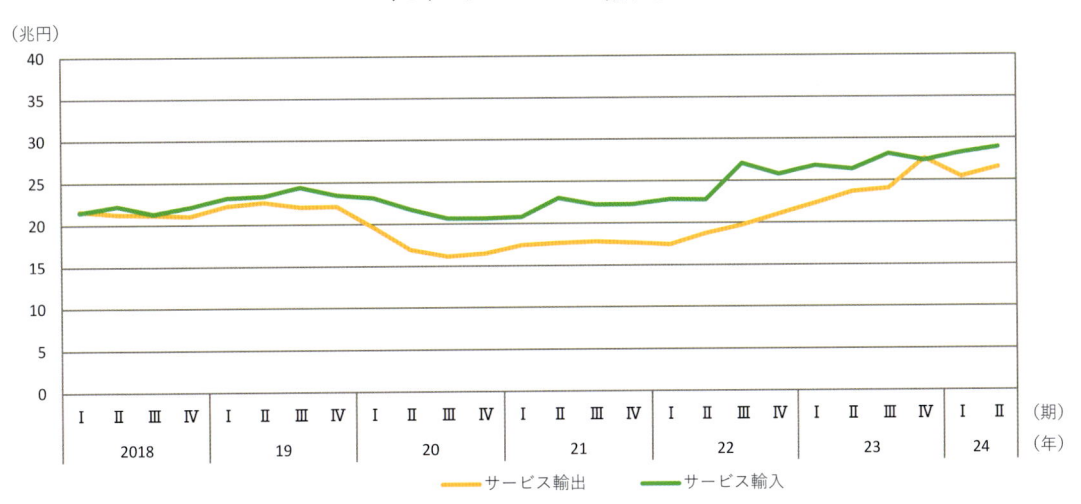

（備考）1．内閣府「四半期別ＧＤＰ速報」（2024年4－6月期2次速報値）により作成。
　　　　2．実質（2015暦年連鎖価格）、季節調整値。

　また、輸入物価上昇に伴う交易条件の悪化によって、交易利得の減少は続いており、2024年4－6月期も9兆円程度の赤字となっている。輸入価格の上昇による海外への所得流出は望ましい状況ではなく、国際商品市況の影響を過度に受けない経済構造へ転換を進めていくことは重要な課題である。

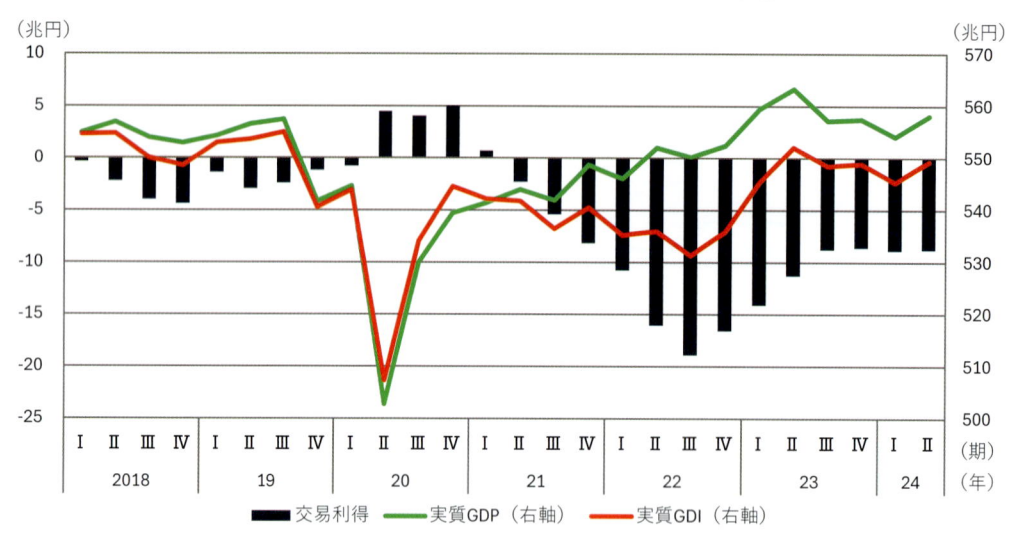

図表Ⅰ－１－35　交易利得（損失）の推移

（備考）1．内閣府「四半期別ＧＤＰ速報」により作成。実質（2015暦年連鎖価格）、季節調整値。
2．交易利得（損失）とは、海外取引における価格変動（交易条件の変化）に伴う所得移転を示す概念。交易利得（損失）＝（名目純輸出／輸出・輸入デフレーターの加重平均）－実質純輸出
3．実質ＧＤＩ（国内総所得）＝実質ＧＤＰ（国内総生産）＋交易利得（損失）

為替レートの影響

　為替レート（対米ドル）は、足元、大幅な円安に反転の動きも見られるが、2024年央にかけて急速に円安が進行した。この要因としては、内外金利差が一因となっている一方で、日米の潜在成長率の差も影響している可能性があることも指摘されている[48]。日本の潜在成長率は０％台半ば程度なのに対して、米国は議会予算局（ＣＢＯ）の推計では２％台とされている。米国では移民の流入による労働力人口の増加が大きいという見方もある。

　円安の進行により、海外資産を保有する大企業や輸出企業など恩恵を受ける企業がある一方、輸入品などに依存する中小企業や家計は、輸入物価の上昇により打撃を受ける。製造業でも中小企業は売上高に占める輸出の割合が小さく、仕入れに占める輸入比率が高い。

　行き過ぎた円安に歯止めをかけ、より適正な水準で安定させるためには、金融政策の変更だけでは解決にならず、日本経済の成長力の強化という構造的な課題に取り組むことが不可欠である。円安により増加した輸出企業の収益を国内投資に振り向け、人への投資やデジタルトランスフォーメーション（ＤＸ）などにつなげるべきであり、そうした投資を通じて潜在成長率を引き上げることは、過度な円安を防ぐうえでも重要である。

　日米双方における金融政策の変更を背景として、2024年７月以降、それまでの急速な円安が反転し、円高方向に振れているが、米国で物価上昇が収束し、利下げが本格化すれば、さらに円高が進む可能性もある。再び急激な円高が進めば日本経済は深刻な打撃を受けかねないと警告する専

---

[48] 2022年２月のロシアによるウクライナ侵攻後、米国が利上げを始めた頃から、対米ドルの為替レートは円安が進行し、当時の110円台後半から、2024年６月には150円台まで下がった。これについて「およそ35円ほど下がったうちの半分は金利差で説明できる。しかし、残り半分は円の価値に対する過大評価が剥がれたことが要因だとみている。金利差が縮まっても115円の水準には簡単に戻らないだろう」と述べる専門家もいる。（日本経済新聞「「円＝安全通貨」は誤解だった　渡辺元財務官が説く復権策」（2024年６月22日））

門家もおり[49]、このような観点からも日本経済の体質強化が急務であるといえる。

---

[49] 「日米の価格差から均衡為替レートを計算する購買力平価説に基づいて考えれば、大幅な円高が進んでもおかしくない。IMFによる推計では、購買力平価レートは1ドル＝90円程度になる。足元では極端な円安が日本経済にもたらす弊害に目が向きがちだが、再び急激な円高が進めば、グローバル化した日本経済は深刻なダメージを受けかねない。」と指摘する意見もある。（福田慎一「好環境生かし構造改革急げ」日本経済新聞経済教室2024年6月14日）

第5節　経済政策

財政政策

　政府の「経済財政運営と改革の基本方針」(2024年6月21日閣議決定)(以下、「骨太の方針2024」という。)では、国と地方の基礎的財政収支(プライマリーバランス)を2025年度に黒字化する目標が3年ぶりに明記された。財政の悪化が続くと、国債の格付けが下がり、国債利子率は上昇する。今後は、金融政策の正常化に伴って「金利のある世界」となることが想定され、長期金利が名目成長率を上回れば、利払費の増加が税収の増加を上回ることが懸念される。その場合、基礎的財政収支が赤字であると、債務残高対GDP比の発散リスクが高まる。自然災害や感染症のパンデミックの発生に備えるためには、財政余力を残しておくことが重要である。そうした観点からも、財政健全化の「旗」を再び掲げたことは高く評価すべきである。

　一方で、政府は物価高に対して、二段構えでの対応を新たに講じる考えを明らかにしている。まずは低所得世帯に対するエネルギー補助金の支給等、即効性のある政策を打ち出し、第二段は秋に策定を目指す経済対策の一環として対策を講じるという[50]。経済対策の具体的な財源等については、第二段の議論を進める中で確定していくとされ、補正予算の編成については明確にはされていない。補正予算を編成する場合は、財政事情にも留意し、規模ありきの議論ではなく、必要かつ効果的な内容に絞った、適正な予算規模とすべきであろう。

　骨太の方針2024では、人口減少が本格化する2030年度までの6年間を対象期間とする中長期的な経済財政の枠組みが示された。財源も一体的に検討し、歳出と歳入を多年度でバランスさせると同時に、経常的歳出が毎年の税収等で着実に賄われるよう取り組むとされた。また、予算の単年度主義の弊害是正に取り組むとされた。

　これまで財政健全化目標は繰り返し延期されてきたが、2024年7月に内閣府が公表した「中長期の経済財政に関する試算」(以下、「中長期試算」という。)においては、一定の前提の下で、2025年度の国と地方のプライマリーバランスが黒字化する見通しが示された[51]。金融政策の見直しによって「金利がある世界」が戻ってくる以上、黒字化目標の達成時期をさらに先延ばしする余地はない。今後、財政健全化が着実に進展するよう、目標の達成に向けて不退転の決意を示しつつ、今回新たに設けた中長期の予算枠組みを堅持すべきである。

---

[50] 岸田総理記者会見(2024年6月21日)
[51] ただし、本試算において2024年秋に策定を目指す経済対策は織り込まれておらず、仮に大規模な補正予算が編成された場合、黒字化の達成は困難となる可能性が高い。

図表Ⅰ－1－36　国・地方の財政収支・公債等残高の見通し（対名目ＧＤＰ比）

（1）（基礎的）財政収支

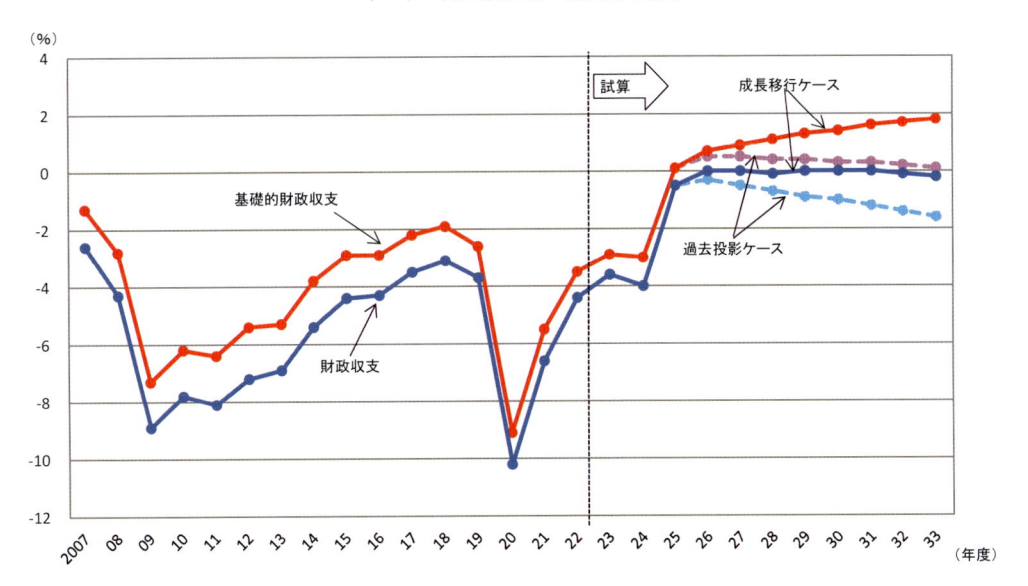

（2）公債等残高

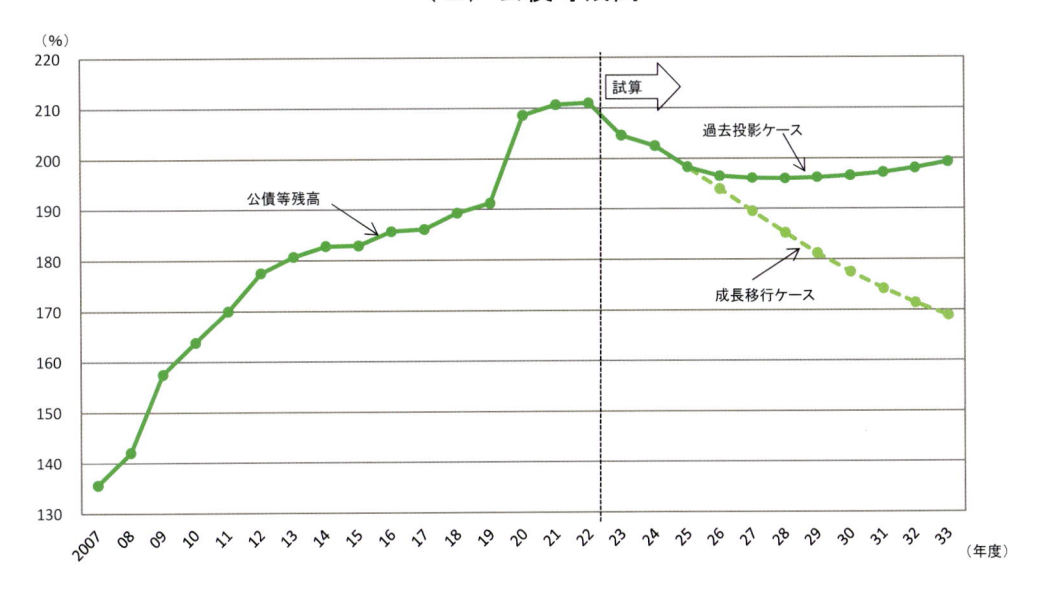

（備考）内閣府「中長期の経済財政に関する試算」（2024年7月29日）により作成。

コラム　独立財政機関（ＩＦＩ）について

独立財政機関（ＩＦＩ：Independent Fiscal Institutions）とは、ＯＥＣＤの定義では「行政府または立法府の法的な権限の下、公的資金により運営される独立機関であり、財政政策とその実績について超党派の立場から監督と分析、あるいは助言を行う。」とされており、現在では、ＯＥＣＤの加盟国のうち日本を除くほとんどの国で設置されている。

民主主義国家では財政民主主義（国民の代表によって構成される議会の議決に基づく財政統制）に基づき財政運営がなされているが、1970年代以降、多くの国で財政赤字と債務残高の増加が続いたことが設置の歴史的経緯である。当時の政治経済学者らは、政治的な選択が公共支出に影響を与えることを指摘した。政治家の戦略的動機等による政治的景気循環（Political Business Cycle）などがそれにあたる。

当初は財政ルールを導入する（財政健全化を法令で規定する）国もあったが、2008年のリーマン・ショックに端を発する経済危機を契機に、財政ルールでは想定外の事態に対応できないことや、政府が財政ルールを遵守しない場合のコストを認識させる必要があったことから、政治から一定の独立性を持つ専門機関が必要との認識が広がった。こうした情勢を受けて、2010年代以降、ＩＦＩを設置する国が急増した。

ＩＦＩの主な機能は、①長期的な債務持続性分析、②財政ルール遵守状況のモニタリング、③経済・財政予測の作成、④政策にかかる財政コスト試算である[52]。各国によって、組織形態は様々であるが、立法府に設置されるケース（例えば、米国議会予算局）、独立した公的機関として行政府に設置されるケース（例えば、英国予算責任局）に大別できる。

図表Ｉ－１－37　独立財政機関（ＩＦＩ）の各国比較（アメリカ、イギリス、ドイツ）

	アメリカ	イギリス	ドイツ
名称	議会予算局 （CBO：Congression Budget Office）	予算責任局 (OBR:Office for Budget Responsibility)	財政安定化評議会独立諮問委員会
設置機関	立法府	行政府	行政府
設立年	1974年	2010年	2013年
組織	トップである局長は、連邦議会下院議長と上院議長代行が、両院予算委員会の勧告を勘案して任命。解任は、いずれかの院の決議により可能。	財務省傘下の非省庁公的機関。最高意思決定機関である予算責任委員会の人事権は財務大臣が有する。委員会議長の任命にあたっては、議会下院財務委員会の同意が必要。	安定化評議会（連邦と州の共同組織）を補佐する機関として設立。ドイツ連邦銀行の代表者等、外部の専門家計9名の委員で構成、議長（任期2年、再任可）は委員の多数決で選ばれる。
備考	過去に慎重な税収予測に対して、議会から批判を受けた事例があるなど、議会に設置されるがゆえに、議会からの圧力を受ける可能性も指摘されている。	財務省等と覚書を締結して、必要な情報提供を受けるほか、経済分析作業への財務省等の職員の参加を認めていることから、政府からの独立性が脅かされている懸念があるとの指摘がある。	独立性は保証されているものの、予算編成過程における立法府への関与は行われず、諮問委員会の勧告は法的な拘束力がないという指摘もある。

（備考）国立国会図書館「独立財政機関をめぐる論点整理」（2020年）、国際通貨研究所「独立財政機関について～ＯＥＣＤ諸国と英国の事例～」（2023年）をもとに作成。

日本の場合、ＩＦＩが行っているような経済・財政予測は内閣府や財務省が行っている。内閣府では年2回（毎年1月と7月頃）に中長期試算、財務省では毎年1月頃に後年度影響試算

---

[52] 国際通貨研究所「独立財政機関について～ＯＥＣＤ諸国と英国の事例～」（2023年）

を公表している。中長期試算については、2023年7月の年央試算から、各シナリオや指標の解説の充実やリスク・不確実性の分析など、対外発信する情報の拡充が図られた。また、2024年4月には中長期試算の試算期間以降（対象期間：2034～2060年度）のマクロの経済・財政・社会保障の姿の試算を公表した。

　しかし、議院内閣制の日本の場合、中長期試算等を実施するにあたり、拡張的な財政を志向する政治の影響力が及ばない保障はない。なお、中長期試算に関しては、現在でも外生変数の経済指標の想定が楽観的すぎるとの批判が存在する[53]。こうした懸念も踏まえて、2023年5月に公表された財務省財政制度等審議会の建議「歴史的転機における財政」においても、独立財政推計機関の創設について海外の事例を参考にしつつ検討に着手することが述べられた。さらに、この一年間でＩＦＩ設立に向けた提言が相次いでいる。2023年10月に令和国民会議（令和臨調）[54]、2024年3月に経済同友会[55]がそれぞれ提言を公表している。2023年11月には、超党派の議員連盟「独立財政推計機関を考える超党派議員の会」が会合を開き、設置に向けた作業部会の設立や機関の設置に必要な法整備の検討を進めることでも一致するなど、具体的な動きも出てきている。

　ただし、実際に組織を設立するにあたっては、立法府に設置する場合は、拡張的な財政を志向する政治からの独立性をどのように担保するか、会計検査院のように独立した公的機関として行政府に設置する場合は、組織を担う人材をどのように確保するかといった課題がある点にも留意が必要である。

---

[53] 例えば、小塩隆士「経済政策と成長戦略－新政権下における「中長期試算」の在り方」（連合総研レポートDIO 2022年2月号 No.373)では、「中長期試算では「ＴＦＰの上昇ペースに関する想定が非現実的なほど楽観的になっている」と批判されている。
[54] 令和国民会議（令和臨調）「より良い未来を築く財政運営の実現に向けて－長期財政推計委員会と政策プログラム評価委員会の創設－」（2023年10月6日）
[55] 経済同友会経済・財政・金融・社会保障委員会「ＥＢＰＭの徹底に向けた基本法の制定を」～国民に信頼されるワイズ・スペンディング～（2024年3月27日）

> **コラム**　国民負担率について

　国民負担率（国民所得に占める租税と社会保障の負担率の割合）は５割に近い水準にある。2024年２月、財務省から示された2023年度の国民負担率は46.1％、さらに財政赤字分を加えた潜在的国民負担率は54.6％に達する見込みであるという。少子高齢化の影響による社会保障費の増加、防衛費の増加などにより、歳出は今後も増加が見込まれる。一方で、財政の健全化を実現するためには、歳出削減努力に加えて、租税や社会保険料等の増加も避けられない。

　国民負担率が「五公五民」ともいえる水準になっている状況を受けて、国民負担率と経済成長率との間に負の相関関係があることを示す先行研究を引用しつつ、国民負担の増加を懸念する報道もみられる[56]。しかし、国民負担率と経済成長率に関しては、各国のパネル・データ分析を行った結果として負の相関があることを示す研究がある[57]一方で、因果関係も含め結論的なことは言えないとする先行研究もある[58]。

　国民負担率については、指標としての留意点も指摘されている[59]。その一つとして挙げられるのは、それまで公的部門が負担していた医療などの財・サービスの提供を受益側の自己負担に置き換えれば、国民負担率は見かけ上は低下するが、それは負担の形態が変わっただけであり、国民全体の負担が軽減するわけではないという点である。

　また、間接税の扱いにも留意が必要である。分母に要素費用表示の国民所得を使用する際、分母からは間接税が控除されることになる。そのため、国際比較をする時に、間接税の比率が高い税制の国については、国民負担率が高めに出てしまうという性質がある。経済成長に伴い消費が増加した場合でも、消費税収が増えれば分母から控除される間接税の税収が増えることになるため、結果的に国民負担率が上がる方向に作用することもありうる。国民負担率を議論する際には、こうした指標としての特性があることにも留意する必要がある。

　そもそも昨今の国民負担の増加を懸念する論調の背景には、受益と負担のバランスについて国民の納得感が乏しいという状況もあると考えられる。特に社会保険料の負担については、本来、年金や医療などの具体的な受益と見合っているはずであるにもかかわらず、政府が約束した社会保障給付への信頼性が乏しいことから負担感が大きくなるとの指摘もある[60]。また、少子高齢化が進行する中で、現役世代が支払う社会保険料等に依存する負担のあり方は、制度としての持続性に欠けるとの懸念もある。

---

[56] 東京新聞「一揆寸前？令和の時代の「五公五民」は本当か　「国民負担率47.5％」の意味を考える」（2023年２月25日）では、日本銀行「国民負担率と経済成長－ＯＥＣＤ諸国のパネル・データを用いた実証分析－」（2000年２月）における「国民負担率が１％上昇すれば成長率は0.30％低下」とする推計結果が引用されている。ただし、日本銀行(2000)では、「一見、国民負担率の上昇→貯蓄率の低下→資本蓄積の阻害→成長の制約というメカニズムの存在を示唆しているように思われるが、国民負担率と経済成長との間に、前者が原因で後者が結果となる形での因果関係が存在することを明らかにするためには、さらにきめ細かな分析が求められる」としている。

[57] 長濱利廣「潜在成長率を押し下げる国民負担率上昇」（2023年５月）では、1985～2020年におけるＧ７諸国のパネル・データ分析を行った結果として、国民負担率＋１％ポイントの上昇に対し、潜在成長率が▲0.11％ポイント低下すると示されている。

[58] Atkinson(1995) "The welfare state and economic performance" では、1950/60年代から80年代までを対象とする社会保障関連支出と経済活力の関係について、９つの実証分析についてサーベイを行い、うち４つの研究は社会保障関連支出と経済成長率に負の関係、３つは正の関係が推計され、残り２つについてはどちらとも言えない結果であるとした上で、因果関係も含め結論的なことは言えないと述べられている。

[59] 経済企画庁総合計画局「財政・社会保障問題についての参考資料」（1996年12月）

[60] 八代尚宏「「五公五民」の国民負担率をどう改善すべきか」（2023年３月23日 毎日新聞）

> 納得感のある受益と負担のあり方をめぐっては、歳出の見直しや税・社会保険料の負担増も排除することなく、幅広く議論することが重要である。

定額減税

政府は2024年6月から所得税・住民税を1人当たり計4万円差し引く定額減税を実施したが、一度限りの減税や給付では多くが貯蓄に回り、消費の押上げ効果は限定的との見方がある。大和総研によると、世帯属性別に試算した場合、定額減税の世帯あたり減税額は、エネルギー高対策の終了などによるエネルギー代の増加額（同年6月から1年間）を上回る。そのため家計所得の下支え効果は大きいとみられる一方、個人消費の喚起を通じた経済効果は限定され、3.3兆円の定額減税によるGDPの押し上げ効果は0.2〜0.5兆円程度にとどまるとされている[61]。

経済の押上げ効果がこのように限定的なものでしかなかったのであれば、物価上昇の影響により国民生活が厳しい状況にあるとはいえ、リーマン・ショックやコロナ禍の際のような極めて深刻な不況とはいえない現在の経済情勢の下で、高所得層も含む国民の大半を対象として大規模減税を実施するのは、費用対効果の点から適切だったのかとの議論もある。

また、今回の定額減税については、実施にあたり企業や自治体に多大な事務負担をもたらしたことについても批判がある[62]。今回の減税は、所得税・住民税を1人当たり計4万円差し引くのが基本だが、収入や家族状況によって実施期間が変わる。さらに、納税額が少なく減税しきれない人に「調整給付」を行うなど、仕組みが複雑である上に、減税額を給与明細に記すよう雇用主に求めるなど、事務処理の負担が大きかった。帝国データバンクが実施した東京都内企業へのアンケートによると、定額減税に関する事務処理について「負担感がある」とした企業は73.9％にも上った[63]。人手不足が社会的な課題となる中で、給付金など他の政策手法があったにもかかわらず、各企業に対して多大な事務処理の負担を発生させる複雑な仕組みの減税を選択したことが適切であったのか、検証が必要と考えられる。

なお、連合は、厳しさを増す働く者・生活者のくらしと中小企業の経営基盤を支える、恒久的で実効性ある対策として、「給付付き税額控除」の仕組みの導入を求めている[64]。

男女間賃金格差の是正

世界経済フォーラム（WEF）が2024年6月に発表したジェンダーギャップ指数（各国における男女格差の現状を評価するための指標）では、日本は146か国中118位となっており、G7の中で最下位であった。分野別に見ると「教育」「健康」分野の順位は比較的高いが、「政治」「経済」分野の順位は低くなっている。

その主な要因のひとつとして、日本では男女間の賃金格差が比較的大きくなっていることがあ

---

[61] 大和総研「日本経済見通し：2024年6月　定額減税の効果と課題／中小・零細企業の賃上げ動向」（2024年6月21日）
[62] 朝日新聞社説「定額減税開始　政策の妥当性検証せよ」（2024年6月17日）では「借金頼みで効率の悪いバラマキ政策であり、自治体や企業に多大な事務負担ももたらしている。政権の人気取りを狙った愚策と言わざるをえない。費用対効果を検証し、妥当性と政権の責任を問うべきだ。」と論評されている。
[63] 帝国データバンク「＜緊急調査＞定額減税に関する企業の影響アンケート」（2024年6月14日）
[64] 2024年度税制改正関連法の成立に対する談話＜事務局長談話＞（2024年3月29日）

げられる。2022年7月から、従業員数301人以上の企業に対して、男女間の賃金格差の開示が義務付けられたが、男女間で説明できない格差が明らかになった事例もある[65]。2023年にノーベル経済学賞を受賞したハーバード大学のゴールディン教授によると、柔軟な働き方を選ぶかどうかが男女間の賃金格差の大きな要因であるとされているが、日本の労働市場については、高所得業種に限らず、ほぼすべての職種において柔軟な働き方ができていないとの課題が指摘されている。また、最近の実証研究の成果からは、規範や思い込みが男女間の賃金格差に与える影響の大きさも示唆されている[66]。

連合は、春季生活闘争方針において、「男女間における賃金格差は、勤続年数や管理職比率の差異が主要因であり、固定的性別役割分担意識等による仕事の配置や配分、教育・人材育成における男女の偏りなど人事・賃金制度および運用の結果がそのような問題をもたらしている」としている。骨太の方針2024では、賃金格差の大きい業界における実態把握・分析・課題の整理を踏まえ、業界ごとのアクションプランの策定を促すとされたところであり、男女別の賃金実態の把握と分析を行うとともに、問題点の改善と格差是正に向けた取り組みを進めていくことが必要である。

同一労働同一賃金の実現

同一労働同一賃金の理念を盛り込んだ「パートタイム・有期雇用労働法」が2021年4月から全面施行されたが、法律の理念が着実に実行されるよう、雇用形態の違いによる賃金の格差を把握し、格差是正に取り組む必要がある。

雇用者数を雇用形態別にみると、非正規労働者は男女ともに増加しており、雇用者に占める非正社員の割合は増加している（雇用情勢の詳細は第2章参照）。このため、社会全体として賃金を上げていく上で、非正規労働者の賃上げの重要性は高まっているといえる。2024年の春闘では、有期・短時間・契約等労働者の賃上げはフルタイム組合員を上回り、連合が時給の集計を開始した2000年代中盤以降では最大の引き上げとなった[67]。今後も、非正規労働者の賃金が働きの価値に見合ったものとなるよう、格差是正に取り組むことが必要である。

「年収の壁」の解消に向けて

最低賃金の引き上げや人手不足の影響でパートタイム労働者の時給は大きく上昇しているにもかかわらず、いまだに就業調整を行う人が多いのが実情である。連合総研が2023年4月に実施した第45回勤労者短観によると、女性の約3分の1（33.2%）が就業調整をしているという回答結果であった。また、既婚女性の就業調整に関しては、130万円を超えた場合の負担額の方が大きいにもかかわらず、年収を96～103万円を超えないよう調整している人の方が130万円を超えないよ

---

[65] 株式会社メルカリ「FY2023.6 Impact Report」（2023年9月）では、組織内の男女間の平均賃金の差を示す「男女間賃金格差」のほか、より状況を正確に把握するため、役割・等級や職種などによる差に起因しない「説明できない格差」の算出も行った結果、説明できない格差が7%分あり、この差は入社時の年収の男女差に起因（入社時の報酬は前職の給与を考慮して設定）していたとしている。なお、同社ではこのような格差の是正に向け、各種の取組を進めている。
[66] 牧野百恵「男女賃金格差の是正に向けて」（連合総研レポートDIO 2024年5月号 No.397）
[67] 連合「2024 春季生活闘争 まとめ ～評価と課題～」（2024年7月19日）

うに調整している人よりも多いとの調査結果もある[68]。これは制度の理解が不十分であり、とりあえず税制上の扶養の範囲である103万円に合わせているケースもかなり存在すると推測されている。なお、連合総研の第45回勤労者短観の調査結果によると、就業調整をしている人の4割以上が年金額への影響を知らないと回答していた。税制や社会保険制度についての正確な理解が広まることによって就業調整はある程度解消する可能性もあり、制度の理解促進活動が重要であると言える。

　政府は2023年に「年収の壁・支援強化パッケージ」を策定し、キャリアアップ助成金などの対応策をまとめた。しかし、これらはあくまでも当面の策であり、「新しい資本主義実行計画」（2024年6月21日閣議決定）においても「「年収の壁」を意識せずに働くことが可能になるよう、制度の見直しに取り組む」とされたことも踏まえ、より抜本的な改革案を検討する必要がある。

　「年収の壁」による就業調整を根本的に解消するには、被用者保険加入者の一定の要件を満たす扶養家族について、国民年金保険料や国民健康保険料を免除する現行制度を抜本的に変えなければならないとの意見や、第1号被保険者との公平性を確保するためにも、第3号被保険者制度については、長期的には廃止すべきとの意見もある[69]。この点に関しては、共働きや片親世代の増加など世帯形態が多様化する中で、保険料を自ら負担せずに年金を受給できる被扶養配偶者だけ優遇されるのは、ライフスタイルの選択に中立的な制度とは言えないといった論調も見られる[70]。

　働き続ける女性が増え、共働き世帯は専業主婦（夫）世帯の2倍を超えるなど、働き方やライフスタイルは多様化している。少子高齢化の進行により、労働力人口の減少が今後一層深刻になることが見込まれる中、社会を維持する労働力を確保するためにも、働き方やライフスタイルに中立的な制度へと見直していくことが求められる。

年金制度改革

　2025年の年金制度改正に向けた議論が厚生労働省の社会保障審議会で本格化しており、骨太の方針2024においても、「働き方に中立的な年金制度の構築等を目指して、今夏の財政検証の結果を踏まえ、2024年末までに制度改正についての道筋をつける」とされたところである。

　年金制度については、賃金が低迷する年には、年金水準を維持するための給付調整（マクロ経済スライド）が発動しない仕組みになっていたため、基礎年金の財政が悪化しているという課題がある。2024年財政検証結果（過去30年投影ケース）では、基礎年金の所得代替率は2024年度の36.2％に対し、2057年度には25.5％まで目減りする見込みである。これでは、自営業者や、厚生年金の報酬比例部分が薄い中・低所得の会社員にも大きな影響を生じかねない。保険料納付期間の延長や、マクロ経済スライドの調整期間の一致といった案が議論されているが、持続性の高い制度を構築すべく検討を進めるべきである。

---

[68] 近藤絢子・深井太洋（2023）「市町村税務データを用いた既婚女性の就労調整の分析」RIETI Discussion Paper 23-J-049
[69] 近藤絢子「「年収の壁」がもたらす諸問題」（連合総研レポートDIO 2024年5月号 No.397）
[70] 日本経済新聞社説「聖域なき年金改革で持続性高めよ」（2024年5月7日）

図表Ⅰ－１－38　将来の公的年金の財政見通し（2024年財政検証）

所得代替率及びモデル年金の将来見通し（令和6(2024)年財政検証）

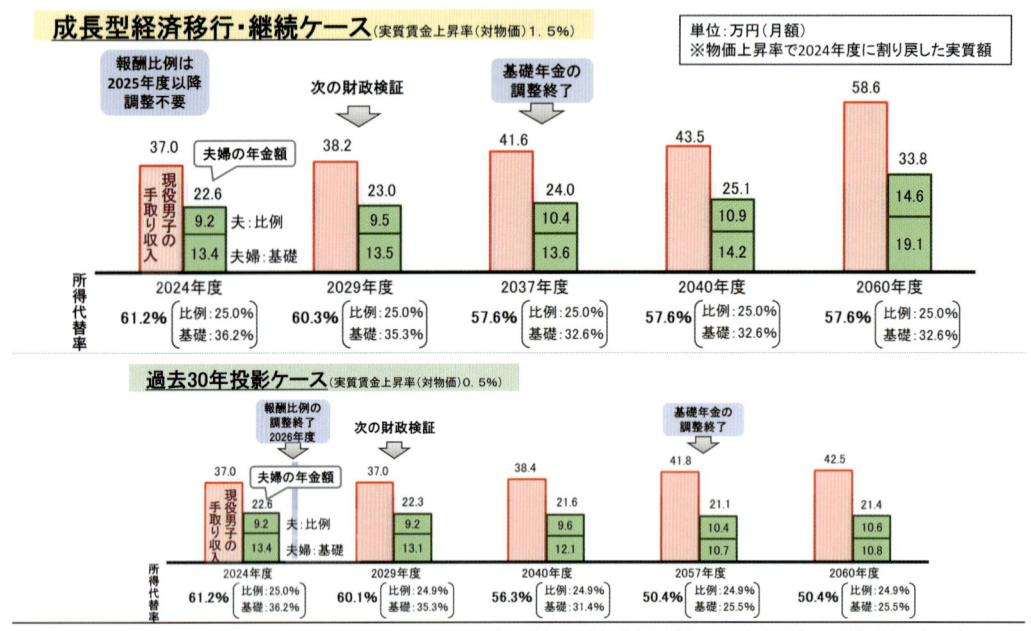

（備考）第16回社会保障審議会年金部会（2024年７月３日）提出資料より転載。

また、パートやアルバイト等の短時間労働者が厚生年金保険に加入する際の各要件についての議論も進められている。公的年金制度は働き方などに中立的な制度であるべきであり、賃金や労働時間にかかわらず、すべての労働者に適用することも重要である。そのためにも、公的年金制度への加入は給付の充実をもたらすものという制度に関する正しい理解の促進を図るべきである。

子ども・子育て支援

2024年の通常国会において、「子ども・子育て支援法等の一部を改正する法律」が成立した。児童手当の期間延長、所得制限撤廃、第３子以降の増額や、こども誰でも通園制度など、子ども・子育て支援について幅広くかつ重要な充実策が盛り込まれている。一方、2026年度から支援金制度の財源を公的医療保険料に上乗せして徴収することについては、給付と負担の関係が不明確であることなど財源確保策としての整合性に問題があることや、現役世代に負担が偏ることについての懸念も指摘されている[71,72]。

また、本法には雇用保険法の改正も含まれ、「出生後休業支援給付」および「育児時短就業給付」が新たに創設された。制度の運用においては、男女がともに育児を担う重要性や社会全体で「共育て」を推進する機運の醸成に加え、制度取得によるキャリア形成の阻害や労働者間の分断などにつながらないよう、制度趣旨についての丁寧な周知が必要である。

---

[71] 平川則男「続・子ども・子育て支援財源としての「支援金」制度の課題」（連合総研　研究員の視点）（2024年１月24日）
[72] こども家庭庁は３月29日、支援金の試算を公表し、国民１人当たりの負担が月450円になると発表した。これに関して、大企業の会社員の負担は75歳以上の1.4倍で、現役世代に負担が偏るとの指摘もある。（日本経済新聞「少子化財源「支援金」、現役に負担偏り　75歳の1.4倍に」（2024年３月29日））

金融政策

日本銀行は2024年３月、マイナス金利政策の解除を決めるとともに、７月には短期政策金利の誘導目標を0.25％程度に引き上げ、長期国債買入れの減額計画を決定する政策変更を行った。米国において利下げの方向性が示されたことなどと相まって、これまでの急速な円安ドル高の動きが反転し、株式市場が大きく変動するなど、株式・為替市場の先行きに対する不確実性が高まっており、今後もその動向を注視することが必要である。

なお、これまでの急速な円安の流れを阻止するために、金融政策に期待する向きもあったが、金融政策は経済・物価動向を踏まえて行うものであり、為替の短期的な変動には左右されるべきではない。円安を理由にその都度、金融政策を決めれば、先行きの政策運営に関する不透明感を高めることになり、金融市場は為替市場に振り回され、混乱することになる。

金利上昇の影響

マイナス金利政策の解除の結果、長期金利の代表的な指標となっている10年物の国債の利回りが11年ぶりに１％をつけるなど、長期金利が上昇する局面も見られた。

長期金利の上昇は、労働者にとっては、預金の金利が引き上がるというプラスがある。日本銀行の植田総裁は、2024年３月の国会での答弁において、1993年から2022年までの間に低金利のために家計や企業が手にできなかった逸失金利収入は総額600兆円に上ると述べた[73]。

一方で、住宅ローンの金利が引き上がるというマイナスもある。住宅ローンを組む顧客の８割程度は市場金利の変動を踏まえて一定期間ごとに適用金利が変更される変動金利を選んでいる[74]が、今後は日本銀行が追加利上げや国債の買い入れのさらなる減額など金融政策の正常化に向けて動くとの見方もあり、住宅ローンを新規で借り入れる場合のほか、既に借り入れている変動金利についても影響を受ける可能性がある[75]。

日本の家計全体では、利子受取額が住宅ローンの利子負担額を上回るという試算もある[76]。金利が５年かけて２％上昇した場合、家計全体での利息収入は年間8.7兆円増加するのに対し、利払い負担は年間4.4兆円増加し、ネットの受け取り額は4.3兆円になるという[77]。同試算では、若年・中年層では住宅ローンなどの負債が大きい一方、高齢層では預金が大きいため、年齢階層別では高齢層で恩恵が大きいことも示されている。他方、高齢世帯では資産格差が大きいため、２％のインフレによる生活費の増加を金利収入でカバーできない世帯が、高齢世帯全体の42％を占めるという。いずれにしても、金利上昇の家計への影響を考えるにあたっては、世帯ごとの資産・負債を巡る状況の格差に十分留意する必要がある。

---

[73] 2024年３月21日、参議院財政金融委員会での答弁。ただし、利子所得の下押しで総需要にマイナスの影響が出た可能性があるものの、金融緩和で金利を低位に誘導することにより経済環境の改善につながったと指摘し、低金利が経済全体にどのような影響をもたらしたのかを総合的に考慮すべきとも述べた。

[74] 住宅金融支援機構「住宅ローン利用者の実態調査（2024年４月調査）」（2024年６月28日）によると、利用した住宅ローンの金利タイプは「変動型」76.9％、「固定期間選択型」15.1％、「全期間固定型」8.0％となっている。

[75] ネット銀行では、本年５月以降、基準金利や適用金利の引き上げを実施したところもある。

[76] 日本総合研究所「金利２％上昇なら家計は４兆円の受け取り超過に」（2024年４月19日）

[77] 本試算は金利の上昇による家計の利子所得・利子負担への影響を部分均衡的な観点から分析したものであるが、金利の上昇はマクロ経済への影響を通じて、賃金の減少などマイナスの影響を及ぼす可能性もあることに留意が必要である。

第1章　2023年秋以降の日本経済

　企業にとっても、金融機関から中長期で借り入れる資金の金利負担が増えることになり、社債の調達コストも上昇するため、多額の費用がかかる設備投資などが控えられることも想定される。ただし、日本銀行は今後も緩和的な金融環境を維持していくとして、速いペースで利上げを繰り返すことには慎重な姿勢を示している。

第2章　コロナ禍から経済が回復する中での労働市場の概況

第Ⅰ部　第2章のポイント

○雇用情勢は、新型コロナウイルス感染症の影響により悪化したが、完全失業率は2020年10月に3.1%まで上昇した後は低下傾向で推移し、足元の2024年7月は2.7%である。

○新規求人数は、コロナ禍に大きく減少した「宿泊業・飲食サービス業」、「サービス業」等は2021年に入り回復したが、足元では新規求人数は緩やかに減少しており、特に円安や物価高による原材料費の高騰の影響を受けている「建設業」、「製造業」のほか、「宿泊業・飲食サービス業」などで弱い動きとなっている。こうした弱い動きは規模の小さな事業所に集中している。

○正規雇用労働者数は、2015年にプラスに転じて以降9年連続で増加しており、また、新型コロナウイルス感染症の影響によりに大きく減少した非正規雇用労働者数も2022年、2023年と2年連続で増加している。

○雇用人員判断DIについて、非製造業は世界金融危機以降不足の状況が続いており、製造業よりも人手不足が深刻な状況にある。特に、中堅・中小規模の事業所の人手不足感が強い。

○我が国の月間総実労働時間は、直近10年の動向をみてみると、コロナ禍における特異な動きを除き、減少傾向で推移しており、働き方改革関連法が成立した2018年6月以降は減少幅が大きくなっている。なお、同法による上限規制の適用が5年間猶予されていた事業・業種のうち、「建設業」及び「運輸業、郵便業」においては、同法成立以降、2024年4月からの同法の適用を見越して時間外労働の削減に取り組み、特に適用直前期となる2023年終わり頃から時間外労働削減に向けた取組が加速したことがみてとれる。

○2024春季生活闘争では、平均賃金方式で回答を引き出した5,284組合の「定昇相当込み賃上げ計」は加重平均で15,281円・5.10%となり、最終集計まで5%超えを維持したのは1991年以来33年ぶりとなった。

○現金給与総額は、2022年にコロナ禍前の2019年の水準を上回ってから、2024年に入って上昇率が急激に拡大し、2024年上半期の現金給与総額は2002年の平均を上回った。また、名目賃金の上昇を上回る物価上昇により、実質賃金は2022年4月以降減少の動きが続いていたが、夏季給与の大幅増等を背景に、2024年6月、27ヶ月ぶりにプラスに転じた。

○労働分配率を長期的にみると、全業種・規模で徐々に低下している。経常利益や配当金の増加に比べ、従業員給与が増えていない。OECD諸国の平均年収はこの20年で約17%増加しているのに対し、日本は0%にとどまる。

○最低賃金の引上げ額の全国加重平均は51円で、引上げ額はこれまでで最も大きく、全国平均で時給1,055円となり、初めて1,050円を超えた。

第2章　コロナ禍から経済が回復する中での労働市場の概況

第1節　雇用情勢の改善が続く一方で深刻化する人手不足

　2024年の春闘では、2022年の堅調な企業業績に加えて、物価高に直面する雇用者への配慮や、深刻化する人手不足への対応など様々な要因によって約30年ぶりの高い賃上げとなった昨年を大幅に上回り、1991年以来33年ぶりに最終集計まで5％超えを維持した。幅広い業種で人手不足が続く中、労働需要は旺盛であった。本節では、改善が続く雇用情勢についてみたあと、働き方改革関連法の成立を受けた労働時間の動向を確認したい。

雇用情勢は改善が続く

　完全失業率の動向をみると、長期的には低下傾向にある。新型コロナウイルス感染症の影響により完全失業率は2019年12月の2.2％から2020年10月の3.1％まで上昇したが、その後低下傾向で推移し、足元の2024年7月は2.7％となっている（**図表Ⅰ－2－1**）。完全失業率の上昇・低下の要因を、人口（15歳以上）要因、労働力人口比率要因、就業者要因に分けてみてみると、新型コロナウイルス感染症が拡大した2020年4月以降は就業者数の減少により完全失業率が上昇したが、2021年からは、就業者数が増加し、完全失業率は低下傾向で推移している。加えて、2021年頃から15歳以上人口の減少が完全失業率の引き下げ要因として寄与している（**図表Ⅰ－2－2**）。

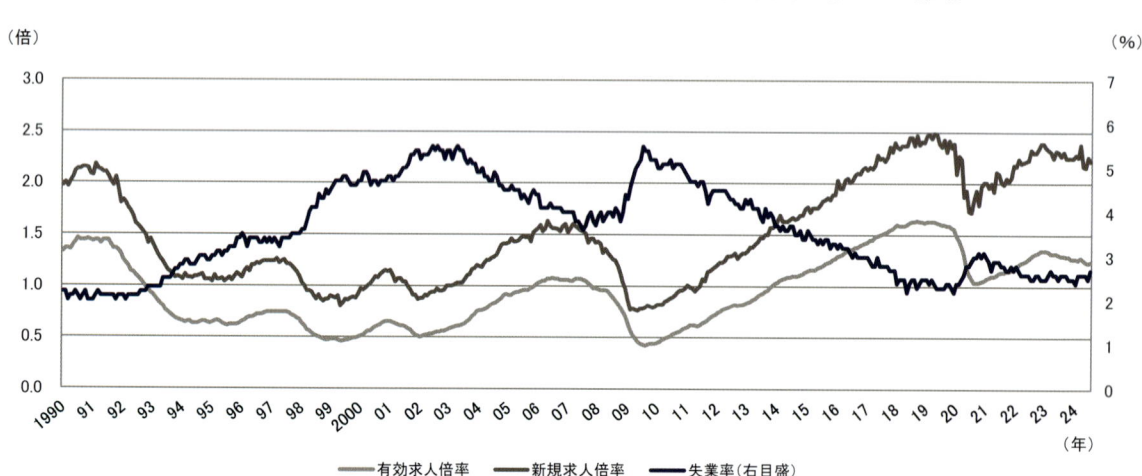

図表Ⅰ－2－1　完全失業率と求人倍率（季節調整値）の推移

（備考）1．総務省「労働力調査」、厚生労働省「職業安定業務統計」より作成。
　　　　2．有効求人倍率及び新規求人倍率は、新規学卒者を除きパートを含む。
　　　　3．完全失業率は右目盛り、有効求人倍率及び新規求人倍率は左目盛り。
　　　　4．2020年1月から求人票の記載項目が拡充され、一部に求人の提出を見送る動きがあったことから、求人数の減少を通じて有効求人倍率の低下に影響していることに留意が必要。

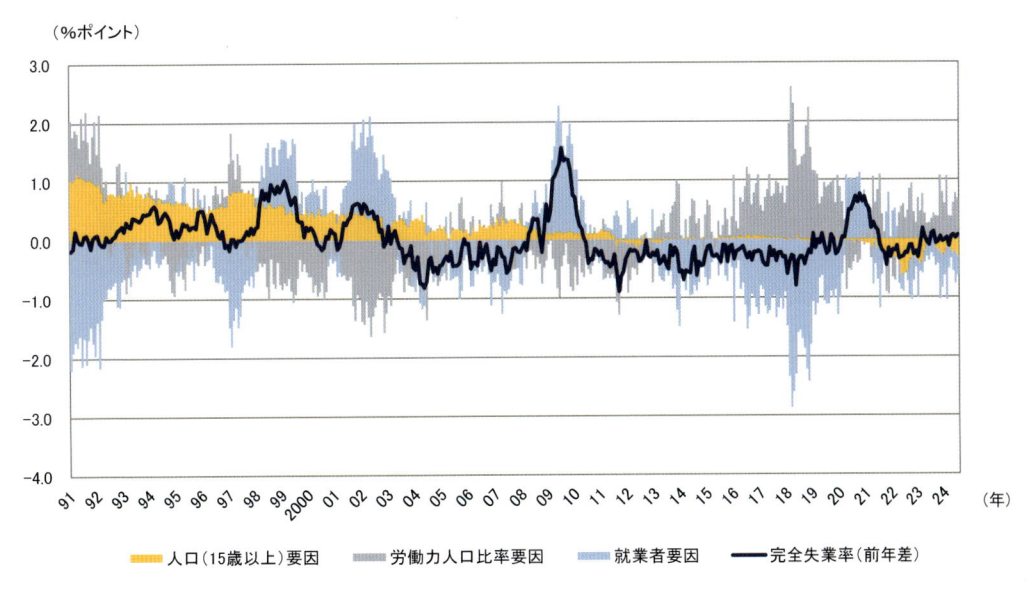

第2章　コロナ禍から経済が回復する中での労働市場の概況

図表Ⅰ－2－2　完全失業率（前年差）の要因分解

凡例：人口（15歳以上）要因　労働力人口比率要因　就業者要因　完全失業率（前年差）

（備考）1．総務省「労働力調査」より作成。
2．計算方法は、以下の通り。第１項が人口要因、第２項が労働力人口比率要因、第３項が就業者要因。
UR：完全失業率、N：人口（15歳以上）、L：労働力人口、E：就業者数、LR：労働力人口比率

$$\Delta UR = \frac{E}{LR * N^2}\Delta N + \frac{E}{LR^2 * N}\Delta LR - \frac{1}{LR * N}\Delta E + \frac{E}{LR^2 * N^2}\Delta LR \Delta N$$

　次に、厚生労働省「一般職業紹介状況」により、有効求人倍率及び新規求人倍率の動向をみると、2022年12月をピークに緩やかに低下しており、今後の動向を注視する必要がある。2024年7月時点で、有効求人倍率は1.24倍、新規求人倍率は2.22倍である。新規求人数を産業別にみると、コロナ禍に大きく減少した「宿泊業・飲食サービス業」、「サービス業」、「卸売業・小売業」、「製造業」などは2021年に入り回復した。しかしながら、足元では新規求人数は緩やかに減少しており、2024年7月には前年比では11ヶ月ぶりに増加に転じたものの、依然としてコロナ禍前の水準を下回っている。特に円安や物価高による原材料費の高騰の影響を受けている「建設業」、「製造業」のほか、「宿泊業・飲食サービス業」などで弱い動きとなっている。また、こうした弱い動きは「29人以下」や「30～99人」規模の小さな事業所に集中しており、今後の動向に留意する必要がある（図表Ⅰ－2－3）[1]。

---

[1] ハローワークの求人が採用につながりにくくなっていることを背景に、採用方法がハローワークから民間職業紹介所、広告等の他のチャネルにシフトしている可能性も指摘されている。
ニッセイ基礎研究所「経済・金融フラッシュ2024-04-30」
https://www.nli-research.co.jp/report/detail/id=78361?site=nli

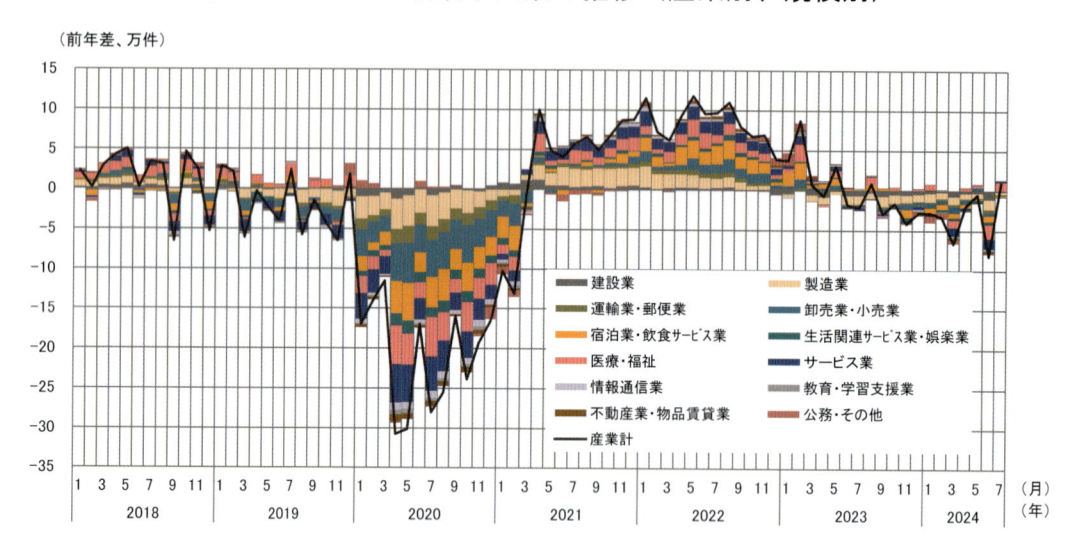

第2章　コロナ禍から経済が回復する中での労働市場の概況

図表Ⅰ－2－3　新規求人数の推移（産業別、規模別）

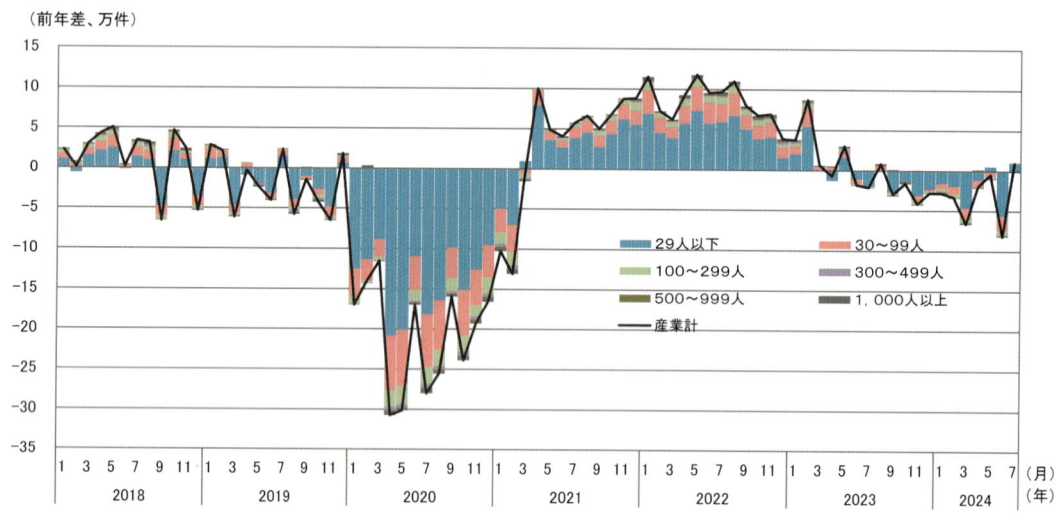

（備考）厚生労働省「一般職業紹介状況」より作成。

　我が国の雇用者数は増加を続けている。2010年代は年率2～3％の増加を示していたが、近年は1％程度の増加率にとどまっている。雇用者数の動きを雇用形態別にみると、正規雇用労働者数は、2015年にプラスに転じて以降9年連続で増加しており、また、新型コロナウイルス感染症の影響により大きく減少した非正規雇用労働者数も2022年、2023年と2年連続で増加しているなど、足元では正規雇用、非正規雇用の労働者数はともに底堅い動きを示している。こうした足元の雇用者の動向について、雇用形態別・年齢別にみると、15－64歳の正規雇用労働者及び65歳以上の非正規雇用労働者が増加している一方で、15－64歳の非正規雇用労働者が2024年4月以降減少傾向で推移している。雇用形態別・性別にみると、全体として雇用者数が増加を続ける中においても2019年から減少傾向が続いていた男性の正規雇用労働者が2024年に入って前年比で増加に転じた一方で、男性の非正規雇用労働者が前年比で減少に転じた（**図表Ⅰ－2－4**）。

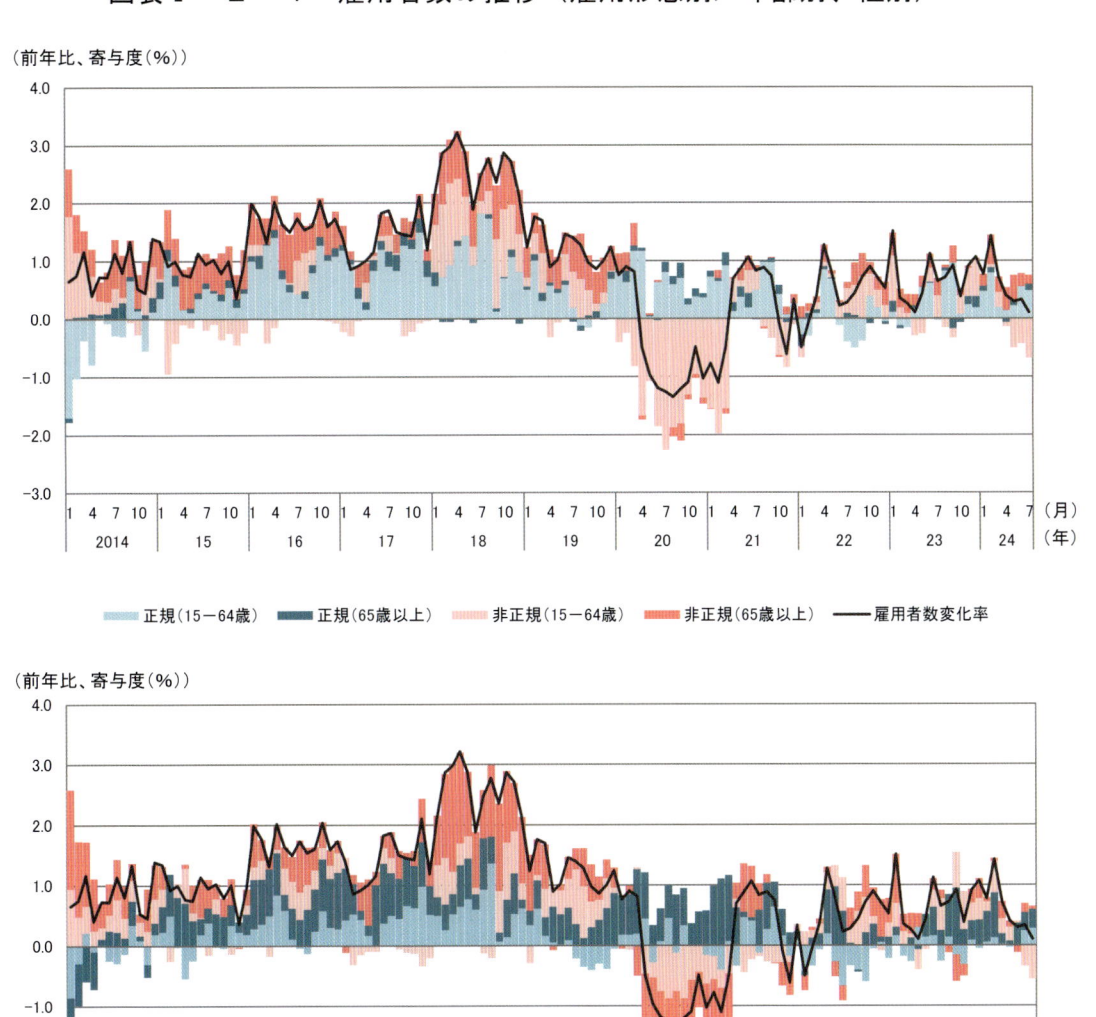

第2章 コロナ禍から経済が回復する中での労働市場の概況

図表Ⅰ-2-4　雇用者数の推移（雇用形態別／年齢別、性別）

（備考）総務省「労働力調査」より作成。

人手不足が続く労働市場

次に、日本銀行「全国企業短期経済観測調査」の雇用人員判断DIから、労働力の過不足状況をみる。製造業は、2008年のリーマンショックを契機とした世界金融危機時に人員過剰感が大きくなったが、その後不足感が強まった。新型コロナウイルス感染症の影響により一時過剰となったが、足元は不足感が続いている。一方、非製造業は、世界金融危機以降、コロナ禍も含めて一貫して不足感が上回っており、製造業よりも人手不足が深刻な状況にある。雇用人員判断DIを規模別にみると、全規模においてコロナ禍前の水準に戻り労働力不足の状況にあるが、中堅・中小規模の事業所は特に深刻な状況にある（**図表Ⅰ-2-5**）。

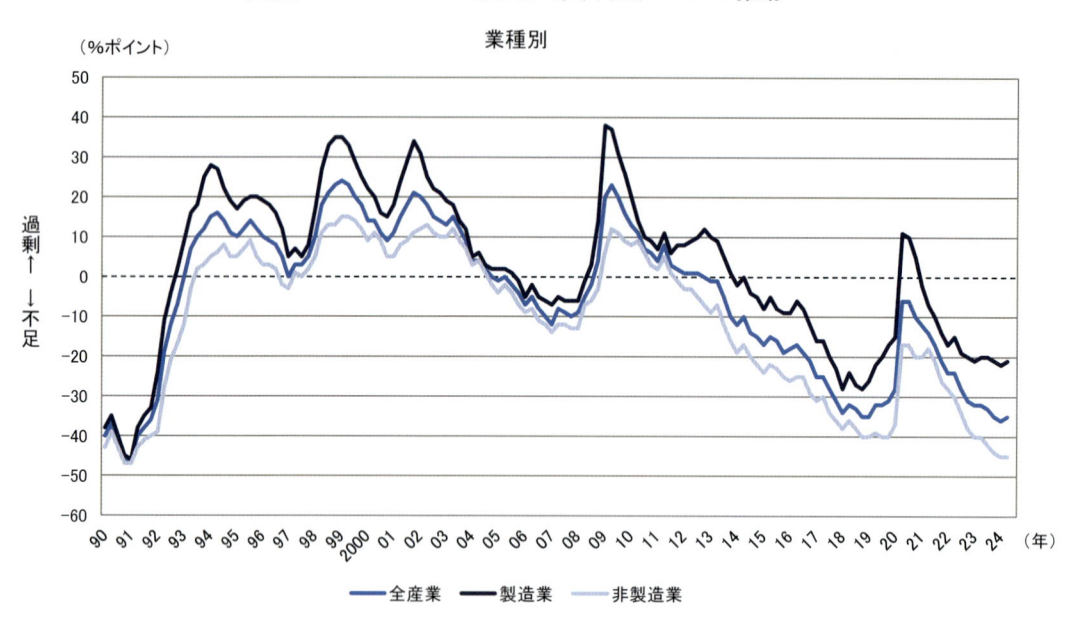

第2章　コロナ禍から経済が回復する中での労働市場の概況

図表Ⅰ－2－5　雇用人員判断DIの推移

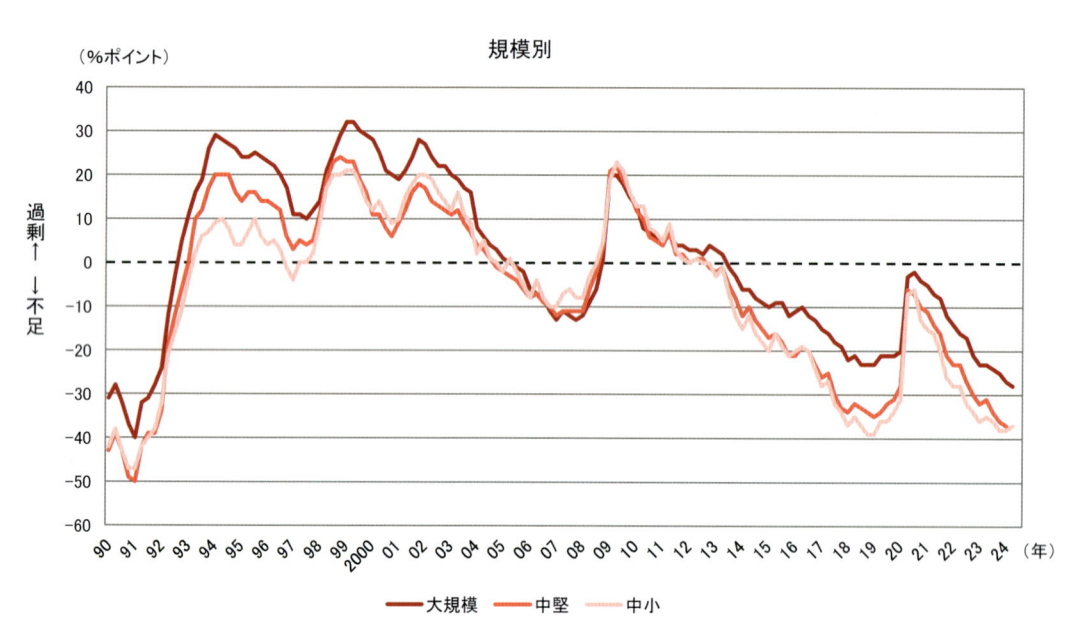

業種別

規模別

（備考）日本銀行「全国企業短期経済観測調査」より作成。

　コロナ禍を経て、景況が回復しつつある足元の人手不足感の強まり方をみるために、2020年から2024年の雇用人員判断DIの変化量について、業種別・規模別により詳細にみる。製造業については、中小規模の企業は、大企業に比べて、全体的に人手不足感の強まり方が大きい傾向にあり、特に非鉄金属において人手不足感の強まりが大きい。また、「輸送用機械」及び「鉄鋼」については、規模にかかわらず人手不足感が強まっている。一方で、非製造業については、人手不足感の変化に規模の違いはあまりみられない。特に「宿泊・飲食サービス」及び「対個人サービス」については、中小企業よりも、大企業の方が人手不足感の強まり方が大きい（**図表Ⅰ－2－6**）。

第2章　コロナ禍から経済が回復する中での労働市場の概況

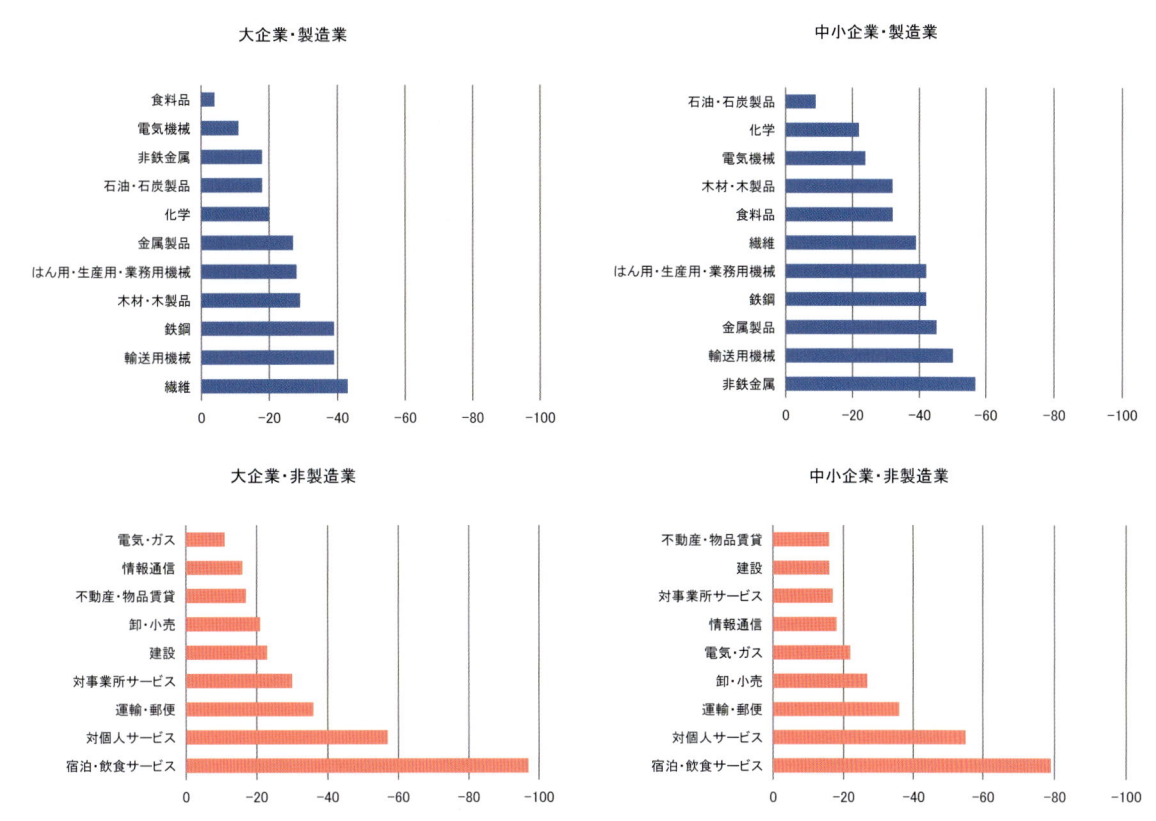

図表Ⅰ－2－6　雇用人員判断DIの変化（2020年から2024年の変化）

大企業・製造業／中小企業・製造業／大企業・非製造業／中小企業・非製造業

（備考）1．日本銀行「全国企業短期経済観測調査」より作成。
　　　　2．グラフの値は、雇用人員判断DIについて、直近の2024年第1期の値から、コロナ禍で人手不足が緩和していた2020年第3期の値を引いて、人手不足の変化の速度をみたものである。

労働時間の動向

　2018年6月の「働き方改革関連法」の成立を受け、法律上、時間外労働の上限が設けられ、残業時間の上限は、原則として「45時間、年360時間」、臨時的な特別な事情があって労使が合意する場合であっても「年間720時間以内、複数月（2～6カ月）で平均80時間以内、単月100時間未満」を超えることができなくなった。上限規制の適用は、大企業は2019年4月1日から、中小企業は2020年4月1日からとされた一方で、業務の特性上、長時間労働が常態化しており、業務の特性や取引慣行の課題があることから上限規制への対応に時間を要するとみられた特定の事業・業務（工作物の建設の事業、自動車運転の業務、医業に従事する医師等）については、その適用が5年間猶予されていたが、これらの事業・業務においても2024年4月から適用が開始された。そこで、2024年4月以降のこれらの事業・業種の動きにも着目しつつ、近年の労働時間の動向をみていく。

　まず、厚生労働省「毎月勤労統計調査」に基づき、一般労働者についての月間総実労働時間の前年比の増減について、直近10年の動向をみてみると、コロナ禍における特異な動きを除き、減少傾向で推移しており、働き方改革関連法が成立した2018年6月以降は減少幅が大きくなった。この背景には各企業における働き方改革の取組が影響していると考えられる。2020年には新型コロナウイルス感染症の影響による経済活動の停滞に伴い、所定内労働時間、所定外労働時間ともに前年比大幅減となったが、その反動として、新型コロナウイルス感染症の影響が限定的となった

第2章 コロナ禍から経済が回復する中での労働市場の概況

2021年には所定内労働時間、所定外労働時間がいずれも増加に転じ、2022年には、経済活動の正常化に向けた動きが進む中で2021年に引き続いて所定外労働時間が増加した。さらに、新型コロナウイルス感染症の感染症法上の位置づけが5類に引き下げられた2023年には、所定内労働時間の増加がみられたが、2024年に入り、再び所定内労働時間、所定外労働時間ともに減少傾向に転じている（図表Ⅰ－2－7）。

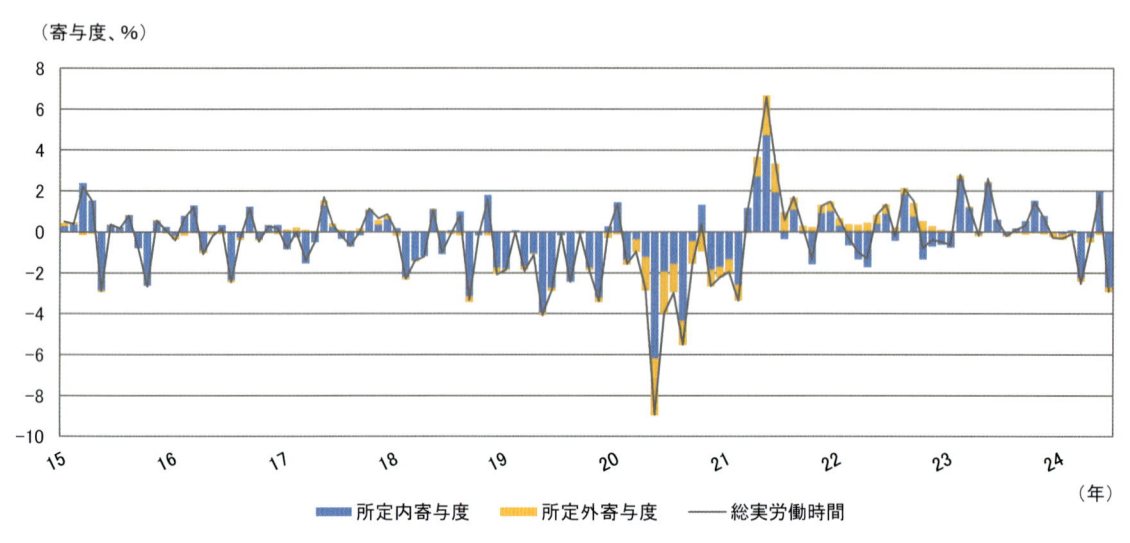

図表Ⅰ－2－7　一般労働者の労働時間の動向

（備考）1．厚生労働省「毎月勤労統計調査」より作成。
　　　　2．各月の指数（総実労働時間、所定内労働時間、所定外労働時間）にそれぞれの基準数値（2020年平均）を乗じて実数を試算し、寄与度等を計算。

　次に、2024年4月から時間外労働の上限規制が適用された事業・業種の労働時間の動向をみるために、「毎月勤労統計調査」から、該当する事業・業種が含まれる「建設業」、「運輸業、郵便業」、「医療、福祉」について、一般労働者の月間総実労働時間の前年比の動向を確認する。「建設業」の月間総実労働時間は、コロナ禍における特異な動きを除き、2018年以降減少傾向で推移しており、2024年に入ってからは特に所定外労働時間の減少幅が大きくなっている。「運輸業、郵便業」についても、直近10年間で月間総実労働時間は緩やかに減少傾向にあり、コロナ禍において前年比で大きく減少したが、新型コロナウイルス感染症の影響が限定的となった2021年から主に所定内労働時間の増加の影響により、月間総実労働時間が前年比増となった。しかし、2024年に入ってからは主に所定外労働時間の減少の影響を受け、再び減少傾向で推移している。最後に、「医療、福祉」についてであるが、直近10年の月間総実労働時間をみてみると非常に緩やかに減少傾向にあるものの、「建設業」や「運輸業、郵便業」のように、働き方改革関連法による労働時間削減への影響をデータから明確に把握することはできなかった。ただし、当該データには福祉職も含まれている等、医業に従事する医師の動向のみを表しているとは言えないことから、その解釈には留意が必要である。
　こうした状況をみると、「医療、福祉」については、働き方改革関連法と労働時間削減の関係性は必ずしも明確には分からなかったが、「建設業」及び「運輸業、郵便業」においては、コロナ禍における特異な動きを除き、働き方改革関連法の成立以降、2024年4月からの時間外労働の上限

規制の適用を見越して、前もって時間外労働の削減に取り組み、特に適用直前期となる2023年終わり頃から時間外労働削減に向けた取組が加速したことがみてとれる（**図表Ⅰ－２－８～10**）。

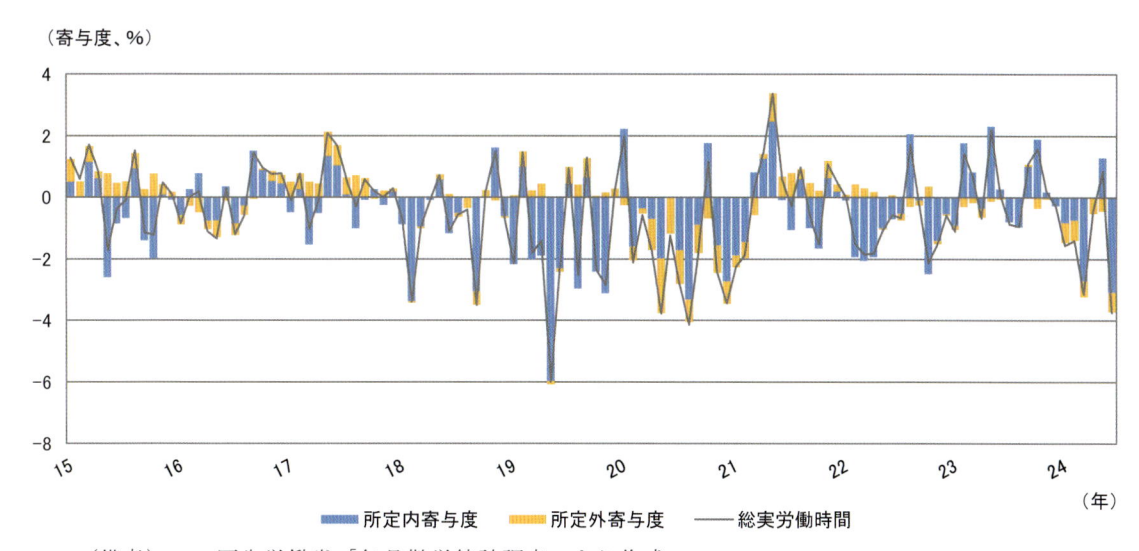

図表Ⅰ－２－８　建設業の一般労働者の労働時間の動向

（備考）１．厚生労働省「毎月勤労統計調査」より作成。
　　　　２．各月の指数（総実労働時間、所定内労働時間、所定外労働時間）にそれぞれの基準数値（2020年平均）を乗じて実数を試算し、寄与度等を計算。

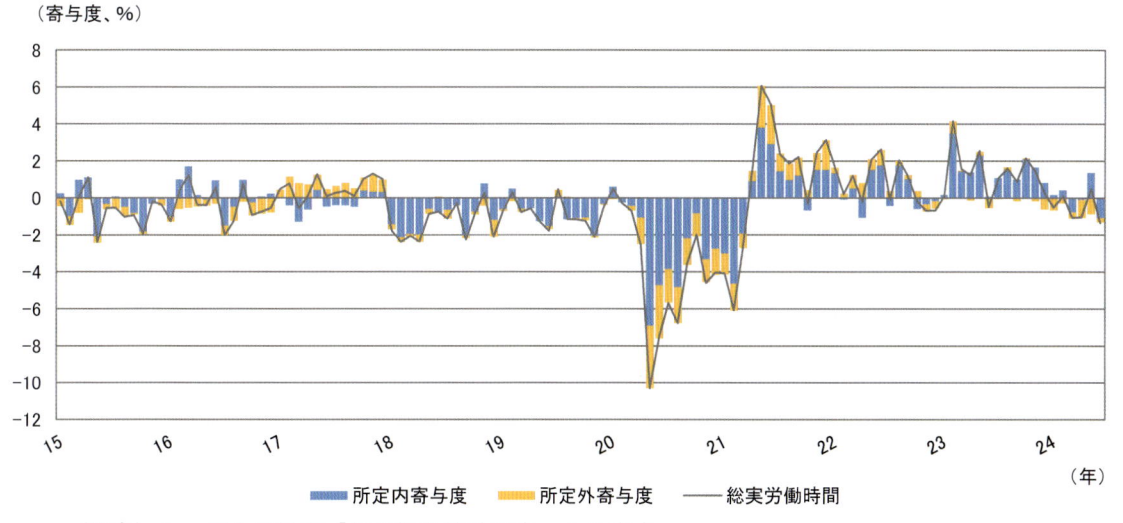

図表Ⅰ－２－９　運輸業、郵便業の一般労働者の労働時間の動向

（備考）１．厚生労働省「毎月勤労統計調査」より作成。
　　　　２．各月の指数（総実労働時間、所定内労働時間、所定外労働時間）にそれぞれの基準数値（2020年平均）を乗じて実数を試算し、寄与度等を計算。

第2章　コロナ禍から経済が回復する中での労働市場の概況

図表Ⅰ－2－10　医療、福祉の一般労働者の労働時間の動向

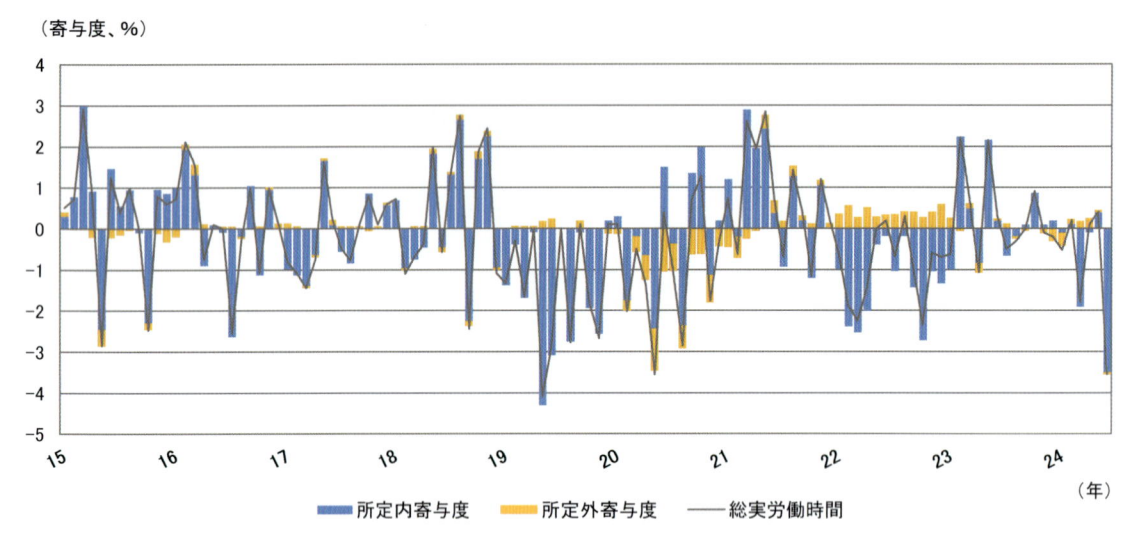

（備考）1．厚生労働省「毎月勤労統計調査」より作成。
　　　　2．各月の指数（総実労働時間、所定内労働時間、所定外労働時間）にそれぞれの基準数値
　　　　　（2020年平均）を乗じて実数を試算し、寄与度等を計算。

第2節　足元の物価高と持続的な賃上げの必要性

　伝統的な経済学では、人手不足で労働市場の需給が逼迫すると、価格調整機能にしたがって実質賃金が上昇し、新たな均衡が実現するとされている。しかし、日本は深刻な人手不足にもかかわらず、市場メカニズムが想定するような、賃金の上昇がみられない状況が続く。本節では、物価上昇が続く中で行われた本年の春闘を振り返り、足元の賃金の動向をみる。さらに、より長期的な観点から労働分配率の推移や企業活動の状況を確認し、今後のさらなる賃金引き上げの余地について考察する。

2024春季生活闘争

　2024春季生活闘争では、実質賃金がマイナスとなっている中、中小企業や労働組合のない企業を含め、どこまで高い水準の賃上げを波及させることができるかが焦点であった。

　平均賃金方式で回答を引き出した5,284組合の「定昇相当込み賃上げ計」は加重平均で15,281円・5.10%（昨年同時期比　4,721円増・1.52ポイント増）、うち300人未満の中小組合3,816組合は11,358円・4.45%（同3,337円増・1.22ポイント増）となった（**図表Ⅰ－２－11**）。最終集計まで５％超えを維持したのは1991年以来33年ぶりである。また、賃上げ分（いわゆるベースアップ）が明確に分かる3,639組合の賃上げ分の加重平均は10,694円・3.56%、うち中小組合2,357組合は8,256円・3.16%となり、最終集計で３％を上回ったのは、賃上げ分の集計を開始した2015闘争以降初めてとなった。

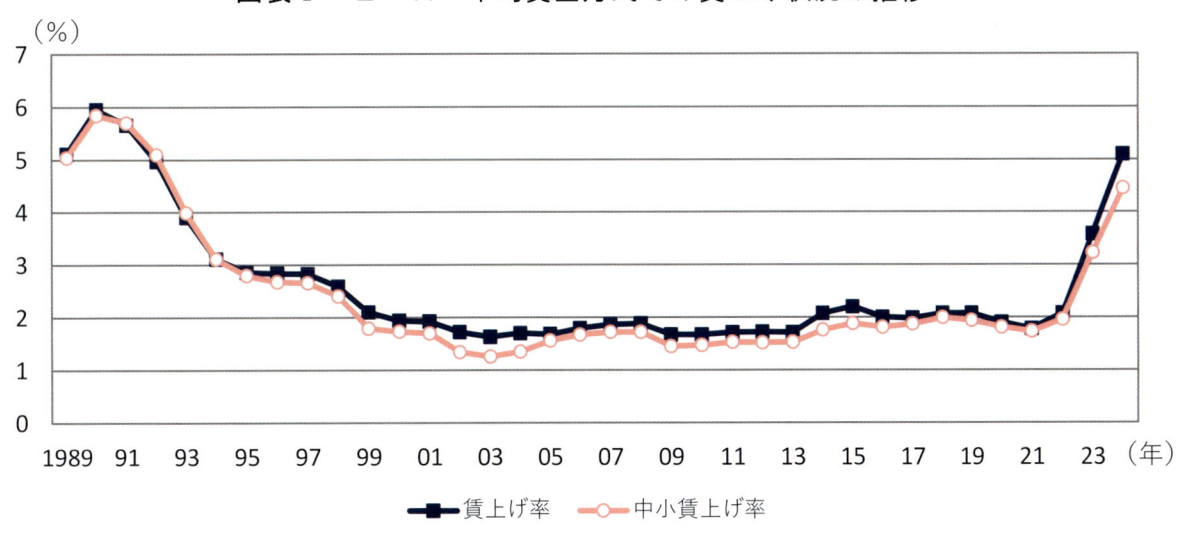

図表Ⅰ－２－11　平均賃金方式での賃上げ状況の推移

（備考）連合「2024春季生活闘争　第７回（最終）回答集計結果について」より作成。

　この結果について、連合は「わが国経済社会のステージ転換をはかる大きな一歩」と評価している。

　このように労使双方の努力により、高い水準での賃上げを実現しているものの、名目賃金の上昇を上回る物価上昇により、後述のとおり、2022年４月以降、2024年５月まで、26ヶ月連続で実質

第２章　コロナ禍から経済が回復する中での労働市場の概況

賃金の前年同月比マイナスが続いていた。このため、連合総研「第47回勤労者短観（2024年４月調査）」によると、勤労者の実感として、「賃金の増加幅よりも物価上昇幅の方が大きいと回答した割合」は６割となっている。こうした状況を踏まえると、来年度以降も引き続き高いレベルでの賃上げに向けた取組を継続していくことが重要である。

また、正社員の初任給についてみてみると、昨年に続き、大幅引上げを行った企業が少なくない。過去８年間の初任給引上げの状況をみると、2022年までは2,000～3,000円の引上げ額であったが、昨年は大幅に拡大し7,000円を超える引上げ額となり、本年はさらにそれを上回る12,000円程度の引上げ額となっている（**図表Ⅰ－２－12**）。多くの企業では、新入社員をはじめスキル習得過程にある若年労働者には、年功的賃金管理が行われている。このため、引き続き年功的賃金体系を維持するためには、20代後半までの若手職員についての賃金の引上げ補正が必要になると思われる。つまり、初任給の大幅引上げを受けた若年労働者賃金の底上げが実現する過程にあると考えられる。

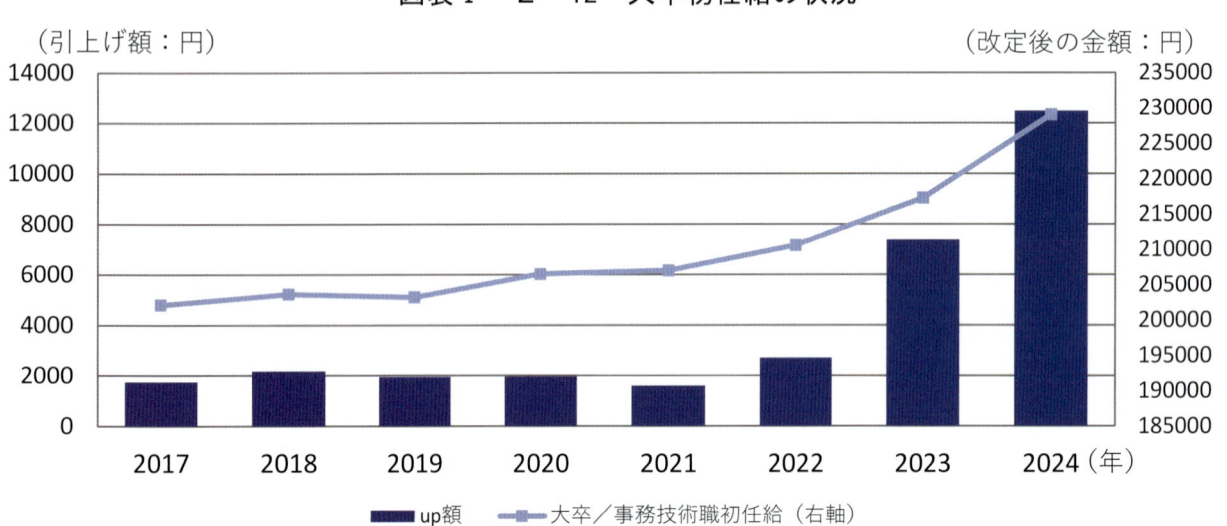

図表Ⅰ－２－12　大卒初任給の状況

（備考）各年の連合の春季生活闘争　最終回答集計結果から作成。

2024年６月の実質賃金が27ヶ月ぶりプラスに

次に、厚生労働省「毎月勤労統計調査」から賃金の動向について検証する。まず、2000年以降の現金給与総額及びきまって支給する給与（定期給与）の推移をみると、全体的に日本の賃金が伸び悩んでいることが確認できる。現金給与総額は、2008年の世界金融危機で大きく減少した後、2013年から緩やかに増加していたが、新型コロナウイルス感染症の影響を受け、2020年に大きく減少した。その後、経済活動の正常化に向けた動きが進む中で2022年にコロナ禍前の2019年の水準を上回ってから、2024年に入って上昇率が急激に拡大しており、2024年上半期の現金給与総額は2002年の平均を上回った（**図表Ⅰ－２－13**）。

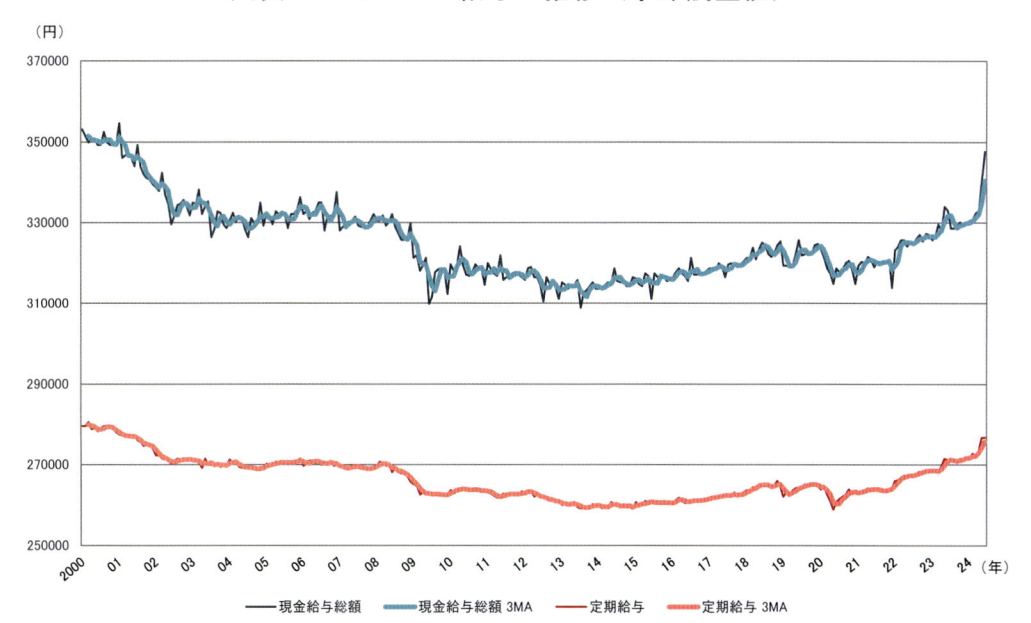

図表Ⅰ－2－13　給与の推移（季節調整値）

（備考）1．厚生労働省「毎月勤労統計調査」より作成。
　　　　2．各月の指数（現金給与総額、きまって支給する給与）にそれぞれの基準数値（2020年平均）を乗じて実数を試算した。
　　　　3．太線は後方3か月移動平均を表す。
　　　　4．ベンチマークの更新により、2023年12月と2024年1月の間に断層が生じていることに留意。

　続いて、賃金の動きを一般労働者とパート労働者に分けてみていきたい。一般労働者の給与は、2009年や2020年の減少局面では、主に特別に支払われた給与（以下「特別給与」という。）や所定外給与で調整が行われてきた。新型コロナウイルス感染症の影響で弱含みとなっていた所定内給与は2021年に入りプラスに寄与し、2022年以降は、経済活動の正常化に向けた動きが進む中、所定内給与、所定外給与及び特別給与のいずれも前年より増加し、特に所定内給与と特別給与の増加が大きくなっている。パートタイム労働者の賃金の動向は、基本的には所定内給与の変動によるものであり、新型コロナウイルス感染症の影響で2020年はパートタイム労働者の所定内給与、所定外給与は大幅減となったが、働き方改革関連法のうち、いわゆる「同一労働同一賃金」に関する規定が大企業について2020年4月に施行されたことを背景に特別給与は増加した。その後、パートタイム労働者の現金給与総額は、2022年には感染拡大前の2019年を上回り、その後も上昇を続けているが、最低賃金の大幅な引上げが続いていることもこの背景にあると思われる（**図表Ⅰ－2－14～15**）。

第2章　コロナ禍から経済が回復する中での労働市場の概況

図表Ⅰ－2－14　一般労働者の賃金の動向

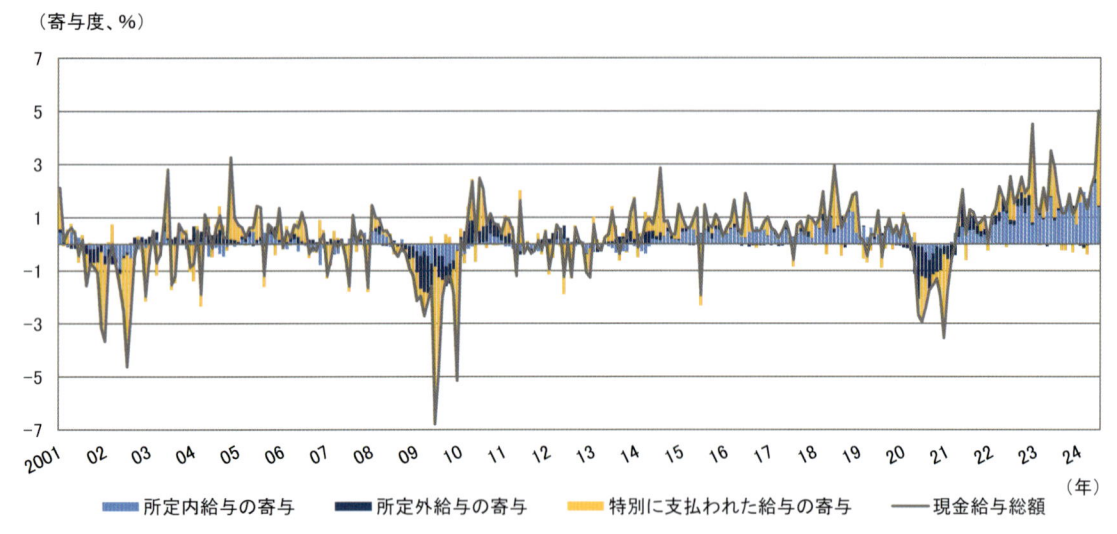

（備考）1．厚生労働省「毎月勤労統計調査」より作成。
　　　　2．各月の指数（現金給与総額、きまって支給する給与、所定内給与）にそれぞれの基準数値（2020年平均）を乗じて実数を試算し、所定外給与及び特別に支払われた給与は以下の式により算出し、寄与度等を計算。
　　　　　　　所定外給与＝きまって支給する給与－所定内給与
　　　　　　　特別に支払われた給与＝現金給与総額－きまって支給する給与

図表Ⅰ－2－15　パート労働者の賃金の動向

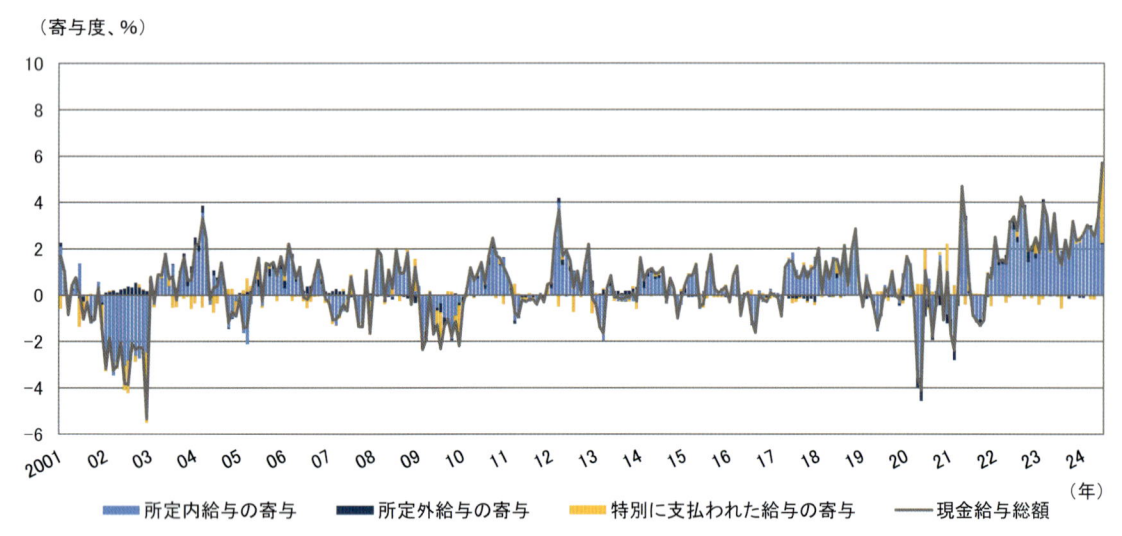

（備考）1．厚生労働省「毎月勤労統計調査」より作成。
　　　　2．各月の指数（現金給与総額、きまって支給する給与、所定内給与）にそれぞれの基準数値（2020年平均）を乗じて実数を試算し、所定外給与及び特別に支払われた給与は以下の式により算出し、寄与度等を計算。
　　　　　　　所定外給与＝きまって支給する給与－所定内給与
　　　　　　　特別に支払われた給与＝現金給与総額－きまって支給する給与

　過去10年の賃金（現金給与総額）の動向を事業所規模別にみると、500人以上規模の事業所は、45～50万円、100－499人規模の事業所は35～40万円、30－99人規模の事業所は30～35万円、5－29人規模の事業所は25万円程度で推移している。事業所規模ごとの賃金の変化をみると、2020年は新型コロナウイルスの影響により、事業所規模にかかわらず減少したが、その後持ち直しの動

きに違いがみられる。500人以上規模、100－499人規模、30－99人規模の事業所は2021年から賃金の増加はプラスに転じているものの、5－29人規模の事業所だけが、賃金の回復が遅れ、2023年に入りようやく増加している状況にある。(**図表Ⅰ－2－16**)

図表Ⅰ－2－16　事業所規模別にみた給与の推移

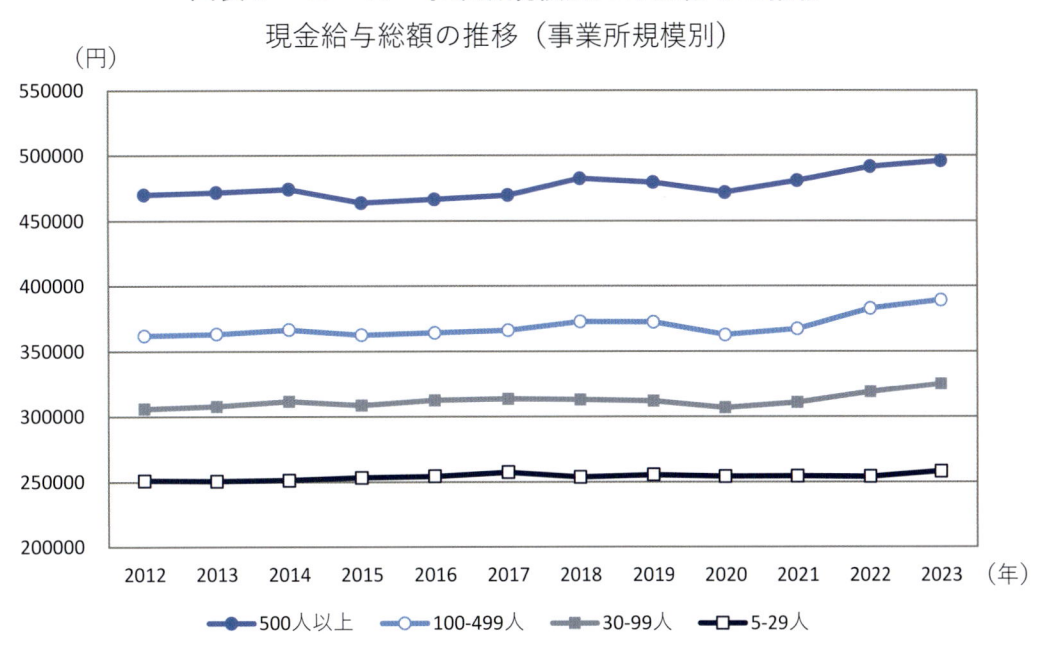

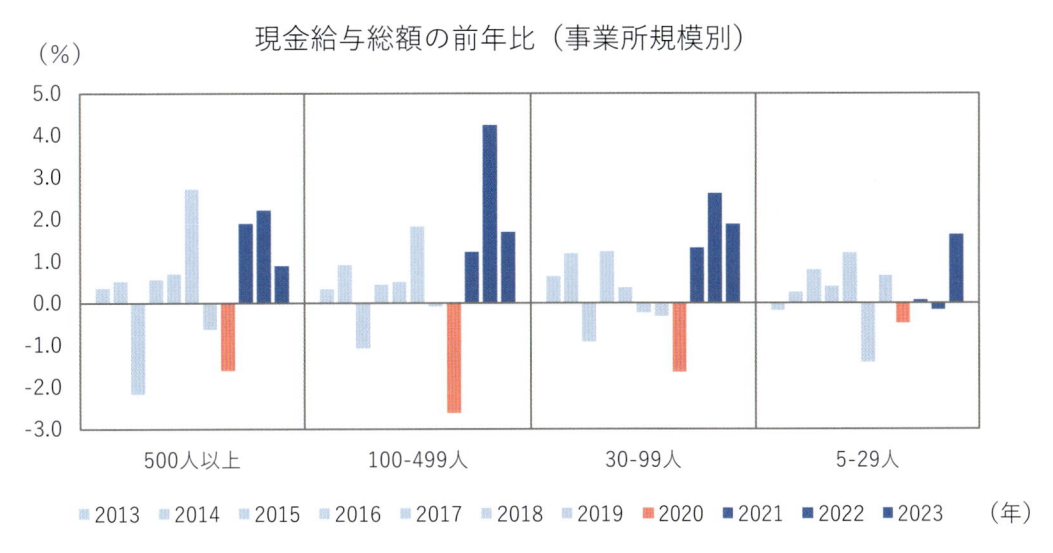

現金給与総額の推移（事業所規模別）

現金給与総額の前年比（事業所規模別）

（備考）1．厚生労働省「毎月勤労統計調査」より作成。
　　　　2．実数原表の事業所規模別の現金給与総額の値から作成。

　実質賃金の動きをみると、新型コロナウイルス感染症の影響が限定的になった2021年当初は消費者物価が下落したこともあり、実質賃金は前年同月比で増加に転じた。しかしながら、2021年後半から、円安やロシアによるウクライナ侵攻の影響などで、食料・エネルギー価格を中心に、消費者物価が上昇に転じ、その後も上昇が続いている。この結果、名目賃金は堅調な動きをみせているものの、名目賃金の上昇を上回る物価上昇により、実質賃金は2022年4月以降減少の動きが

第2章 コロナ禍から経済が回復する中での労働市場の概況

続いていた。その後、2024年6月に実質賃金が27ヶ月ぶりにプラスに転じたが、今回のプラスは、今年の春闘の結果、夏季給与が大幅に増加したことや夏季給与を初めて支払う事務所が出てきたことが主要因となっていることから、実質賃金のプラスが今後も維持できるのか、今後の動向に注視が必要である（**図表Ⅰ－2－17**）。

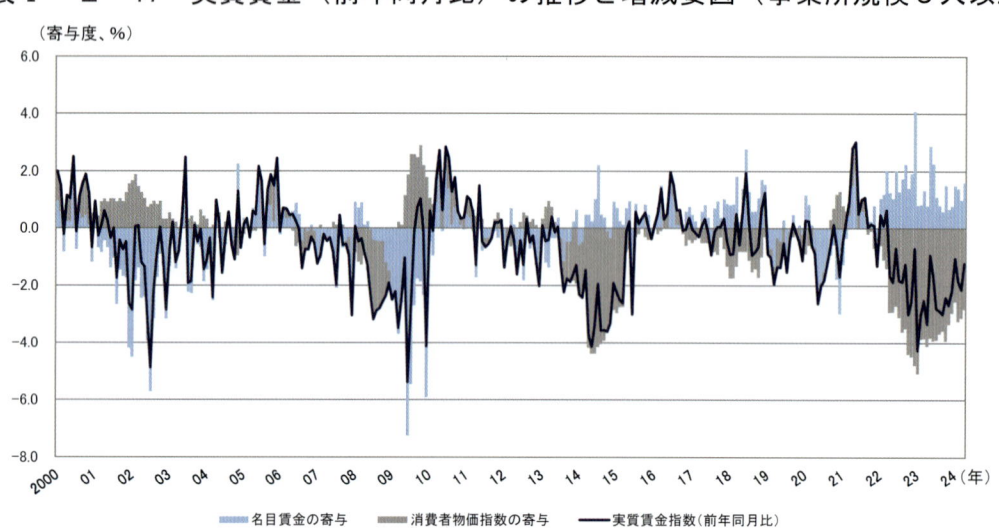

図表Ⅰ－2－17　実質賃金（前年同月比）の推移と増減要因（事業所規模5人以上）

（備考）1．厚生労働省「毎月勤労統計調査」、総務省「消費者物価指数」より作成。
　　　　2．消費者物価指数には、「持家の帰属家賃を除く総合指数」を用いている。「消費者物価指数の寄与」は、消費者物価指数の前年同月比の符号を反転させている。
　　　　3．「名目賃金の寄与」は、就業形態計の現金給与総額の前年同月比を使用。
　　　　　実質賃金指数（前年同月比）＝名目賃金の寄与＋消費者物価指数の寄与、として試算。
　　　　4．毎月勤労統計の値は、2019年5月までは再集計値、2019年6月以降は500人以上規模の事業所について全数調査した値を使用。

持続的な賃上げの必要性

　ここでは労働分配率や企業活動の状況から、賃上げの余地があるのか、また国際比較の観点から、賃上げの必要性についてみていきたい。

　企業収益が改善し、人手不足感が強まる中、それが賃金に適切に反映されているのかをみるため、労働分配率の推移を確認する。ここでの労働分配率は財務省「法人企業統計調査」から算出する。分母である付加価値、特に営業利益が景気感応的であるのに対し、分子の人件費が変動しにくいため、景気拡大局面においては低下し、景気後退局面において上昇するといった特徴のある指標となっていることから、短期的な変動をみる上では注意が必要である。

　コロナ禍の経済活動制限により、営業利益が大幅に減少する中、雇用を一定程度維持したことを背景に、2020年1-3月期から同年10-12月期にかけて労働分配率が上昇した。緊急事態宣言が解除された2021年10-12月期以降の労働分配率は規模・業種を問わず低下し、世界金融危機以降でみると最低に近い水準となっている。このところの賃上げの動きがあるにもかかわらず、経済が堅調であるため分母である付加価値が人件費よりも増加しているため、労働分配率の低下につながっている。

1990年以降の労働分配率の10年ごとの平均値の推移をみると、資本金10億円以上の企業と資本金１億円－10億円の企業は90年代をピークに、資本金１千万円－１億円の企業は2000年代をピークに、徐々に低下傾向にあることを踏まえると、さらなる賃上げを通じて労働分配率を向上させる余地はあるとの見方もできる（**図表Ⅰ－２－18**）。

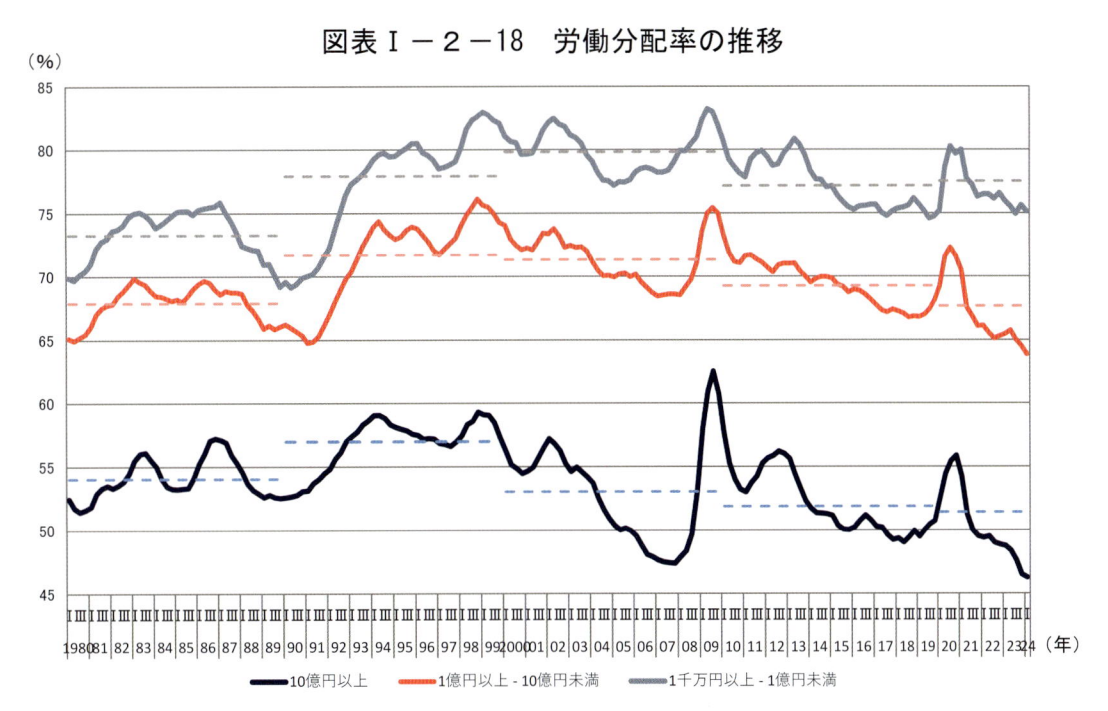

図表Ⅰ－２－18　労働分配率の推移

（備考）１．財務省「法人企業統計調査」より作成。
　　　　２．労働分配率＝人件費／付加価値として算出。付加価値は人件費、減価償却費、営業利益の合計。
　　　　　　グラフは後方４四半期移動平均の値。
　　　　３．破線は労働分配率の10年ごとの平均値（1990年代、2000年代、2010年代、2020年代）。

企業活動の状況について、「経常利益」「配当金」「社内留保」「設備投資」「役員一人当たり給与」「従業員一人当たり給与」に着目し、1980年の値を100に基準化し、その推移をみると、2000年代から経常利益が増加するなかで、配当金を大きく増やしていることがわかる。さらに、社内留保も2010年代以降大きく増加している。その一方で、従業員一人当たりの給与、役員一人当たりの給与はほとんど増えていない（**図表Ⅰ－２－19**）。今後、労働力不足に直面するなかで、企業は必要な人材を確保するためにも、積極的に労働分配率を向上させ、更なる賃上げに取り組むことが求められる。

第２章　コロナ禍から経済が回復する中での労働市場の概況

図表Ⅰ－２－19　「経常利益」「配当金」「社内留保」「役員一人当たり給与」「従業員一人当たり給与」の推移（全規模・全産業）

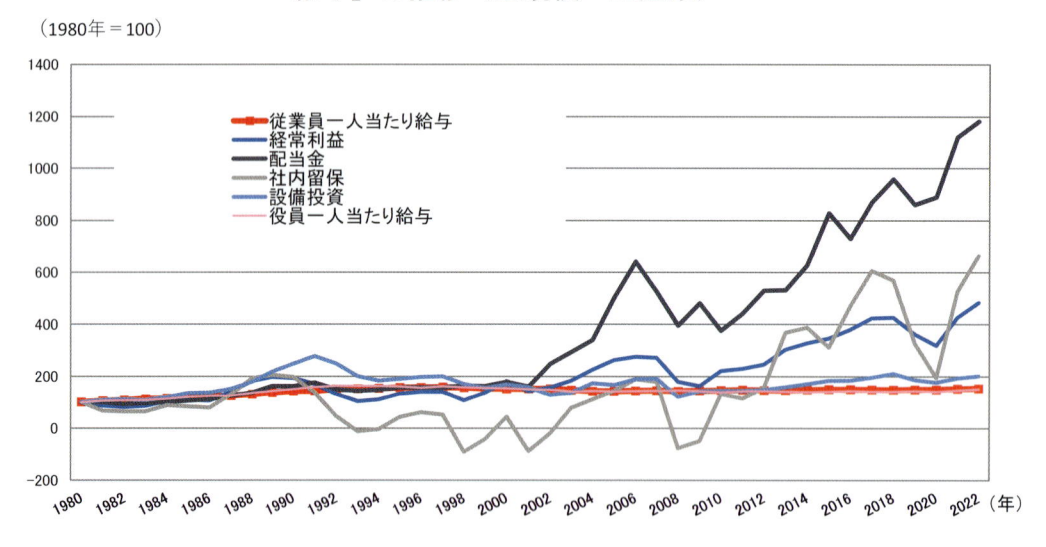

（備考）財務省「法人企業統計調査」より作成。

　日本の賃金が伸び悩む一方、ＯＥＣＤ諸国の賃金はこの20年間で着実に増加している。OECD.Statから各国の平均年収の動向を検証する。2000年の水準を基準化してみると、この20年で、ＯＥＣＤ諸国の年収は平均で約17％増加している。米国は約27％、韓国は52％の増加である。それに対し、日本の2022年の平均年収は2000年の水準と変わっていない（**図表Ⅰ－２－20**）。経済活動のグローバル化が進む中で、企業の人材獲得競争は、国内市場のみならず海外市場にまで広がっていることを鑑みると、優秀な人材を獲得するためにも、海外企業に匹敵する賃金水準まで引き上げていく必要がある。

図表Ⅰ－２－20（１）　平均年収（2000年＝100）の国際比較

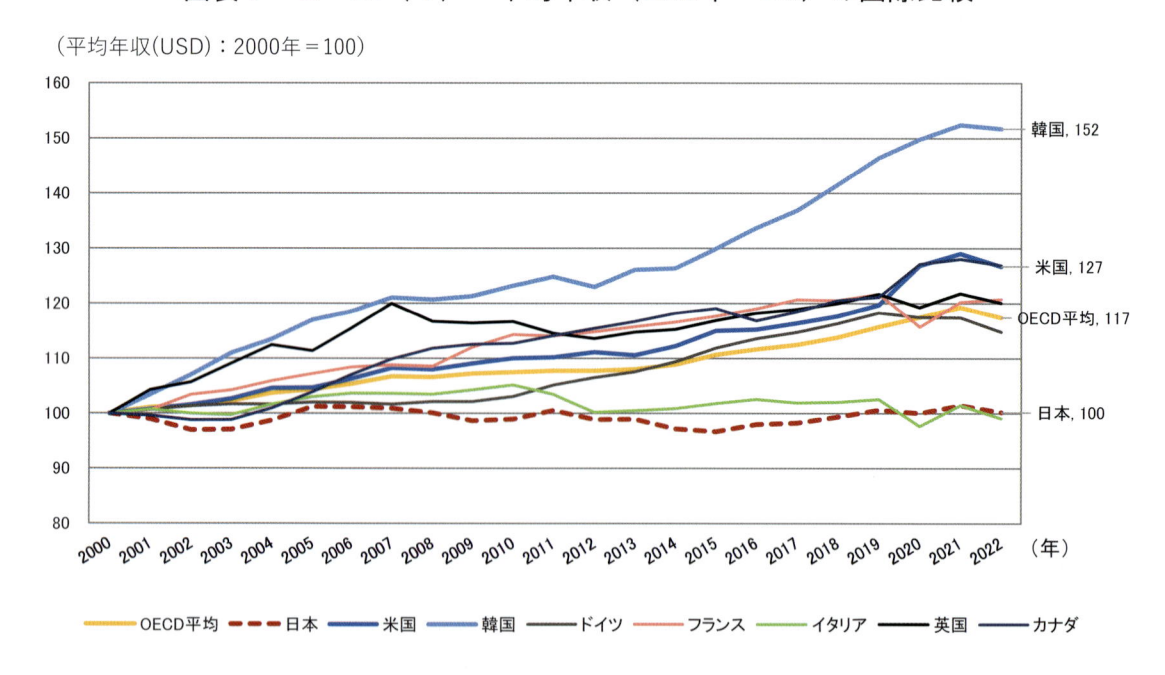

図表Ⅰ-2-20(2)　平均年収（水準）の国際比較

(平均年収（USD,PPP）)

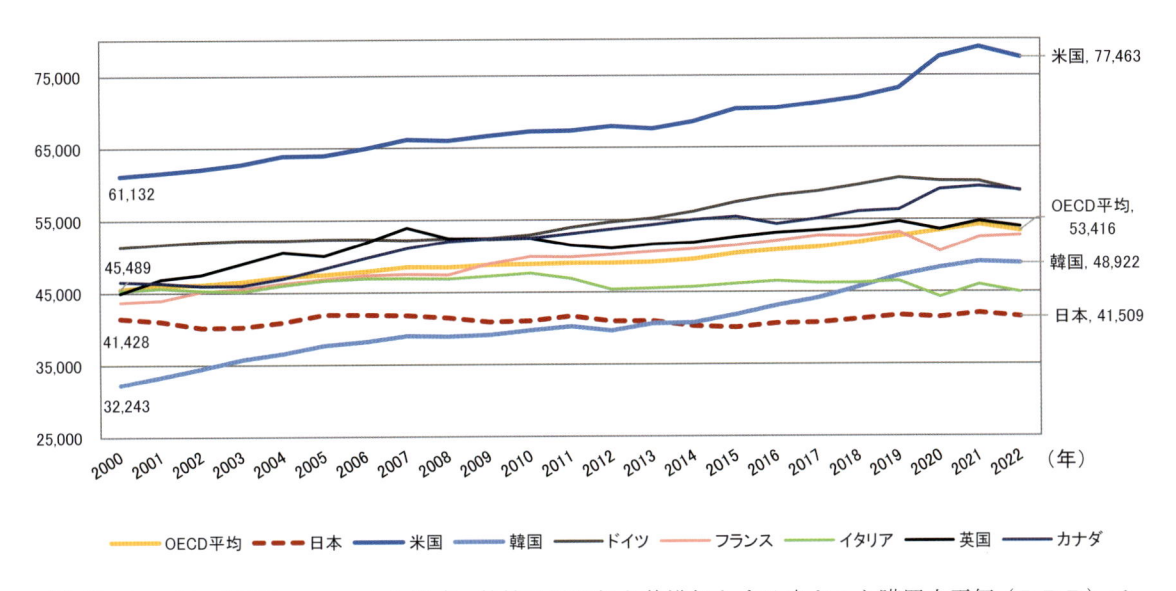

（備考）ＯＥＣＤ「OECD.stat」より作成。数値は2022年を基準年とする米ドルと購買力平価（ＰＰＰ）で表記。

最低賃金の引上げ

　最低賃金については、2024年6月に閣議決定された骨太の方針において、「今年は全国加重平均1,000円を達成することを含めて、公労使三者構成の最低賃金審議会で、しっかりと議論を行う。」とされた。当該方針を受けて開催された厚生労働省中央最低賃金審議会では、7月の答申において、2024年度の地域別最低賃金改定の目安を、Aランク50円、Bランク50円、Cランク50円とする引上げ額の目安が示され、地方最低賃金審議会での審議を経て、決定された。引上げ額の全国加重平均は51円で、引上げ額はこれまでで最も大きく、全国平均で時給1,055円となり、初めて1,050円を超えた。

　今年の春闘の賃上げ率は、連合が賃上げに改めて取り組んだ2014年以降では最も高く、1991年以来となる定昇込み5％台の賃上げ率となったところであるが、今回の春闘の成果を未組織の労働者へと波及させ、社会全体の賃金の底上げにつなげていくには、最低賃金の着実な引上げを継続して実施することが重要である。また、最高額（1,163円）に対する最低額（951円）の比率は、81.8％と、10年連続で改善してはいるものの、依然として、最低賃金の金額に地域間格差があることから、物価上昇が続くなかで、「誰もが時給1,000円」の早期実現に向けて、引き続き公労使で議論を続けていく必要がある。

第３章　世界経済の概況

第Ⅰ部　第３章のポイント

○世界経済は好調な米国経済に牽引されてコロナ禍からの経済回復が続いているが、各国の選挙に伴う拡張的財政政策によるインフレの再燃、地政学的緊張による資源・エネルギー価格の高騰や貿易摩擦による世界経済の分断などのリスク要因が存在することに留意が必要である。

○各国際機関による世界経済の見通しによると、世界経済はインフレ率の低下、実質所得の改善、金融政策の緩和により需要が下支えされ、世界の実質ＧＤＰの成長率については、2024年、25年とも３％強の概ね一定のペースで推移すると見込んでいる。

○米国経済については、個人消費や設備投資の増加により、景気の拡大が続いている。消費者物価の上昇が落ち着く一方、雇用者数の伸びの鈍化など雇用情勢が悪化する兆しもみられている。このため、米国連邦準備制度理事会（ＦＲＢ）は、2024年９月に政策金利の誘導目標水準を0.5％引き下げた。

○欧州経済については、ドイツの景気が足踏み状態にあるなど国ごとによる違いも見られるが、全体としては持ち直しの動きが見られる。消費者物価の上昇が落ち着きを取り戻したことなどを受けて、欧州中央銀行（ＥＣＢ）は、６月と９月に政策金利をそれぞれ0.25ポイント引き下げた。

○中国経済については、政策による下支え効果が見られる一方、不動産市場の停滞の影響により内需の低迷や物価の下落が続くなど、景気は足踏み状態にある。また、米中貿易摩擦等を背景とした対中直接投資の減少や少子高齢化、地方政府の財政難といった中長期的な構造問題への注視も必要である。

第1節　世界経済の現状と見通し

世界経済の動向

　世界経済は好調な米国経済に牽引されてコロナ禍からの経済回復が続いているが、2024年は11月の米国の大統領選挙をはじめ多くの国で選挙が実施され、拡張的な財政政策が実施されやすい状況にある。これによるインフレの再燃が、経済の下振れ要因になる可能性もある。

　物価に関しては、資源・エネルギー価格の上昇が進行する懸念もある。原油・天然ガス価格は足元落ちついているものの、中東地域をめぐる情勢等により上昇する可能性があるほか、気候変動の影響による食糧価格の上昇、EVなどグリーン化技術が必要とするレアメタル（銅・リチウム・コバルト等）価格の上昇等も想定される。

　また、貿易摩擦や地政学的緊張のリスクもある。米中の地政学的分断化が進んだ場合、経済効率よりも経済安全保障を優先するようになり、貿易障壁の高まりやバリューチェーンの分断・再構築などにより経済取引コストが高まる懸念もある。IMFは世界経済が2つに分断されれば、損失額は世界のGDPの2.5～7％に達する可能性があると警告し、米中対立がもたらす対外直接投資（FDI）の停滞で、世界のGDPは長期的に約2％縮小する恐れがあるとしている[1]。米中貿易摩擦の更なる高まりは両国のみならず世界経済全体に大きな影響を及ぼす可能性がある一方で、双方の経済圏と関係性を維持する新興国の重要性が高まるという側面もある。

国際機関の見通し

（1）IMFによる見通し（2024年7月）

　　IMFが2024年7月に公表した世界経済見通し（改定版）によると、世界の実質GDP成長率は、2023年3.3％の後、24年は3.2％、25年は3.3％と概ね一定の伸び率で推移すると見込んでいる。

　　主要国・地域別にみると、米国の成長率は24年2.6％、25年1.9％と見込んでいる。24年は年初の成長が予想を下回ったことを反映して4月時点の見通しから下方修正され、25年は労働市場の沈静化と消費の拡大が緩やかになることにより成長率が鈍化し、財政政策も徐々に引き締めに転じることにより、年末にはプラスの需給ギャップが縮小する見込みとしている。ユーロ圏の成長率は、24年はサービス分野や純輸出の力強さを受けて0.9％と4月時点の見通しから上方修正しており、25年は実質賃金の上昇に伴う消費の回復と金融緩和による投資拡大に支えられて1.5％と成長が加速すると見込んでいる。中国の成長率は、24年は1－3月における民間消費の回復と輸出の強さにより5.0％と4月時点の見通しから上方修正している。中期的には高齢化や生産性の伸びの鈍化の影響により減速すると見込んでおり、25年は4.5％と見込んでいる。日本の成長率は、春闘による大幅な賃上げを反映し、24年後半は消費が好転すると見込んでいるが、1－3月期における一部自動車メーカーの生産・出荷業停止に伴う一時的な供給制約や民間投資の下振れにより、24年は0.7％と4月時点の見通しから下方修正している。

---

[1] 時事通信「分断深まれば「新冷戦」世界経済、最大7％縮小も―IMF」（2023年12月12日）

第3章 世界経済の概況

図表Ⅰ－3－1　ＩＭＦによる世界経済見通し（2024年7月）
主要国・地域の実質ＧＤＰ成長率見通し

（対前年比実質GDP成長率、％）
（4月見通しからの変化幅、％pt）

	2023年(実績)	2024年		2025年	
全世界	3.3	3.2	(0.0)	3.3	(0.1)
先進国	1.7	1.7	(0.0)	1.8	(0.0)
米国	2.5	2.6	(▲0.1)	1.9	(0.0)
ユーロ圏	0.5	0.9	(0.1)	1.5	(0.0)
日本	1.9	0.7	(▲0.2)	1.0	(0.0)
新興国・途上国	4.4	4.3	(0.1)	4.3	(0.1)
中国	5.2	5.0	(0.4)	4.5	(0.4)
インド	8.2	7.0	(0.2)	6.5	0.0
ロシア	3.6	3.2	(0.0)	1.5	(▲0.3)

【参考】消費者物価上昇率の見通し

（対前年比、％）
（4月見通しからの変化幅、％pt）

	2024年		2025年	
世界	5.9	(0.0)	4.4	(▲0.1)
先進国	2.7	(0.1)	2.1	(0.1)
米国	3.1	(0.2)	2.0	(0.0)
日本	2.4	(0.2)	2.0	(▲0.1)
ユーロ圏	2.4	(0.0)	2.1	(0.0)
新興国・途上国	8.2	(▲0.1)	6.0	(▲0.2)

（備考）1．ＩＭＦ "World Economic Outlook Update"（2024年7月）により作成。
　　　　2．括弧内は4月見通しからの変化幅。

(2) ＯＥＣＤによる見通し（2024年9月）

ＯＥＣＤが2024年9月に公表した中間経済見通しによると、世界経済については、インフレ率の低下、実質所得の改善、金融政策の緩和により需要が下支えされ、24年前半の成長ペースが今後も継続することが見込まれることから、世界の実質ＧＤＰ成長率は、24年は3.2％、25年は3.2％で推移すると予測している。下方リスクとして、地政学的情勢やインフレ下落ペースの不確実性、高い水準にある実質金利の影響、労働市場の冷え込み等が考えられる一方、上方リスクとして、実質所得の回復による個人消費のさらなる増加や原油価格のさらなる下落等が考えられるとしている。

主要国・地域別にみると、米国の成長率は、24年2.6％の後、25年1.6％に減速すると見込んでいる。24年前半の成長ペースが堅調であったこともあり、今後数四半期は減速が予測されるものの、金融政策の緩和が25年後半までの力強い成長を下支えすることを見込んでいる。ユーロ

圏の成長率は、政策金利の引下げと実質所得のさらなる回復が成長を下支えし、24年0.7%、25年1.3%と緩やかに回復すると見込んでいる。中国の成長率は、政府支出の増加が24年後半まで成長を支えるが、不動産部門の正常化の遅れ、不十分な社会保障、消費者マインドの弱含みが個人消費を下押しし、24年4.9%、25年4.5%と減速することを見込んでいる。日本の成長率は、第１四半期の一時的な供給制約により24年は▲0.1%と５月見通しから下方改定されたものの、25年は実質賃金の大幅な増加がマクロ経済政策の引き締めによる効果を相殺し、25年は1.4%に高まることを見込んでいる。

図表Ⅰ－３－２　ＯＥＣＤによる世界経済見通し（2024年９月）
主要国・地域の実質ＧＤＰ成長率見通し

（対前年比実質GDP成長率、％）
（５月見通しからの変化幅、％pt）

	2023年（実績）	2024年		2025年	
全世界	3.1	3.2	(0.1)	3.2	(0.0)
G20	3.4	3.2	(0.1)	3.1	(0.0)
米国	2.5	2.6	(0.0)	1.6	(▲0.2)
ユーロ圏	0.5	0.7	(0.0)	1.3	(▲0.2)
日本	1.7	▲0.1	(▲0.6)	1.4	(0.3)
中国	5.2	4.9	(0.0)	4.5	(0.0)
インド	8.2	6.7	(0.1)	6.8	(0.2)
ロシア	3.6	3.7	(1.1)	1.1	(0.1)

【参考】消費者物価上昇率の見通し

（対前年比、％）
（５月見通しからの変化幅、％pt）

	2024年		2025年	
G20	5.4	(▲0.5)	3.3	(▲0.3)
米国	2.4	(▲0.1)	1.8	(▲0.2)
ユーロ圏	2.4	(0.1)	2.1	(▲0.1)
日本	2.5	(0.4)	2.1	(0.1)
中国	0.3	(0.0)	1.0	(▲0.3)
インド	4.5	(0.2)	4.1	(▲0.1)
ロシア	7.8	(0.4)	5.5	(0.8)

（備考）１．ＯＥＣＤ"Economic Outlook, Interim Report"（2024年９月）により作成。
　　　　２．括弧内は５月見通しからの変化幅。

第3章 世界経済の概況

第2節　主要国・地域の景気動向及びマクロ経済政策

欧米の景気動向

　米国経済については、2024年4－6月期のGDP成長率（第2次推計値）は、個人消費や設備投資が引き続き増加し、前期比で0.7％増（年率3.0％増）となっている。好調な内需に牽引され生産は緩やかに増加し、雇用者数も増加しているが、足元その増加幅は鈍化し、失業率もやや増加している。消費者物価の上昇率については、財やエネルギー関連価格の上昇が鈍化、減少に転じる一方、賃金や住居費の上昇によりサービス価格が底堅く推移しており、全体としておおむね横ばいで推移している。

　物価高騰の沈静化と雇用情勢の悪化の兆しを背景に、米国連邦準備制度理事会（FRB）は、2024年9月18日に開催された連邦公開市場委員会（FOMC）において、政策金利の誘導目標水準を0.5％引き下げ、4.75％から5.0％の範囲とすることを決定した。FRBによる利下げは、コロナ禍に際してゼロ金利政策を導入した2020年3月以来、4年半ぶりのことであるが、今回の利下げが経済に与える影響やさらなる利下げの有無等について引き続き注視することが必要である。

　欧州経済については、ユーロ圏の2024年4－6月期のGDP成長率が前期比で0.2％増（年率0.8％増）となるなど、持ち直しの動きが見られる。エネルギー及び食糧価格の下落を受けた輸入インフレ圧力の弱まりを受けて、消費者物価上昇率は落ち着きを取り戻し、おおむね横ばいで推移している。このような状況を受けて、欧州中央銀行（ECB）は、6月の政策理事会で政策金利を0.25ポイント引き下げた（4年9か月振りの利下げ）ほか、9月12日の同会合においても、政策金利をさらに0.25ポイント引き下げることを決定した。

　ドイツ経済については、2023年秋以降弱含んでいるなか、GDP成長率が2024年1－3月期にはプラスとなったものの、4－6月期には前期比で0.1％減（年率0.3％減）に転じるなど、景気は足踏み状態にある。

　英国経済については、GDP成長率が2024年1－3月期に引き続き4－6月期も前期比で0.6％増（年率2.3％増）となるなど、景気に持ち直しの動きがみられる。

　近年、米国やユーロ圏、英国においては、金融政策による引き締め効果が十分に発現せず、利下げになかなか踏み込めないことが指摘されてきた。その要因の一つは、コロナ禍を契機として労働参加率が大幅に低下し、労働供給が減ったことであると考えられる。金融政策による引き締め効果により労働需要が落ちても、労働供給が減っているので失業率はあまり上昇せず、賃金上昇によりサービスをはじめとする物価の上昇が続くというメカニズムが働いたとされている。労働市場に働き手が戻らず、人手不足が常態化していることによって、労使のパワーバランスが変化していることを指摘する報道もある[2]。

---

[2] 欧州で週休3日の働き方が広がっていることの背景として、コロナ禍以降、労働市場に働き手が戻らず、人手不足が常態化したことにより、少子化も進む中で、いかにして働いてもらうかが課題になってきたとの指摘もある。（日本経済新聞「週休3日、欧州で広がる」（2024年6月18日））

中国の景気動向

中国経済については、ＧＤＰ成長率が2024年４－６月期には前年同期比4.7％増と、１－３月期の同5.3％増から伸び率は鈍化した。政策による下支えにより自動車販売やインフラ投資が増加した一方、不動産市場の停滞の影響により内需の低迷や物価の下落が続くなど、景気は足踏み状態にある。

また、米中貿易摩擦等を背景とした対中直接投資の減少も深刻であり、24年４－６月期の外資企業による直接投資額は148億ドルの引き揚げ超過となった（1998年の統計公表開始以降２度目）。さらに、少子高齢化や地方政府の財政難といった中長期的な構造問題も抱えており、中国経済の先行きについては引き続き注視する必要がある。

> **コラム　米国の労働組合の状況**
>
> 米国では労働組合の活動が活発化している。米労働省によると、2022年の組合員数は前年比27.3万人（1.9％）増加（５年ぶりの増）して、約1,428.5万人となった（分母となる雇用者も530万人（3.9％）増えたため、組織率については10.1％と過去最低）。しかし、ギャラップ社の世論調査（2022年）では、労組を支持する人の割合は、2009年に48％まで落ち込んでから上昇傾向にあり、1965年の水準である71％まで上昇している。労組への関心の高まりの背景として、コロナ禍や物価高による暮らしの困窮、拡大する所得格差に対する怒り、技術革新に対する雇用不安や労働条件の悪化リスクを指摘する報道もある[3]。
>
> 近年では、AmazonやGoogle、Starbucksといった有名企業で組合結成が相次いだ。米労働省によると、2023年８月には労働争議による労働損失日数が23年ぶりの高水準となった。2023年10月には、自動車大手３社と全米自動車労働組合ＵＡＷが、賃金を４年半で25％上げることで合意したことも記憶に新しい。
>
> バイデン政権は労働組合の拡大や労働者の待遇改善に向けた取組を本格化しており、その一環として、米財務省は「労働組合と中間層（Labor Unions and the Middle Class）」報告書を公表した（2023年８月28日）。報告書は、労組の組織率が低下する中で、大企業のＣＥＯと一般従業員の報酬比がこの56年で20倍になり、不平等が広がっていると指摘している。労組があれば組合員の賃金が10～15％引き上げられ、人種や性別による格差を抑える可能性があるとのことである。

---

[3] The Asahi Shimbun GLOBE+「「史上最も労組寄り」のバイデン VS「労働者の味方」を標榜するトランプ」（2024年１月18日）、毎日新聞経済プレミア「米国で「労働組合」支持拡大　バイデン政権のジレンマ」（2023年10月７日）

第3章 世界経済の概況

> **コラム** 日本の約2/3の人口で同程度のGDPを実現しているドイツの働き方

　ドイツの総人口は約8,400万人であり、日本の3分の2程度である。その一方、名目GDP（ドルベース）は2023年に日本を追い抜き、購買力平価ベースでも日本（6.5兆ドル）に次ぐ水準（5.5兆ドル）となっている。日本生産性本部によると、2022年の就業時間あたりの労働生産性は、ドイツは日本に比べて約7割も高い。ドイツが日本の3分の2程度の人口で同程度の名目GDPを実現しているのには、こうした生産性の高さに理由がある。

　生産性の違いに影響している要因のひとつとして、ドイツの労働時間の短さがある。OECDの2020年の調査では、週50時間以上働く労働者の割合は日本が15.7％に対し、ドイツは3.9％と4分の1程度となっている。ドイツの労働時間が短い背景には、日本に比べ残業が厳しく規制され、労働を終えてから翌日に労働を開始するまでの間に11時間の休息を挟まなければならないインターバル規制もある。ドイツでは労働時間を柔軟化する仕組み[4]と引き換えに、法定の労働時間に日本では法律で定められている残業への割増賃金の支払いがなく、従業員も残業のメリットが感じにくいということがある。また、ドイツでは法律により日・祝日は薬局など一部例外を除いて営業が制限され、ほとんどの店舗は開かれておらず、社会全体で労働と休みのメリハリをつけているとも言える。さらに、ドイツでは職務を明確に決めて雇用契約を結ぶジョブ型雇用が一般的であり、自分に与えられた仕事が終われば帰宅できることも労働時間の短さに影響しているとの見方もある[5]。

　また、ドイツでは、日本に比べて、名目賃金が伸びている。1991年からの約30年間で、日本が約1.1倍なのに対して、ドイツは約2.1倍となっている。ドイツでは、従業員2,000人以上の企業は、労資共同決定法（1976年制定）という法律により、取締役会の任務が監査役会と執行役会に分けられており、監査役会のメンバーは株主代表と従業員代表を同数とする規定になっている。この点については、企業統治の主権を株主と従業員が等分に分かち合っているという評価もある[6]。ドイツの賃金が日本に比べて伸びている背景には、このような企業統治システムによる影響もあると考えられる。

　今後、人口減少がさらに進行することが見込まれる日本において、こうしたドイツの生産性の高い働き方は参考になるのではないか。

---

[4] ドイツでは、フレックスタイム制と労働時間貯蓄口座制度（労働時間を貯蓄口座のように、働きすぎた分は預金のように貯めることができ、貯めた分の時間で休みを取れる仕組み）を組み合わせることで、労働者にとっても柔軟な働き方を実現しているという見方がある。（松井良和「家庭と仕事を両立させる働き方革命　ドイツ的思考のススメ」（2024年5月））
[5] 朝日新聞「「週休3日で生産性向上」GDPで日本抜いたドイツ、鍵は短時間労働」（2024年3月21日）
[6] 伊丹敬之「漂流する日本企業」（2024年1月）

第Ⅱ部

働きやすい労働環境の実現へ

第1章　労働者の健康維持管理

第2章　仕事と育児・介護等との両立支援の課題

第3章　働きがい／エンゲージメント向上における
　　　　労働組合の役割

第4章　社会的役割を担う労働組合

賃上げを今後も継続していくためには、企業の稼ぐ力を高め、賃上げの原資を確保していくことが重要である。第Ⅰ部でも取り上げた通り、日本の潜在成長率は現在０％台半ばと非常に低い水準にあり、今後、生産年齢人口の減少は2030年代にかけて加速していくことも見込まれる。労働供給の減少が懸念される中、企業の稼ぐ力を高めるためには、労働生産性を向上させることが喫緊の課題である。労働生産性の向上を図るためには、設備投資や研究開発投資、人的資源への投資等の促進を図ることが必要であるが、個々の労働者が持っている潜在力を発揮してもらうという観点からは、労働環境の改善も重要であると考えられる。労働環境の改善は、本来、労働者のウェルビーイング向上のために重要であることはいうまでもないが、労働者の仕事に対するエンゲージメントの向上等を通じて、結果として労働生産性の向上にも寄与するものである。

　本年の第Ⅱ部では、こうした問題意識から、働きやすい労働環境の実現に向けた課題を特集する。

　日本の経済社会が現在直面している最大の課題の一つが少子高齢化である。

　少子高齢化の進行によって、日本人の平均年齢は2023年時点で48.4歳であり、2030年代には50歳を超えると見込まれている（国立社会保障・人口問題研究所「日本の将来推計人口（令和５年推計）」の中位推計）。このように労働者の高齢化が進行している中で、仕事を持ちながら通院している人数が増加するなど、仕事と健康維持の両立が課題となっており、高齢になっても生きがいをもって働くための健康維持のあり方が改めて注目されている。

　こうした問題意識から、第１章では、労働者の健康維持管理を取り上げる。近年、経営者の立場からも労働者の健康は経営資源として重視されてきており、健康経営が注目されている。また、経済産業省が2024年３月に女性特有の健康課題による離職や生産性低下による経済損失は3.4兆円という試算を公表するなど、女性特有の健康課題への取組も注目されている。そうした近年の動きを概説した上で、労働組合としての取組と課題について、先進的な取組事例も紹介しながら解説する。

第２章では、仕事と育児・介護等との両立支援の課題について取り上げる。

　少子化対策については政府も取組を進めているが、2023年の出生者数は約72.7万人（前年比約4.3万人減少）と過去最低水準となり、合計特殊出生率も過去最低の1.20となるなど、深刻な状況にある。仕事と育児の両立を図ることは、現在の働き手確保のためだけではなく、将来の社会の担い手を確保するためにも重要な課題である。

　また、現在は1947～1949年生まれのいわゆる団塊の世代が後期高齢者となる時期を迎えており、団塊ジュニア世代等における仕事と介護の両立も喫緊の課題である。経済産業省は、2030年時点におけるビジネスケアラーの発生による経済的損失は約９兆円という試算を公表しており、このままでは社会全体に与える経済的な損失も甚大なものとなる。

　そうした問題意識から、仕事と育児・介護等との両立支援の課題について、具体的な取組事例も紹介しながら解説する。

　第３章では、働きがい／エンゲージメント向上における労働組合の役割について取り上げる。働きがいについては、以前からその重要性が認識されてきた課題であり、国際調査によると、日本は従業員のエンゲージメントの水準が低いことが特に問題とされてきた。しかし、人手不足が深刻化している現在においては、先行研究により、人材確保・定着に寄与し、労働生産性の向上にも正の相関があることが知られている働きがいの問題について、改めて検討する価値があるといえる。ここでは、労働者の観点から、働きがいの向上のために労働組合に期待される役割について解説する。

　働き方改革は進んでいるものの、日本の労働者を取り巻く環境には依然として改善の余地が大きい。連合総研が2023年10月に実施した第45回勤労者短観（首都圏・関西圏）では、勤め先がブラック企業にあたると認識しているとの回答が約４分の１（23.3％）もあった。実際にこの１年間でも、企業や自治体における深刻なハラスメント事案や、企業による不正事案も相次いで報道されている。

　賃上げが日本経済の最重要課題のひとつとなっており、労働組合の活動にも注目が

集まっているが、健全で、働きやすい労働環境実現のために労働組合が取り組むべき分野は多い。

　こうした問題意識から、第4章では、労働組合が果たすべき社会的役割について取り上げる。労働組合は賃金や雇用といった経済的向上だけでなく、労働者の健康やキャリア形成など多様な課題への取組においても重要な役割を果たしている。ここでは、近年、労働組合が果たすことを期待されている社会的役割の具体的な内容について、先進的な取組事例も紹介しながら解説する。

　経済成長の源泉となる新たなアイディアやイノベーションは、健康的で、ある程度ゆとりのある労働環境の下の方が生まれやすいとも考えられる。そのような観点からも働きやすい労働環境の実現は重要であり、日本経済の成長力強化に向けた戦略的な取組として、政労使が連携して強力に推進すべきである。

第1章　労働者の健康維持管理

第Ⅱ部　第1章のポイント

○人生100年時代と言われる中で、健康寿命がより重視されている。単に長寿であるだけでなく、高齢になっても様々に活動することを可能とするために健康を維持することは、生きがいを持ち続けるために不可欠であり、労働者にとって人生の多くを占める労働環境における健康づくりについての基盤整備が必要となっている。

○一方、従業員の健康維持管理についても経営資源として大きな要素と考えられ、いわゆる「健康経営」が重視されている。経済産業省でも上場企業の健康経営銘柄を定めるなど、健康管理に留意した経営を推進しようとしている。

○また、年齢・性別、病気の治療中など多様な労働者に対する職場環境の整備も、経済的不安のためだけではなく生きがいや健康維持を目的として働き続けるために、安全かつ働きやすい環境整備が急がれている。健康課題として昨今では、身体の健康に加え、心理的な（メンタル）の健康も重視され、メンタルヘルスの重要性が増している。

○健康管理維持は男女ともに重要なことではあるが、最近では特に女性の健康課題が注目されている。女性労働者が、生涯にわたりキャリアを中断することなく活躍していく時代となり、女性ホルモンの影響を大きく受ける女性の健康問題について職場での環境整備が急務となっている。女性特有の健康課題（月経困難・更年期障害・婦人科がんなど）による女性の離職や生産性低下による経済損失は、3.4兆円という試算もある。

○今後は、生涯にわたって健康であり続けることが、一人ひとりの生きがい働きがいのためにさらに重要な要因となってくる。すべての働く者にとって、健康維持管理が可能となるよう労働組合として政策提言も含めて環境整備が急務となっているが、特に女性の健康課題についてはまだ取り組みは緒についたばかりである。

第1章　労働者の健康維持管理

　高齢化が進展する日本において、高齢になっても生きがいをもって活動するために健康の維持は必須条件である。全ての人々が、それぞれの希望に応じて家庭や仕事や地域など様々なステージで活躍するための基盤となるのは「健康」である。

　また、高齢化とともに少子化が進む日本においては、多様な人材が心身ともに健康に働き続けることができる職場環境の整備がますます重要となり、「健康経営」の意義は年々高まっている。年齢・性別・障害の有無・病気の治療中など多様な労働者にとって、心身の健康を維持しつつ生きがい・働きがいにもつながるよう職場環境の整備が求められている。年齢・性別、病気の治療中など多様な労働者に対する職場環境の整備は、経済的不安のためだけではなく、生きがいとして働き続けることや、少子高齢化対策として労働力不足への対応として急務となっている。

　昨今、特に女性特有の課題による経済損失が注目され、その課題解決に向けた取り組みが社会的にも急務となっている。経済産業省から「女性特有の健康課題による経済損失の試算と健康経営の必要性について」が公表され、厚生労働省も女性活躍推進に向けて女性の健康課題の解決の取り組みを推進している。「令和6年版 男女共同参画白書」でも「仕事と健康の両立」をテーマとし、職業生活における「健康」の維持・増進は、男女ともにウェルビーイングを高め、企業の生産性を向上させることが期待でき、社会全体で健康課題に取り組むことで、人々の労働参画や地域活動などへの参画が拡大し、日本経済の成長や地域を含めた社会全体の活力向上につながると、これからの日本社会における健康維持管理の重要性を指摘している[1]。

1．人生100年、健康寿命がより重視される時代

　人生100年時代と言われる中で、健康寿命がより重視されている。単に長寿であるだけでなく、高齢になっても様々に活動することを可能とし、生きがいを持ち続けるためには、健康を維持することが不可欠である。内閣府「令和5年版高齢社会白書」にも、「健康状態が良い」と答えた人ほど生きがい（喜びや楽しみ）を感じる割合が多くなっていることが示されている。高齢者にとって健康であることは生きがいをもつために重要なポイントであり、働く者にとって人生の多くを占める労働環境についても、高齢化が進む中で保険者や企業、個人が積極的に予防・健康づくりに取り組むための基盤整備や健康への意識啓発が必要である。

---

[1] 内閣府「令和6年版 男女共同参画白書」（2024年6月）
　https://www.gender.go.jp/about_danjo/whitepaper/index.html

第1章　労働者の健康維持管理

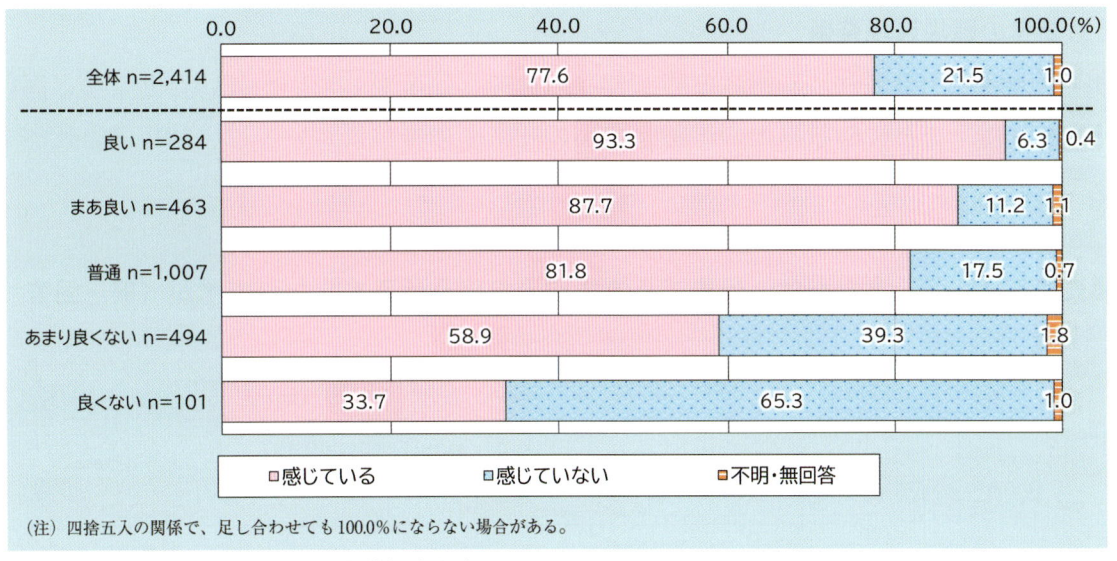

図表Ⅱ－1－1　健康状態別生きがい（喜びや楽しみ）を感じているか（択一回答）

	感じている	感じていない	不明・無回答
全体 n=2,414	77.6	21.5	1.0
良い n=284	93.3	6.3	0.4
まあ良い n=463	87.7	11.2	1.1
普通 n=1,007	81.8	17.5	0.7
あまり良くない n=494	58.9	39.3	1.8
良くない n=101	33.7	65.3	1.0

（注）四捨五入の関係で、足し合わせても100.0％にならない場合がある。

（備考）内閣府「令和5年版　高齢社会白書」。

健康経営の推進について

　労働力人口が減少していく日本社会において、多様な人材が心身ともに健康に働けるように経営者が戦略的に実践する「健康経営」の意義はますます高まっている。経済産業省でも上場企業を対象とした健康経営銘柄の選定など、健康管理に留意した経営を推進しようとしている[2]。

図表Ⅱ－1－2　「健康経営・健康投資」とは

「健康経営・健康投資」とは

- 健康経営とは、従業員等の健康保持・増進の取組が、将来的に収益性等を高める投資であるとの考えの下、健康管理を経営的視点から考え、戦略的に実践すること。
- 健康投資とは、健康経営の考え方に基づいた具体的な取組。
- 企業が経営理念に基づき、従業員の健康保持・増進に取り組むことは、従業員の活力向上や生産性の向上等の組織の活性化をもたらし、結果的に業績向上や組織としての価値向上へ繋がることが期待される。

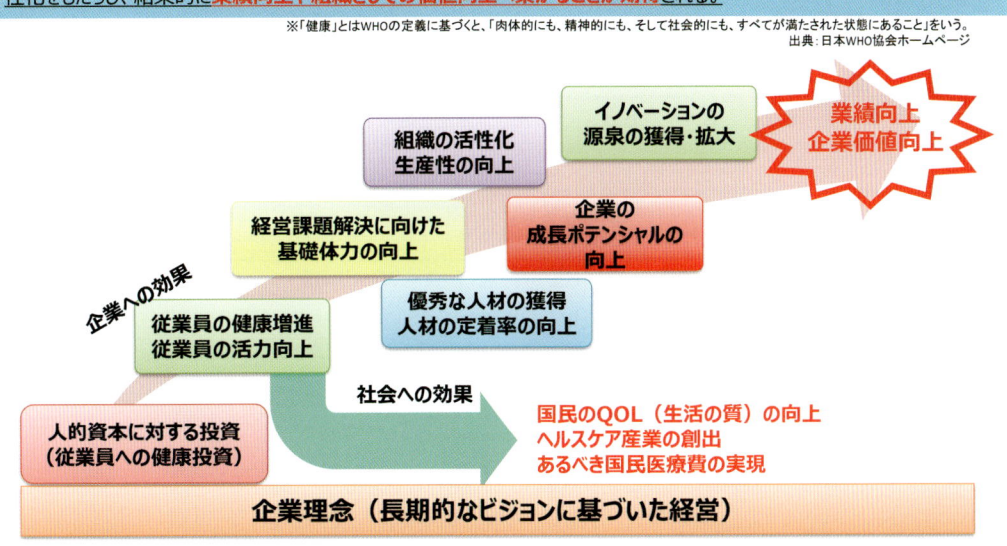

※「健康」とはWHOの定義に基づくと、「肉体的にも、精神的にも、そして社会的にも、すべてが満たされた状態にあること」をいう。
出典：日本WHO協会ホームページ

企業への効果：
- 組織の活性化・生産性の向上
- イノベーションの源泉の獲得・拡大
- 経営課題解決に向けた基礎体力の向上
- 企業の成長ポテンシャルの向上
- 優秀な人材の獲得・人材の定着率の向上
- 従業員の健康増進・従業員の活力向上

→ 業績向上・企業価値向上

社会への効果：
- 国民のQOL（生活の質）の向上
- ヘルスケア産業の創出
- あるべき国民医療費の実現

人的資本に対する投資（従業員への健康投資）

企業理念（長期的なビジョンに基づいた経営）

（備考）経済産業省「健康経営の推進について」2022年6月。

---
[2] 経済産業省「健康経営の推進について」（2024年3月）
　240328kenkoukeieigaiyou.pdf（meti.go.jp）

第1章　労働者の健康維持管理

2．高年齢労働者や病気との両立支援へも対応した職場環境づくり
高年齢労働者の職場環境整備

　高齢者（60歳以上の男女）に何歳ごろまで収入を伴う仕事がしたいか聞いたところ、高い就業意欲が示された。また、60歳以上の年齢階級別の就業率の推移については、10年前と比べて伸びていることが分かる。

図表Ⅱ－1－3　あなたは、何歳ごろまで収入を伴う仕事をしたいですか（択一回答）

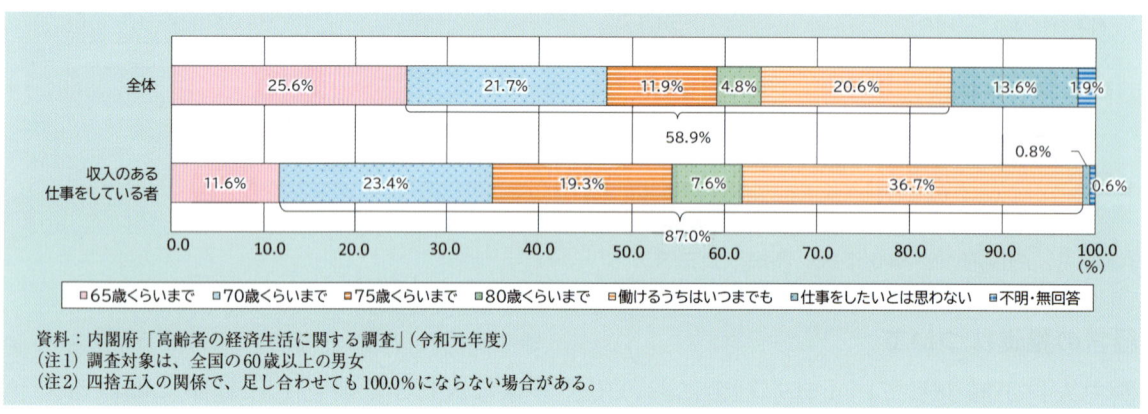

資料：内閣府「高齢者の経済生活に関する調査」（令和元年度）
（注1）調査対象は、全国の60歳以上の男女
（注2）四捨五入の関係で、足し合わせても100.0％にならない場合がある。

（備考）内閣府「令和5年版　高齢社会白書」。

図表Ⅱ－1－4　年齢階級別就業率の推移

資料：総務省「労働力調査」
（注1）年平均の値
（注2）「就業率」とは、15歳以上人口に占める就業者の割合をいう。

（備考）内閣府「令和5年版　高齢社会白書」。

　また、働く理由については、「収入を得るため」（45.4％）とともに、「体に良いから、老化を防ぐから」（23.5％）、「仕事そのものが面白いから、自分の知識・能力を生かせるから」（21.9％）と

第1章　労働者の健康維持管理

いう理由を挙げる高齢者も多い[3]。一方、労働災害については、高年齢になるほど発生率が増加し、休業見込み期間も長くなる傾向にある。年金不安などから経済的に高齢まで働かざるを得ない状況は改善しなければならないが、働くことが生きがいや健康維持のためと考えている高齢者にとっては、安全かつ働きやすい職場環境の整備が急がれる。

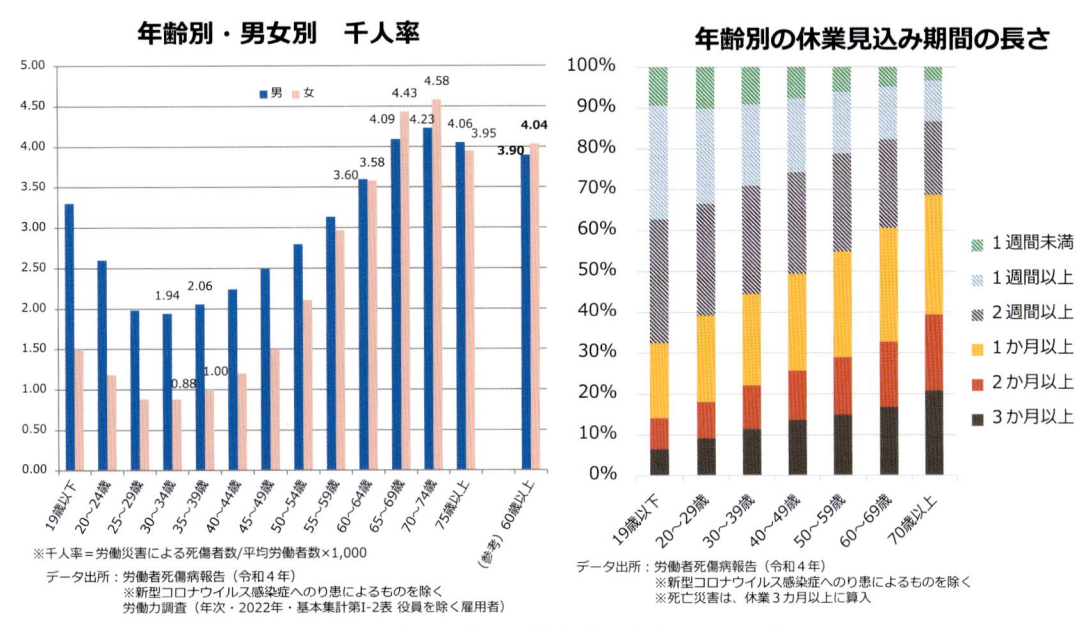

図表Ⅱ－1－5　高年齢労働者の労働災害発生状況

（備考）厚生労働省「令和4年高年齢労働者の労働災害発生状況」2023年5月。

治療と仕事の両立支援

　高齢化の進展に伴い疾病の有病率は上昇傾向にあり、疾病を抱えた労働者の治療と仕事の両立への対応が必要になっている[4]。一方、治療方法の進歩により、多くの「不治の病」が「長く付き合う病気」に変化しつつあり、病気になったからすぐに離職しなければならないという状況が必ずしも当てはまらなくなってきた。しかし、疾病や治療に対して労働者自身や職場の理解や支援体制が不十分なために離職に至ってしまう場合も見られる。

　かつては「不治の病」と言われた「がん」についても、2010年と2022年を比較して、「仕事を持ちながら癌で通院している」人は、32.5万人から49.9万人と1.5倍に増加しており、特に60代の女性の人数は倍、70歳以上については5倍となっている。がん以外でも心臓病や人工透析、肝臓・腎臓疾患などは「不治の病」から「長く付き合う病気」へと変わってきており、病気と長く付き合いながら治療と仕事を両立させることも、人生100年時代の職場環境の整備には必須要件となりつつある。

---

[3] 内閣府「令和2年版　高齢社会白書」（2020.7）
　https://www8.cao.go.jp/kourei/whitepaper/w-2020/html/zenbun/index.html
[4] 厚生労働者「治療と仕事の両立支援ガイドブック」（2022年）
　001179451.pdf（mhlw.go.jp）

第1章　労働者の健康維持管理

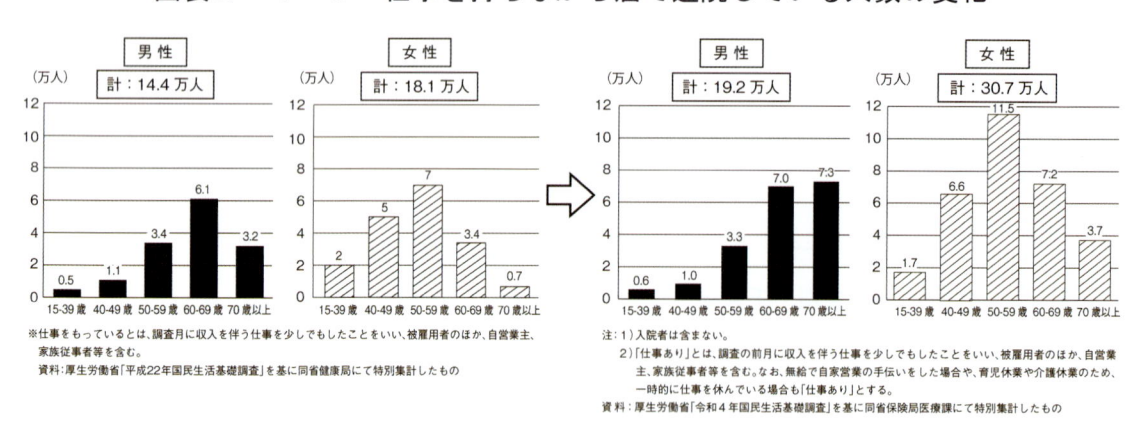

図表Ⅱ－1－6　仕事を持ちながら癌で通院している人数の変化

（備考）厚生労働省「仕事と治療の両立支援のガイドブック」2024年3月。

心身の健康～職場における心の健康づくり～

　健康課題として昨今では、身体の健康に加え、心理的な（メンタル）健康も重視され、メンタルヘルスの重要性が増している[5]。メンタルヘルス対策に取り組む事業所は、毎年増加しているが、事業所の規模により格差が大きい。100人以上の従業員の事業所では100％に近いが、30人未満の事業所では半数くらいの事業所しか取り組んでいない。また、内容についてもストレスチェックが主であり、増加傾向にあるメンタル不調の対策としては充分とは言えない。

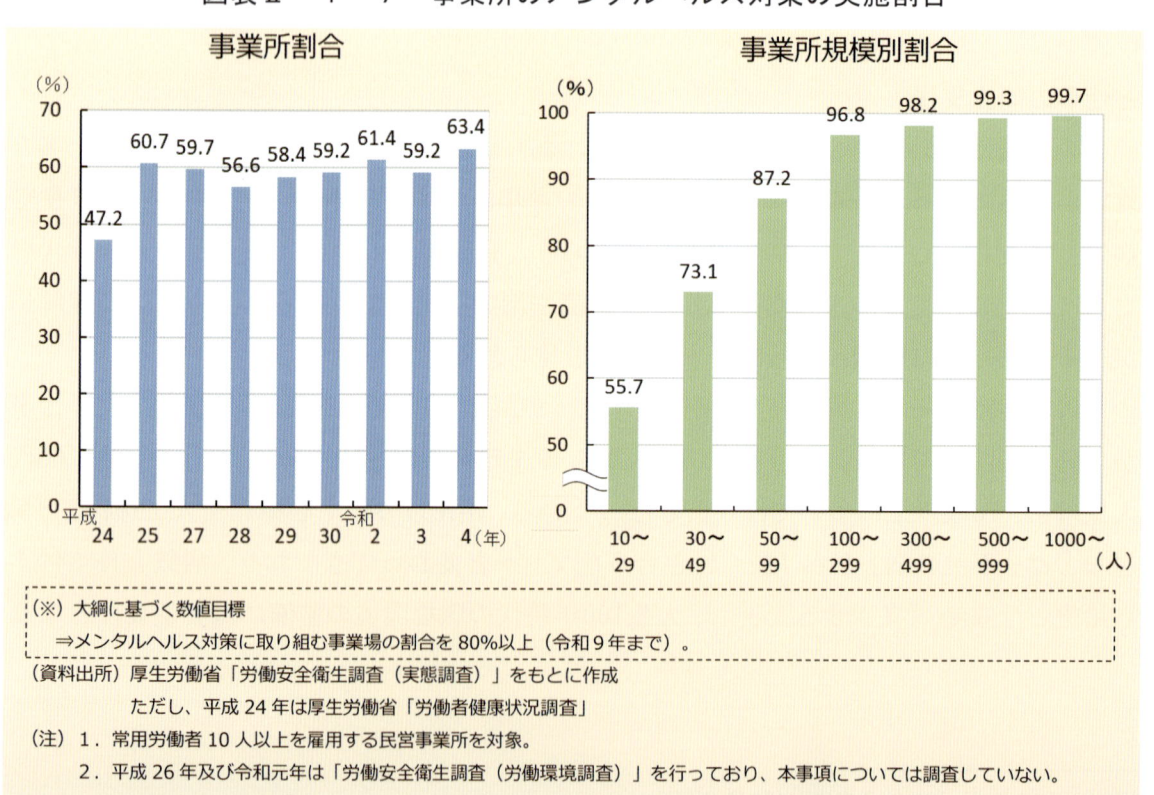

図表Ⅱ－1－7　事業所のメンタルヘルス対策の実施割合

（※）大綱に基づく数値目標
　　⇒メンタルヘルス対策に取り組む事業場の割合を80％以上（令和9年まで）。
（資料出所）厚生労働省「労働安全衛生調査（実態調査）」をもとに作成
　　　　　　ただし、平成24年は厚生労働省「労働者健康状況調査」
（注）1．常用労働者10人以上を雇用する民営事業所を対象。
　　　2．平成26年及び令和元年は「労働安全衛生調査（労働環境調査）」を行っており、本事項については調査していない。

---

[5] 厚生労働省「職場における心の健康づくり」（2023.7）
　000560416.pdf（mhlw.go.jp）

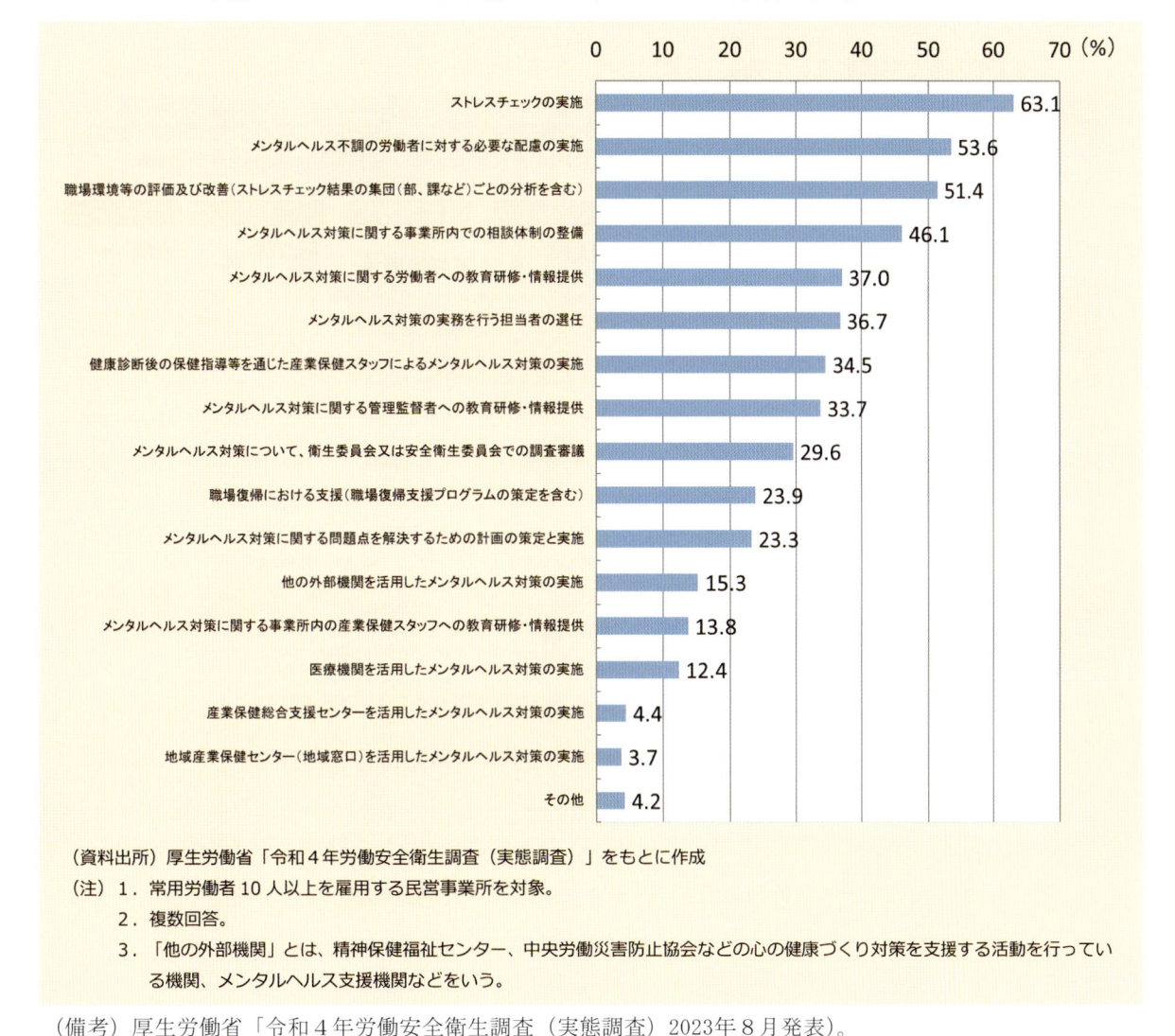

図表Ⅱ－1－8　事業所のメンタルヘルス対策の内容について

項目	%
ストレスチェックの実施	63.1
メンタルヘルス不調の労働者に対する必要な配慮の実施	53.6
職場環境等の評価及び改善（ストレスチェック結果の集団（部、課など）ごとの分析を含む）	51.4
メンタルヘルス対策に関する事業所内での相談体制の整備	46.1
メンタルヘルス対策に関する労働者への教育研修・情報提供	37.0
メンタルヘルス対策の実務を行う担当者の選任	36.7
健康診断後の保健指導等を通じた産業保健スタッフによるメンタルヘルス対策の実施	34.5
メンタルヘルス対策に関する管理監督者への教育研修・情報提供	33.7
メンタルヘルス対策について、衛生委員会又は安全衛生委員会での調査審議	29.6
職場復帰における支援（職場復帰支援プログラムの策定を含む）	23.9
メンタルヘルス対策に関する問題点を解決するための計画の策定と実施	23.3
他の外部機関を活用したメンタルヘルス対策の実施	15.3
メンタルヘルス対策に関する事業所内の産業保健スタッフへの教育研修・情報提供	13.8
医療機関を活用したメンタルヘルス対策の実施	12.4
産業保健総合支援センターを活用したメンタルヘルス対策の実施	4.4
地域産業保健センター（地域窓口）を活用したメンタルヘルス対策の実施	3.7
その他	4.2

（資料出所）厚生労働省「令和4年労働安全衛生調査（実態調査）」をもとに作成
（注）1．常用労働者10人以上を雇用する民営事業所を対象。
　　　2．複数回答。
　　　3．「他の外部機関」とは、精神保健福祉センター、中央労働災害防止協会などの心の健康づくり対策を支援する活動を行っている機関、メンタルヘルス支援機関などをいう。

（備考）厚生労働省「令和4年労働安全衛生調査（実態調査）2023年8月発表）。

3．女性特有の健康課題への取り組み

女性特有の健康課題への積極的な取り組みについて

　健康維持管理は男女ともに重要なことではあるが、最近では特に女性の健康課題が注目されている。女性労働者が、生涯にわたりキャリアを中断することなく活躍していく時代となり、女性ホルモンの影響より男性とは異なる女性の健康問題について、職場での環境整備が急務となっている。女性特有の健康課題（月経困難・更年期障害・婦人科がん・不妊治療[6]など）による女性の離職や生産性低下による経済損失は、3.4兆円という試算もある[7]。

---

[6] 不妊治療は男女双方に関係する課題だが、女性の就労への影響が大きいことから女性の損失と計上した
[7] 経済産業省「女性特有の健康課題による経済損失の試算と健康経営の必要性について」（2024.3）
　jyosei_keizaisonshitsu.pdf（meti.go.jp）

第1章 労働者の健康維持管理

図表Ⅱ－1－9 女性特有の健康課題による社会全体の経済損失（試算結果）

- 対象は、性差に基づく多数の健康課題のうち、**規模が大きく、経済損失が短期で発生するため、職域での対応が期待される4項目（月経随伴症、更年期症状、婦人科がん、不妊治療）**[※3]を抽出。
- 算出方法としては、何らかの症状があるにも関わらず対策を取っていない層の人数に、欠勤/パフォーマンス低下割合/離職率等の要素と平均賃金を掛け合わせた。結果、これら女性特有の健康課題による**労働損失等の経済損失は、社会全体で約3.4兆円と推計**[※4]される。（算出根拠はp9以降参照）

		女性特有			男女双方[※3]	（参考）男性特有	
		月経随伴症	更年期症状	婦人科がん[※2]	不妊治療	前立腺がん	更年期症状[※4]
経済損失計(A＋B)（年間）[※1] 計3.4兆円		約0.6兆	1.9兆	0.6兆	0.3兆	0.06兆	1.2兆
A	うち労働生産性損失総額	約5,700億円	約17,200億円	約5,900億円	約2,600億円	約530億円	約10,900億円
	欠勤	約1,200億円	約1,600億円	約1,100億円	約400億円	約110億円	約1,100億円
	パフォーマンス低下	**約4,500億円**	約5,600億円	約150億円	約50億円	約10億円	約4,000億円
	離職	－	約10,000億円	約1,600億円	**約2,200億円**	約100億円	約5,800億円
	休職	－	－	約3,000億円	－	**約300億円**	－
B	うち追加採用活動にかかる費用	－	約1,500億円	約500億円	約340億円	約50億円	約1,100億円

※1．各数値の四捨五入の関係で、必ずしも合計が総和と一致しない　※2．乳がん・子宮がん・卵巣がん
※3．妊娠（不妊）/出産は、"女性"のみの課題ではなく、"男女双方に関係する課題"だが、女性に負担がかかりやすい課題"。特に不妊は男性側の身体にも原因があるケースが一定比率を占める。但し今回経済損失を算出する際には、女性側への身体的負担・就労への影響が大きいことから、女性側の就労への影響を算出
※4．「なお、男性の更年期障害については、概ね40歳以降に男性ホルモン（テストステロン）の減少により、女性更年期障害と類似した症状を呈するが、病態が複雑で、まだ十分に解明されていない。」（産婦人科診療診療ガイドライン－婦人科外来編2020、加齢男性性腺機能低下症候群（LOH症候群）診療の手引き）
（出所）関連する論文や企業による調査等を踏まえて、ボストン コンサルティング グループ試算(令和5年度ヘルスケア産業基盤高度化推進事業(ヘルスケアサービス市場等に係る調査事業))

（備考）経済産業省「女性特有の健康課題による経済損失の試算と健康経営の必要性について」2024年2月。

また、「令和6年版男女共同参画白書」（2024年6月）においても、健康上の問題で仕事・家事等への影響がある者の数及び割合も年齢による男女の違いが大きいことが分かる。さらに、男性特有の病気は50代以降で多くなる傾向にあるが、女性特有の病気は20代から50代の働く世代に多い。女性が働き続けてキャリアアップしていくためには、女性の健康課題を解決でき、働きやすいように環境を整備していく必要がある。

第1章　労働者の健康維持管理

図表Ⅱ-1-10　健康上の問題で仕事・家事等への影響がある者の数及び割合
（男女・年齢階級別 2022年国民生活基礎調査）

（備考）1．厚生労働省「令和4年国民生活基礎調査」より作成。
2．「健康上の問題で仕事、家事等への影響がある者」とは、「現在、健康上の問題で日常生活に何か影響がある」と回答した者のうち、影響の事柄として、「仕事、家事、学業（時間や作業量などが制限される）」を挙げた者。
3．入院者は含まない。

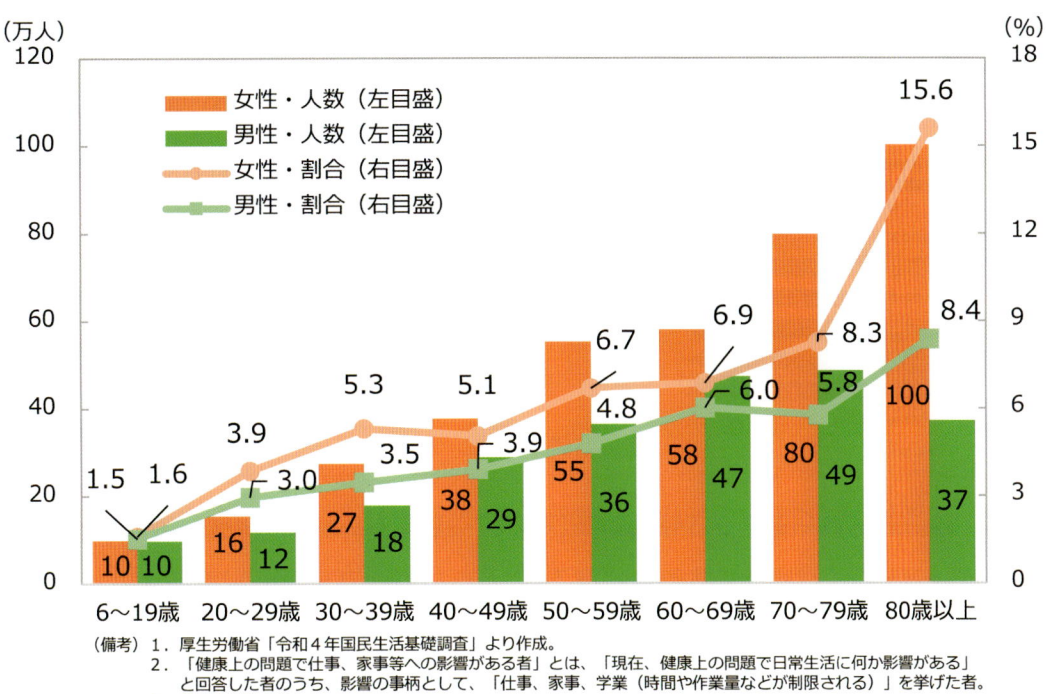

図表Ⅱ-1-11　女性特有・男性特有の病気の総患者数（年齢階級別・2020年患者調査）

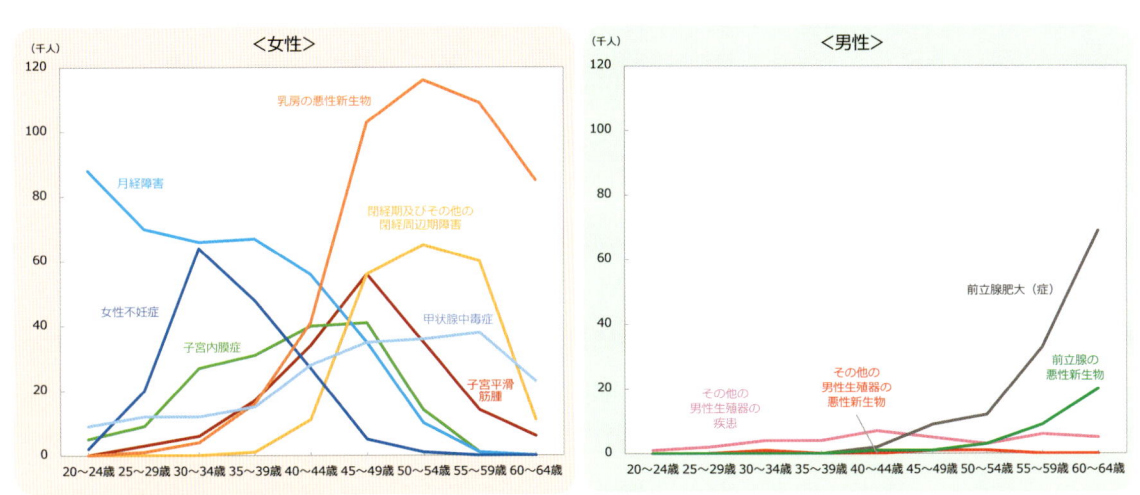

（備考）1．厚生労働省「令和2年患者調査」より作成。
2．総患者数は、ある傷病における外来患者が一定期間ごとに再来するという仮定に加え、医療施設の稼働日を考慮した調整を行うことにより、調査日現在において、継続的に医療を受けている者（調査日には医療施設で受療していない者を含む。）の数を次の算式により推計したものである。
総患者数＝推計入院患者数＋推計初診外来患者数＋（推計再来外来患者数×平均診療間隔×調整係数(6/7)）
推計に用いる平均診療間隔は99日以上を除外して算出。
3．「乳房の悪性新生物」及び「甲状腺中毒症」は男性も罹患するが、女性に多い病気である。

（備考）令和6年版　男女共同参画白書（2024年6月）。

　一方、女性特有の健康課題に対する職場の支援状況については、従業員（女性）の7割は、職場で十分な支援がないと感じており、特に上司や周囲の理解を必要としている。また、企業側は何をすればいいかわからない（3割）、当事者と話ができないという状況であり、従業員（当事者）と企業とのコミュニケーションが必要となっている。

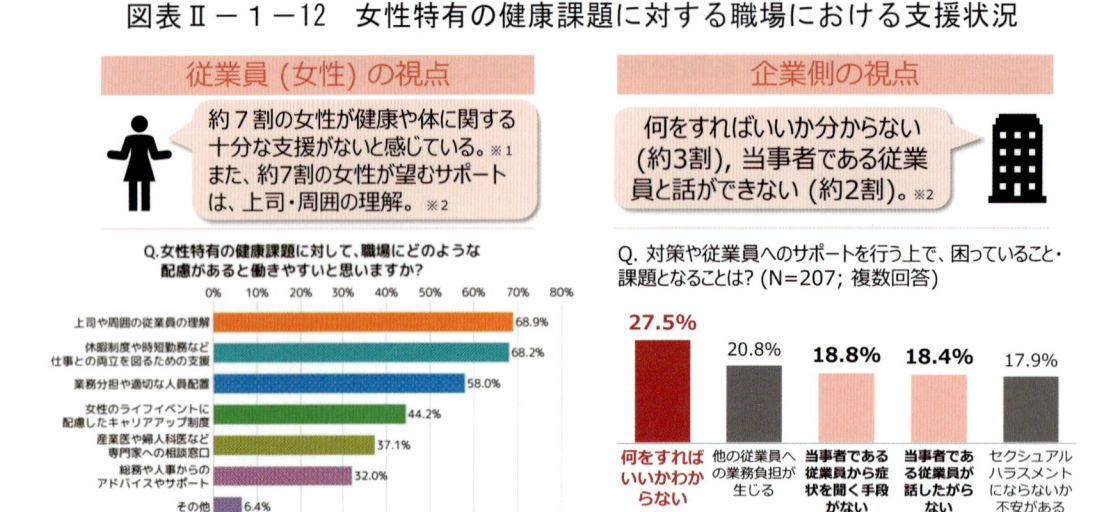

図表Ⅱ－1－12　女性特有の健康課題に対する職場における支援状況

従業員（女性）の視点
約7割の女性が健康や体に関する十分な支援がないと感じている。※1
また、約7割の女性が望むサポートは、上司・周囲の理解。※2

Q.女性特有の健康課題に対して、職場にどのような配慮があると働きやすいと思いますか？

- 上司や周囲の従業員の理解　68.9%
- 休暇制度や時短勤務など仕事との両立を図るための支援　68.2%
- 業務分担や適切な人員配置　58.0%
- 女性のライフイベントに配慮したキャリアアップ制度　44.2%
- 産業医や婦人科医など専門家への相談窓口　37.1%
- 総務や人事からのアドバイスやサポート　32.0%
- その他　6.4%
- 特にない　4.1%

※複数回答、n=3476、「個人事業主」を除いて集計

企業側の視点
何をすればいいか分からない（約3割）、当事者である従業員と話ができない（約2割）。※2

Q. 対策や従業員へのサポートを行う上で、困っていること・課題となることは？（N=207; 複数回答）

- 何をすればいいかわからない　27.5%
- 他の従業員への業務負担が生じる　20.8%
- 当事者である従業員から症状を聞く手段がない　18.8%
- 当事者である従業員が話したがらない　18.4%
- セクシュアルハラスメントにならないか不安がある　17.9%

※1（出所）三菱UFJリサーチ&コンサルティング, 2022-04,「正社員男女の健康意識に関する実態調査」
※2（出所）東京都実施,2023-5,都内で働く女性3500人＋企業担当者200人へのアンケート調査結果|(働く女性のウェルネス向上委員会HPより)

（備考）経済産業省「女性特有の健康課題による経済損失の試算と健康経営の必要性について」2024年2月。

4．労働組合の取り組みと課題～職場環境整備に向けた労働組合の取り組み～

このような従業員（労働者）と企業側のコミュニケーションを密にし、従業員の必要としている支援について経営側に伝える役割を本来労働組合はもっている。しかし、女性の組合員の意見収集、さらには女性特有の課題について男性の上司・男性の組合リーダーに伝えづらいということもあり、十分に労働組合が機能しているとは言い難い。

労働組合として、連合東京は「生理休暇と更年期障害に関するアンケート調査」（2022年7月）を実施し、その結果から「生理・更年期障害についての生き活きハンドブック」を作成し配布した。女性の健康課題を女性だけの問題とせず、職場全体の問題としていく契機となった。また、UAゼンセンも更年期障害や月経前症候群（PMS）・月経困難症など女性の健康課題についてセミナーやシンポジウムで男性上司や男性組合員に理解を求めるような取り組みをおこなった。女性が働き続けるための環境整備として「生理休暇」も労働基準法に定められているが、取得率は低位となっている。低位の取得率の要因を解消し、さらに進んで男女に関わらず、体調不良の際の休暇制度の設立など、健康に留意しながら働くことができる環境の整備が、長期的に健康を維持し、健康寿命を長くするためにも必要となっている。

今後は、生涯にわたって健康を維持することが、一人ひとりの生きがい働きがいのためにさらに重要な要因となってくる。すべての働く者にとって健康維持管理が可能となるよう労働組合として、政策提言も含めて環境整備が急務となっているが、特に女性の健康課題については、まだ取り組みは緒についたばかりである[8]。

---

[8] 連合東京「生き活きハンドブック（生理・更年期障害）」（2023年2月）

第1章　労働者の健康維持管理

図表Ⅱ－1－13　生理（月経）痛の有無

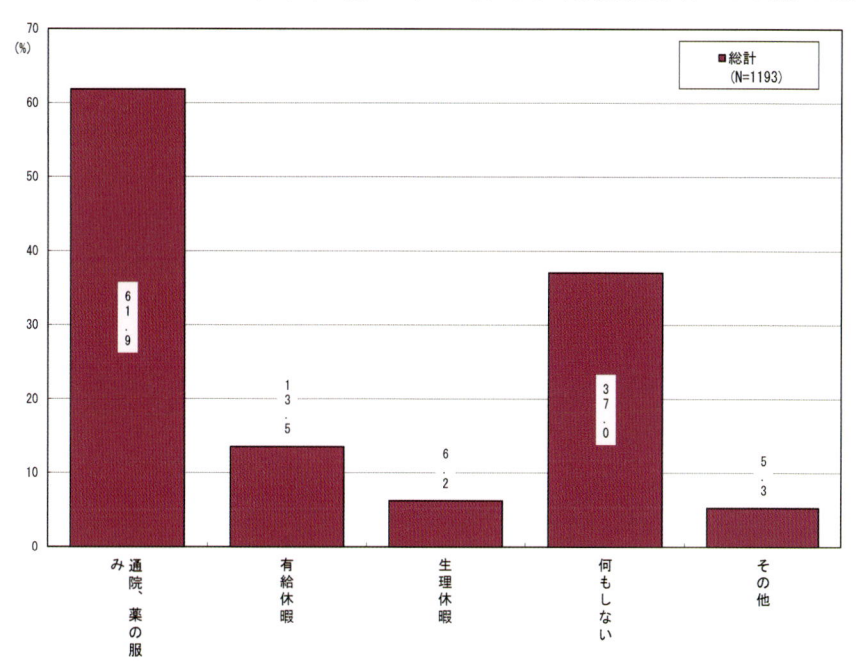

凡例：
- ある・あった（黒）
- 時々ある・あった（緑）
- とくにない（オレンジ）
- わからない（黄緑）
- 無回答（白）

	ある・あった	時々ある・あった	とくにない	わからない	無回答	件数	＊ある・あった計
総計	57.0	33.4	9.2	0.3		1319	90.4
年代別　20代以下	69.6	25.8	4.7			299	95.3
30代	64.8	29.6	5.2	0.3		307	94.5
40代	51.4	36.7	11.2	0.7		430	88.1
50代以上	43.8	40.6	15.5			283	84.5

図表Ⅱ－1－14　生理（月経）痛の時の対処法（複数選択、生理痛のある方）

総計（N=1193）

対処法	%
通院、薬の服み	61.9
有給休暇	13.5
生理休暇	6.2
何もしない	37.0
その他	5.3

（備考）連合東京「生理休暇と更年期障害に関するアンケート調査」（2022年7月）。

第1章　労働者の健康維持管理

図表Ⅱ－1－15　女性の健康啓発リーフレット（ＵＡゼンセン）

～みんなが健康に働き続けるために、お互いの健康課題を正しく理解しあう～

女性が気をつけたい、ライフステージに伴う健康課題

出典：働く女性の心とからだの応援サイト「女性特有の健康課題」（厚生労働省）を参考に一部改変

男女ともにホルモンが減少するとさまざまな不調が起こることがあります

わたしたちの健康維持には、健康な生活習慣や生活環境が大切ですが、もうひとつ知っておきたいことがあります。それは、男女ともに体内で分泌されている「性ホルモン」が影響する健康課題です。特に女性は、女性ホルモン（エストロゲン）の分泌量がライフステージの中で変化していくため、ライフステージごとに知っておきたい健康課題があります。

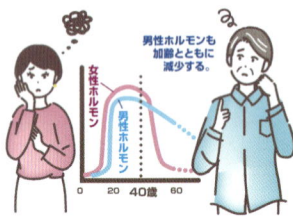

これって異常？気になったら専門家に相談しましょう

女性の月経や、更年期に起こる症状は、個人差が大きいため、異常かどうかは自分自身では判断できないものです。辛いと感じたり、日常生活に支障がある場合には、一人で悩まずに婦人科へ相談しましょう。
男性も、男性ホルモンの分泌低下による心身への影響がでることがあります。男性は泌尿器科へ相談しましょう。

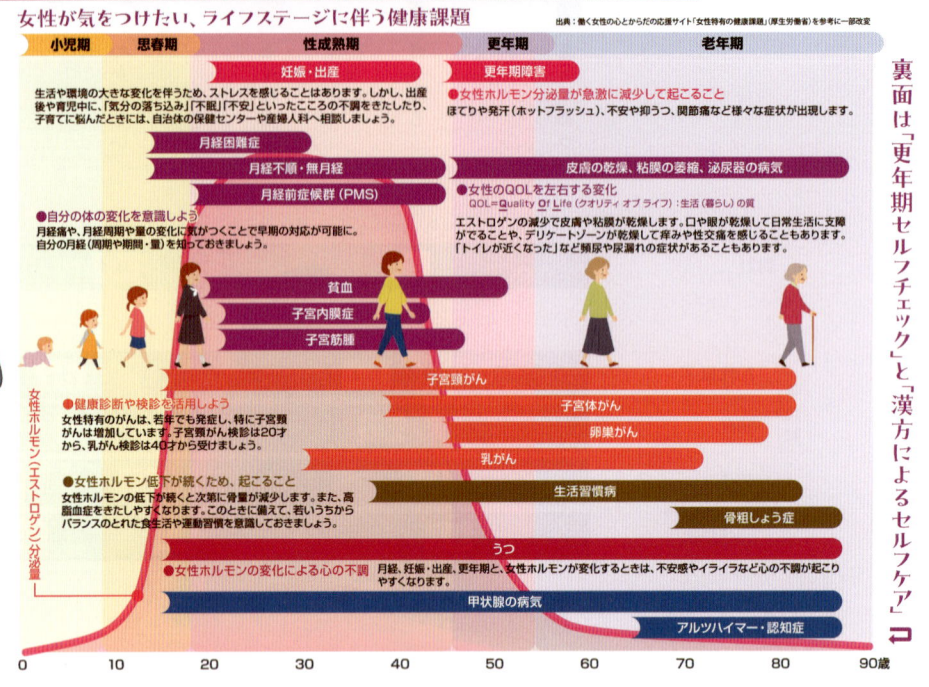

ライフステージ：小児期／思春期／性成熟期／更年期／老年期

●自分の体の変化を意識しよう
月経痛や、月経周期や量の変化に気がつくことで早期の対応が可能に。自分の月経（周期や期間・量）を知っておきましょう。

●健康診断や検診を活用しよう
女性特有のがんは、若年でも発症しています。子宮頸がん検診は20才から、乳がん検診は40才から受けましょう。

●女性ホルモン低下が続くため、起こること
女性ホルモンの低下が続くと次第に骨量が減少します。また、高脂血症をきたしやすくなります。このときに備えて、若いうちからバランスのとれた食生活や運動習慣を意識しておきましょう。

●女性ホルモン分泌量が急激に減少して起こること
ほてりや発汗（ホットフラッシュ）、不安や抑うつ、関節痛など様々な症状が出現します。

●女性のQOLを左右する変化
QOL=Quality Of Life（クオリティ オブ ライフ）：生活（暮らし）の質
エストロゲンの減少で皮膚や粘膜が乾燥します。口や眼が乾燥して日常生活に支障がでることや、デリケートゾーンが乾燥して痒みや性交痛を感じることもあります。「トイレが近くなった」など頻尿や尿漏れの症状があることもあります。

●女性ホルモンの変化による心の不調
月経、妊娠・出産、更年期と、女性ホルモンが変化するときは、不安感やイライラなど心の不調が起こりやすくなります。

疾患等：妊娠・出産／更年期障害／月経困難症／月経不順・無月経／月経前症候群（PMS）／皮膚の乾燥、粘膜の萎縮、泌尿器の病気／貧血／子宮内膜症／子宮筋腫／子宮頸がん／子宮体がん／卵巣がん／乳がん／生活習慣病／骨粗しょう症／うつ／甲状腺の病気／アルツハイマー・認知症

裏面は「更年期セルフチェック」と「漢方によるセルフケア」

98

第2章　仕事と育児・介護等との両立支援の課題

第Ⅱ部　第2章のポイント

○育児や介護等が必要な家族を持つ労働者にとっては、それらと仕事をいかに両立させていくかが極めて大きな問題となっている。

○育児をしながら働く労働者の人数は減少が続いているが、全ての労働者に占める割合は増加が続いている。また、介護をしながら働く労働者は人数も割合も増加している。

○育児休業等の制度を利用している労働者の割合について、女性は目立った増減がないものの男性が大きく増加している影響を受けて、全体でも増加している。また、介護休業等を利用している労働者の割合も増加している。

○第一子誕生時に退職した女性の割合は減少傾向にあるものの、直近では23.6%（母数を出産前就業者に限ると30.5%）が退職している。

○保育所等利用待機児童数はこの間大きく減少しているが、放課後児童クラブの待機児童数については改善が進んでいない。

○育児や介護と仕事の両立に関する各種制度の導入状況は、企業規模が小さくなるにつれ導入率が低下している。

○妊娠・出産後に離職した人の離職理由では、勤務先に両立できる働き方の制度が整備されていないことを挙げる人が多かった。また、離職した人が利用すれば仕事を続けられたと思う支援・サービスでは、気兼ねなく休める休業・休暇制度や柔軟に働ける勤務制度が上位となっていた。

○仕事と育児・介護等の両立のためには、国や自治体の制度・支援の充実と、育児や介護等に合わせて柔軟に働ける勤務環境の整備が重要であると考えられる。

第2章　仕事と育児・介護等との両立支援の課題

　働きやすい労働環境の実現に向けた課題の一つに、仕事と育児・介護等との両立をどのように進めるかがあると考えられる。連合は働くことを軸とする安心社会の実現をめざしているが、子や介護等が必要な者を持つ労働者にとっては、育児や介護等と仕事をどう両立させるかは極めて大きな問題である。

　本章では、育児や介護等をしながら働いている労働者の状況や離職者の状況、企業における各種制度の導入状況やその課題を整理し、仕事と育児・介護等との両立にむけた必要な取り組みなどについて検討を行う。

1．出産・育児や子育て、介護・看護をしながら働いている労働者の状況
(1) 育児・子育て・介護をしている有業者の状況

　令和4年就業構造基本調査によると、未就学児の育児をしている者の数は965万人となっており、そのうち有業者の数は821万人となっている。未就学児の育児をしている者に占める有業者の割合は85.2％で、前回調査（5年前）より5.9ポイント上昇している。なお、未就学児の育児をしている者の数自体は前回調査より147万人の減少、未就学児の育児をしている有業者は60万人の減少となっている。また、就学以降の状況については2023年（令和5年）国民生活基礎調査によると、6歳以上の児童がいる世帯の数は653万世帯となっており、そのうち父母のどちらか及びどちらともに仕事がある世帯の数は595万世帯となっている。6歳以上の児童がいる世帯に占める父母に仕事がある世帯の割合は91.1％となっている。介護の状況については、令和4年就業構造基本調査によると、介護をしている者の数は629万人となっており、そのうち有業者の数は365万人となっている。介護をしている者に占める有業者の割合は58.0％で、前回調査より2.8ポイント上昇している。なお、介護をしている者の数自体は前回調査より1万人の増加、介護をしている就業者は18万人の増加となっている。また、第16回出生動向基本調査及び2019年の出生順位別の出生数から2019年に出産をした労働者の数を推計すると59.5万人であった。

　このうち、育児をしている者及び育児をしている有業者の数が減少しているのは、出生数の減少が続いていることが影響していると思われる。

(2) 育児・介護休業等の利用状況

　令和4年就業構造基本調査によると、育児をしている有業者のうち、育児休業等制度を利用しているのは236万人となっている。育児休業等制度を利用している者の割合は28.7％で、前回調査より12.9ポイント上昇している。また、令和5年度雇用均等基本調査によると、女性の育児休業取得率は84.1％、男性は30.1％となっている。女性はこの間80％台で推移しており目立った増減はないが、男性の育児休業取得率は大きく増加しており5年前の3倍以上となっている。

　また、同じく令和4年就業構造基本調査によると、介護をしている有業者のうち、介護休業等制度を利用しているのは37万人となっている。介護休業等制度を利用している者の割合は10.1％で、前回調査より2.6ポイント上昇している。また、令和4年度雇用均等基本調査による

と、常用労働者のうち女性の介護休業者割合は0.1％、男性は0.04％となっており、どちらも令和元年度調査の水準から大きく変わっていない。

２．出産・育児や介護・看護を理由とした離職者の状況
(1) 出産・育児を理由とした離職者の状況

出産に伴う退職者については、第16回出生動向基本調査（2021年）によると、子どもの出産を機に退職する女性の割合は減少傾向にあるものの、2015～2019年で第一子誕生時に退職した女性の割合は23.6％（母数を出産前就業者のみとすると30.5％）、第二子では7.7％（同12.9％）、第三子では6.7％（同10.4％）となっている。

この退職者率と2019年の出生順位別の出生数から退職者数を推計すると、第一子では9.5万人、第二子では2.4万人、第三子（以上）では1.0万人の合計12.9万人が出産を機に退職していると推計される。

また、第一生命経済研究所によると、2017年の出産退職に伴う経済全体の付加価値損失は1兆1,741億円と推計されている。

育児のみを理由とした離職者数については定かではないが、令和４年雇用動向調査によると、離職理由が「出産・育児」の離職者数は6.9万人（離職者のうち0.9％）、令和４年就業構造基本調査によると、令和３年10月以降に前職を辞めた者で離職理由が「出産・育児」の離職者数は11.6万人（4.7％）となっている。また、雇用動向調査における直近５年の推移は**図表Ⅱ－２－１**のとおりである。

図表Ⅱ－２－１　育児・介護を理由とした離職者の推移

	出産・育児	介護・看護	離職者総数	離職者総数に占める割合	
				出産・育児	介護・看護
2018年	102.2	98.4	7242.9	1.4%	1.4%
2019年	101.8	100.2	7858.1	1.3%	1.3%
2020年	66.0	70.5	7272.1	0.9%	1.0%
2021年	54.1	95.2	7172.5	0.8%	1.3%
2022年	69.4	72.6	7656.7	0.9%	0.9%

単位：千人

（備考）厚生労働省「雇用動向調査」をもとに筆者作成。

(2) 介護・看護を理由とした離職者の状況

介護のみを理由とした離職者数についても定かではないが、令和４年雇用動向調査による、離職理由が「介護・看護」の離職者数は7.3万人（離職者のうち0.9％）、令和４年就業構造基本調査によると、令和３年10月以降に前職を辞めた者で離職理由が「介護・看護」の離職者数は8.3万人（3.4％）となっている。また、雇用動向調査における直近５年の推移は**図表Ⅱ－２－１**のとおり

第2章　仕事と育児・介護等との両立支援の課題

である。

これらの離職に伴う経済的損失について経済産業省によると、介護離職に伴う経済全体の付加価値損失は年間約6,500億円と推計されている（平成30年第１回産業構造審議会　2050経済社会構造部会）。さらに、同じく経済産業省によると、2030年時点ではビジネスケアラー（仕事をしながら家族等の介護に従事する者）の発生による経済的損失は約９兆円に迫ると推計されている。

また、退職までには至らないまでも、勤務形態の変更（時短勤務など）や雇用形態の変更（短時間正社員・パートなど）によって、就労時間を短くして育児や介護に充てる時間を確保せざるを得ない労働者もいると考えられる。

３．待機児童の状況
（1）保育所等利用待機児童の状況

保育所等利用待機児童の状況について、こども家庭庁によると令和６年４月時点における定員は304.5万人（前年比-0.6万人）、利用児童数は270.5万人（同-1.2万人）、保育所等利用待機児童数は2,567人（同-113人）となっている。市区町村別でみると、100人以上の保育所等利用待機児童がいる市区町村は２（同+2）、50人以上100人未満は４（同-2）、１人以上50人未満は211（同-14）となっている。都道府県別では、100人以上の保育所等利用待機児童がいる都道府県は９（同増減なし）、１人以上100人未満は22（同-1）、０人は16（同+1）となっている。なお、市区町村別で保育所等利用待機児童数と保育所等利用待機児童率（待機児童数30人以上）をみると、待機児童数では滋賀県の大津市が184人、待機児童率では三重県の東員町が4.62％で最大となっている。同様に都道府県別では、待機児童数では東京都が361人、待機児童率では滋賀県が0.91％で最大となっている。この間、政府の定義における保育所等利用待機児童数は大きく減少しており（平成29年26,081人→令和６年2,567人）、局地的あるいは特徴的な例を除けば全体としては保育所等利用待機児童については大幅な改善が進んでいる。

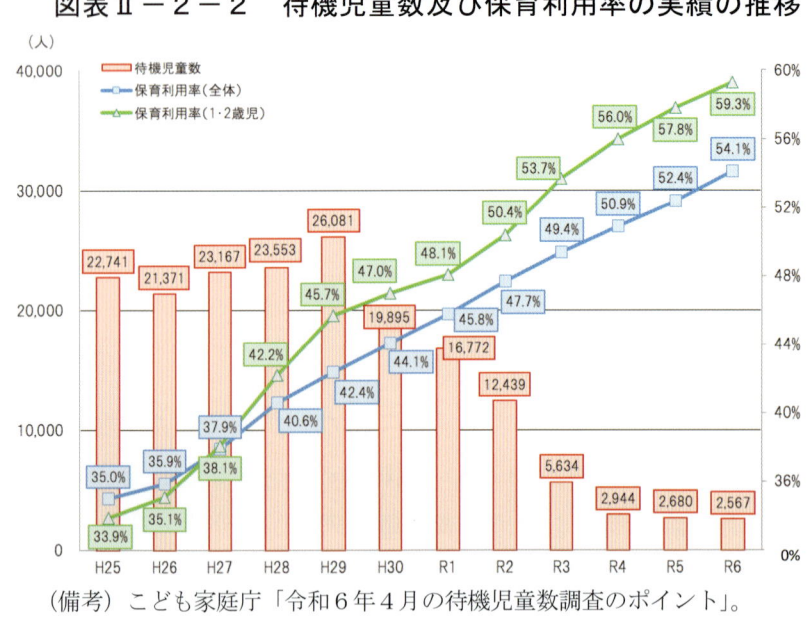

図表Ⅱ－２－２　待機児童数及び保育利用率の実績の推移

（備考）こども家庭庁「令和６年４月の待機児童数調査のポイント」。

第2章　仕事と育児・介護等との両立支援の課題

(2) 放課後児童クラブの待機児童の状況

　保育所等利用待機児童数の改善が進む一方で、就学児の待機児童をめぐる状況は厳しい状況が続いている。放課後児童クラブ（学童保育）の状況について、こども家庭庁によると令和5年5月時点における登録児童数は145.7万人（前年比+6.5万人）、支援の単位数は37,034支援の単位（同+825支援の単位）、クラブ数は25,807か所（同−876か所）、放課後児童クラブの待機児童数は1.6万人（同+0.1万人）となっている。都道府県別でみると、1,000人以上の放課後児童クラブの待機児童がいる都道府県は4（同増減なし）、500人以上1,000人未満は4（同−1）、300人以上500人未満は4（同+1）、100人以上300人未満は12（同−4）、50人以上100人未満は12（同+7）、50人未満は11（同−3）となっている。放課後児童クラブの待機児童ゼロは福井県のみであった。放課後児童クラブの待機児童数が最も多いのは東京都（3,524人）で、以下埼玉、千葉、沖縄が1,000人以上となっている。登録児童者数はこの間増加し続けており、毎年過去最高を更新している。放課後児童クラブの待機児童数については、新型コロナ禍に合わせて減少がみられたが、2022年から上昇に転じ新型コロナ禍前の水準に近づいている。

　利用を希望する児童数の増加に対して支援の単位数の増加が追いついていない状況となっており、改善はあまり進んでいない。

図表Ⅱ−2−3　放課後児童クラブのクラブ数、支援の単位数、登録児童数及び利用できなかった児童数の推移

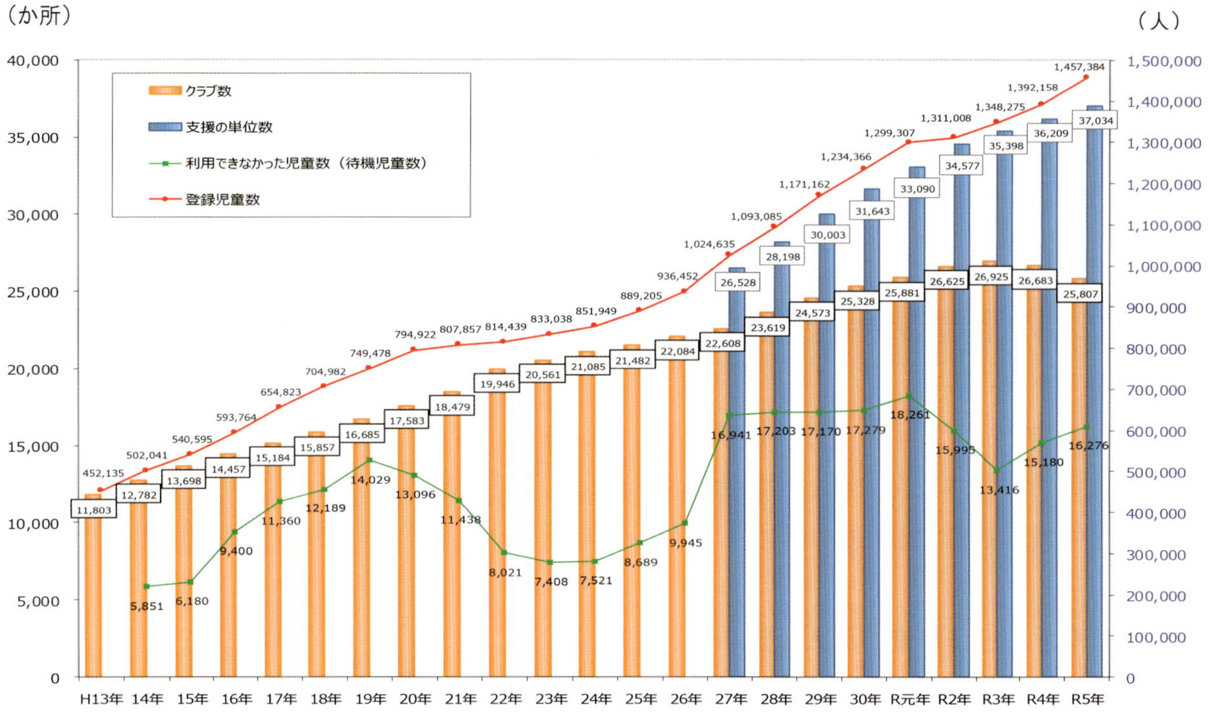

※5月1日現在（令和2年のみ7月1日現在）こども家庭庁調査
※本調査は平成10年より実施

（備考）こども家庭庁「令和5年 放課後児童健全育成事業（放課後児童クラブ）の実施状況」。

第2章　仕事と育児・介護等との両立支援の課題

　加えて、就学児については放課後だけではなく学校に登校する際の朝の時間帯にも課題がある。これは、認可保育所では保育標準時間が11時間と定められているため、ほとんどの保育所で7時台から子どもを預けることが可能であるのに対し、小学校では登校開始時間が8時台となる場合が多く、出勤時間が早い就労者は子どもを家に残して出勤せざるを得ない状況となってしまう。就学間もない子どもをこのような状況に置くことを嫌い、離職や短時間勤務への変更を選択する就労者もいると思われることから、この課題についても対応が必要であると考えられる。

4．企業（事業所）における育児・介護等と仕事の両立に関する各種制度の状況

(1) 育児に関する各種制度の導入状況

　企業（事業所）における育児と仕事の両立に関する各種制度の導入状況について、「令和5年度雇用均等基本調査」によると、育児のための所定労働時間の短縮措置等の制度を導入している事業所の割合は67.2％となっており、前年度から10.3ポイント下落している。産業別では「金融・保険業」、「電気・ガス・熱供給・水道業」などが90％を超えているが、「宿泊業，飲食サービス業」、「建設業」では50％台に留まっている。規模別では、500人以上で98.0％となっているが、規模が小さくなるにつれ割合が低くなっていき5～29人では63.0％となっている。短縮措置等の内容については、「短時間勤務制度」（61.0％）、「所定外労働の制限」（55.4％）が多くの事業所で導入されているが、「事業所内保育施設の設置・運営」（4.1％）、「育児に要する経費の援助措置」（7.5％）などは一部の事業所でしか導入されていない。規模別についてはどの項目でも規模が小さくなるにつれて導入している割合が低くなる傾向となっている。

　また、「令和4年仕事と育児の両立等に関する実態把握のための調査研究事業（企業調査）」（厚生労働省委託事業）によると、育児休業を取得しやすい雇用環境整備の措置について実施した内容では、「労働者に対する育児休業に関する制度と育児休業の取得促進に関する方針の周知」が51.7％、「育児休業に関する相談窓口の設置」が49.5％、「労働者の育児休業取得に関する事例の収集・提供」が14.5％、「雇用する労働者に対する育児休業に係る研修の実施」が11.8％となっている。こちらの調査でも、企業規模が小さくなるにつれ実施している企業の割合が低くなる傾向がみられた。

　その他、法律などで求められる措置以外にも独自の制度を設けている企業もあり、一部の企業では社員が育児休業を取得した場合に本人を除くその職場の社員全員に手当を支給することで、育児休業を希望する社員が安心して育児休業を取れるようにする制度などを設けている。

(2) 介護に関する各種制度の導入状況

　介護における各種制度の導入状況について、「令和4年度雇用均等基本調査」によると、短時間勤務制度が62.1％、始業・終業時刻の繰上げ・繰下げが32.2％、介護の場合に利用できるフレックスタイム制度が11.7％、テレワーク（在宅勤務等）が9.2％、介護に要する経費の援助制度が3.9％となっている。規模別でみると、いずれの制度についても規模が小さくなるにつれ、導

入している割合は低くなっている。

5．妊娠・出産・育児等を理由として離職した人の状況・理由等

「令和４年仕事と育児の両立等に関する実態把握のための調査研究事業（労働者調査）」（厚生労働省委託事業）では、女性の妊娠・出産・育児等を理由として離職した人への調査を行っている。

それによると、約10年以内の妊娠・出産・育児等を理由とした離職時期は「妊娠が判明して離職した」が正社員・職員37.8％、非正社員・職員48.8％と最も割合が高くなっている。出産後に限ってみると、「子が１歳以上～２歳未満の時」が正社員・職員16.4％、非正社員・職員9.2％で最も割合が高くなっている。

妊娠が判明して離職した人の離職理由について、正社員・職員では「仕事を続けたかったが、仕事と育児の両立が難しかったため」が38.1％で最も割合が高く、非正社員・職員では「妊娠・出産に伴う体調の問題があったため」が最も割合が高かった。

「仕事を続けたかったが、仕事と育児の両立が難しかったため」の詳細な理由をみると、正社員・職員では「勤務先に短時間勤務制度や残業を免除する制度などの両立できる働き方の制度が整備されていなかった」が30.6％で最も割合が高く、次いで「勤務先に産前・産後休業や育児休業の制度が整備されていなかった」が29.2％となっている。非正社員・職員では「勤務先に産前・産後休業や育児休業の制度が整備されていなかった」が41.3％で最も割合が高く、次いで「勤務先に短時間勤務制度や残業を免除する制度などの両立できる働き方の制度が整備されていなかった」が24.8％となっている。

子が１歳以上～２歳未満の時に離職した人の離職理由については、正社員・職員、非正社員・職員ともに「仕事を続けたかったが、仕事と育児の両立が難しかったため」が最も割合が高かった（正社員・職員54.9％、非正社員・職員42.0％）。

「仕事を続けたかったが、仕事と育児の両立が難しかったため」の詳細な理由をみると、正社員・職員では「勤務先に短時間勤務制度や残業を免除する制度などの両立できる働き方の制度が整備されていなかった」が42.2％で最も割合が高く、次いで「勤務地や転勤の問題で仕事を続けるのが難しかった」が26.7％となっている。非正社員・職員では「勤務先に短時間勤務制度や残業を免除する制度などの両立できる働き方の制度が整備されていなかった」が32.4％で最も割合が高く、次いで「勤務先に育児との両立を支援する雰囲気がなかった」と「自分の気力・体力がもたなそうだった（もたなかった）」がともに29.4％となっている。

また、離職した人が利用すれば仕事を続けられたと思う支援・サービスでは、「気兼ねなく休める休業・休暇制度」、「子育てに合わせて柔軟に働ける勤務制度」、「安心して子どもを預けられる預け先」が上位となっている。

第2章　仕事と育児・介護等との両立支援の課題

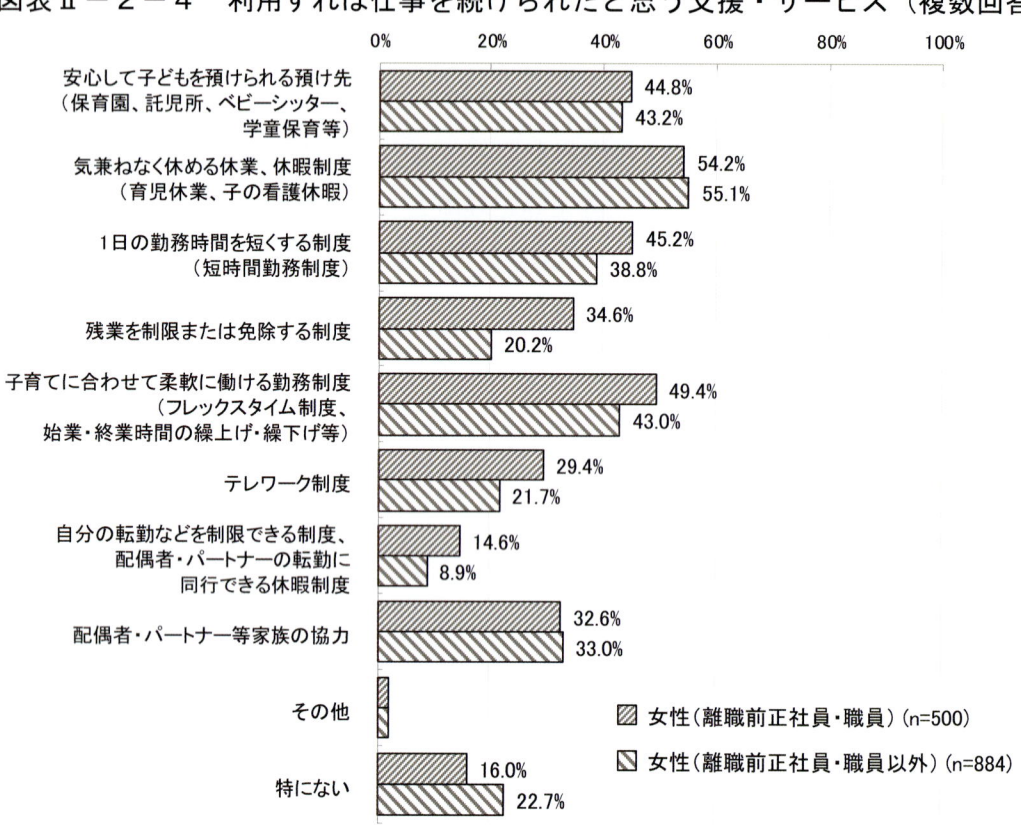

図表Ⅱ-2-4　利用すれば仕事を続けられたと思う支援・サービス（複数回答）

項目	女性（離職前正社員・職員）(n=500)	女性（離職前正社員・職員以外）(n=884)
安心して子どもを預けられる預け先（保育園、託児所、ベビーシッター、学童保育等）	44.8%	43.2%
気兼ねなく休める休業、休暇制度（育児休業、子の看護休暇）	54.2%	55.1%
1日の勤務時間を短くする制度（短時間勤務制度）	45.2%	38.8%
残業を制限または免除する制度	34.6%	20.2%
子育てに合わせて柔軟に働ける勤務制度（フレックスタイム制度、始業・終業時間の繰上げ・繰下げ等）	49.4%	43.0%
テレワーク制度	29.4%	21.7%
自分の転勤などを制限できる制度、配偶者・パートナーの転勤に同行できる休暇制度	14.6%	8.9%
配偶者・パートナー等家族の協力	32.6%	33.0%
その他		
特にない	16.0%	22.7%

（備考）株式会社　日本能率協会研究所「令和4年仕事と育児の両立等に関する実態把握のための調査研究事業（労働者調査）」（厚生労働省委託事業）。

6．仕事と育児・介護等との両立を支援するさらなる取り組みの必要性

　育児や介護によって、不本意な離職や働き方の変更・制限を防ぐためには、国や自治体による労働者や企業のための制度構築等の政策の推進や公的な支援が必要である。すでに各種休業・休暇制度、勤務時間等に関する措置・制限等や、「新子育て安心プラン」、「放課後児童対策パッケージ」（「新・放課後子ども総合プラン」の後継政策）、「介護離職ゼロ」などの取り組み、両立支援助成金の支給による就業環境整備の支援などが行われているところではあるが、各種制度の運用状況の検証や実態に合わせた制度の変更等が求められる。特に、放課後児童クラブの待機児童の課題については改善が進んでいないことから、早急な見直しが必要であろう。そのためには、空き教室などの公的施設のさらなる活用や民間施設の利用などによる場所の確保や、放課後児童支援員をはじめとした職員の処遇改善による働き手の確保などの施策が求められる。

　国や自治体の制度・支援の充実と合わせて、企業側にも労働者のニーズに応じた柔軟な働き方を可能とするような勤務体系や人事制度の構築が求められる。「令和4年仕事と育児の両立等に関する実態把握のための調査研究事業（労働者調査）」（厚生労働省委託事業）によると、女性の妊娠・出産・育児等を理由として離職した人の「妊娠判明当時の就労継続希望」について、正社員・職員では47.4％、半数近くの人が同じ会社での就業継続を希望していた。同調査での「両立のあり方に関する希望と実際の一致状況」について、離職していない人と離職した人で比較すると、

第2章　仕事と育児・介護等との両立支援の課題

どの子の年齢階層でも「希望と実際が一致していた」人の割合は離職をした人の方が離職をしていない人よりも低かった。育児を行う労働者が求める働き方が可能となるような勤務体系や人事制度があれば、離職を減らせることは明確であろう。

特に、4. でも触れたとおり、企業規模が小さくなるにつれ、各種制度の措置状況は低くなる傾向が強い。日本の企業の99%超が中小企業で、労働者の7割が中小企業で雇用されていることを踏まえれば、中小企業における各種制度の充実とそのための支援の充実が対策のカギとなるのではないか。

また、労働者のニーズをくみ取り、会社にそれを伝えるためにも労働組合の役割は重要である。上記調査では、仕事と育児の両立支援制度に関する従業員の意見を聞く手段についても調査を行っており、「労働組合との協議」は27.0%で、「管理職等による面談・社内相談窓口への相談」（50.1%）に次いで二番目であった。規模別では、1,001人以上で64.9%となっており一番目となっているが、やはり規模が小さくなるにつれ割合が低くなる傾向となっており、51～100人では17.6%となっている。労働組合がない企業も回答していると思われることから一概には言えないが、労働者にとっては一番身近な存在である労働組合の、より積極的な関与が求められる。

いずれにしても、育児や介護を理由とする不本意な離職などは労働者と企業の問題に留まらず、働き手の確保にかかわる日本経済全体の問題でもあり、その先には少子化につながる問題でもある。労働者、労働組合、企業、国・自治体などが一体となって、引き続き育児や介護などをしながら働くすべての労働者が仕事とそれらを両立できるよう取り組むことが必要であると考えられる。

第3章　働きがい/エンゲージメント向上における労働組合の役割

第Ⅱ部　第3章のポイント

○人材不足が深刻化し、人材確保・定着が企業における大きな課題の一つとなる中、その対策として、働きがいや、エンゲージメント向上に取り組む企業が増えている。厚生労働省においてもワークエンゲージメントや従業員エンゲージメントを高めることにより従業員の定着や生産性の向上が期待できるとしている。

○しかしながら、日本における従業員エンゲージメントは世界と比して低い状況にあることが判明している。その要因としては、仕事に対する姿勢がやや受け身的で、長時間労働やどんな任務と勤務場所でも引き受けることといった服従を重視している点にあるとの指摘もある。

○賃上げは働きがいを高めるための重要な要素であるが、若年層を中心に仕事に対する価値観が多様化している。人材育成やワーク・ライフ・バランスに関する制度をより充実していくことにより、企業がプライベートや生き方を含めた長期的なキャリア支援を重視しているというメッセージを発することが、従業員の会社に対する信頼感や帰属意識を高めるものと考えられる。

○従業員エンゲージメント向上は、社内の制度を構築する、またはより良いものに改善していく営みに他ならない。これは労働組合が最も役割を発揮できる分野である。組合員のニーズや価値観が多様化する昨今、組合員一人ひとりに寄り添った活動を充実することが、組合員の働きがいと労働組合の価値を高め、企業の人材確保・人材定着にもつながると考える。

1．働きがい、エンゲージメントとは

人材不足が深刻化し、人材確保・定着が企業における大きな課題の一つとなる中、その対策として、働きがいやエンゲージメント向上に取り組む企業が増えている。

人材確保・定着と働きがい/エンゲージメントの相関性については、すでに多くの先行論文があるが、本節では改めて働きがい/エンゲージメントと人材確保・定着の関係性に着目し、労働組合がはたすべき役割とより効果を発揮するための具体的な取り組みを中心に考察する。

はじめに働きがいとエンゲージメントの概念について整理したい。

厚生労働省・令和元年版労働経済の分析（概要）では働く人の「働きがい」についてワークエンゲージメントという概念を用い、ほぼ同義として扱っている。ワークエンゲージメントについては、「仕事から活力を得ていきいきとしている」（活力）、「仕事に誇りとやりがいを感じている」（熱意）、「仕事に熱心に取り組んでいる」（没頭）の三つが揃った状態、つまり仕事への態度・認知が肯定的であり、活動水準も高い状態で「働く人」と「仕事」がエンゲージされている状態にあることを指す。

さらにエンゲージメントにはワークエンゲージメントの他に、従業員エンゲージメントというもう一つの概念がある。従業員エンゲージメントには明確な定義は存在しないものの、厚生労働省が2024年1月に作成したリーフレットには、「組織がめざす方向性の理解」「個人と組織の方向性の重なり」「組織への貢献意欲」など、「働く人」と所属する「組織」や「職場」の関係性に着目した考え方との説明がある。同パンフレットでは、ワークおよび従業員エンゲージメントを高めることにより、①組織に対する従業員からの信頼が高まる、②従業員の能力が最大限に発揮される、③従業員が健康に・いきいきと働き続けられる――とし、従業員の定着や生産性の向上が期待できるとしている。

2．働きがい（ワークエンゲージメント）と人材定着率などの関係

では、実際に働きがいと定着率・離職率の関係をみてみよう。厚生労働省・令和元年版労働経済の分析（概要）によれば、「働きがい」を示す「ワーク・エンゲイジメント・スコア[1]（以下、「WEスコア」）」と入社3年後の定着率に関するD.I.（定着率が「上昇」と回答した企業の割合と定着率が「低下」と回答した企業の割合の差分）、同じく入社3年後の離職率にはともに正の相関関係がみられるとしている。これは人手不足企業にも同様の関係がみられ、ワークエンゲージメントが人材の定着に一定の効果があることが示されている。また、同白書では個人の労働生産性の向上、仕事に対する自発性や他の従業員に対する積極的な支援（役割外のパフォーマンス）、企業が認識する顧客満足度に関するD.I.において、WEスコアは正の関係性にあることが示唆されている。つまり、働きがいを高めることは働く人のみならず企業にもメリットがあると推察される。

---

[1] WEスコアは、調査時点の主な仕事（副業を除く）に対する認識として、「仕事をしていると、活力がみなぎるように感じる」（活力）、「仕事に熱心に取り組んでいる」（熱意）、「仕事をしていると、つい夢中になってしまう」（没頭）と質問した項目に対して、「いつも感じる（＝6点）」「よく感じる（＝4．5点）」「時々感じる（＝3点）」「めったに感じない（＝1．5点）」「全く感じない（＝0点）」とした上で、「活力」「熱意」「没頭」の3項目全てに回答している16,579サンプルについて、1項目当たりの平均値として算出している（厚生労働省・令和元年版労働経済の分析（概要）より）。

第3章　働きがい/エンゲージメント向上における労働組合の役割

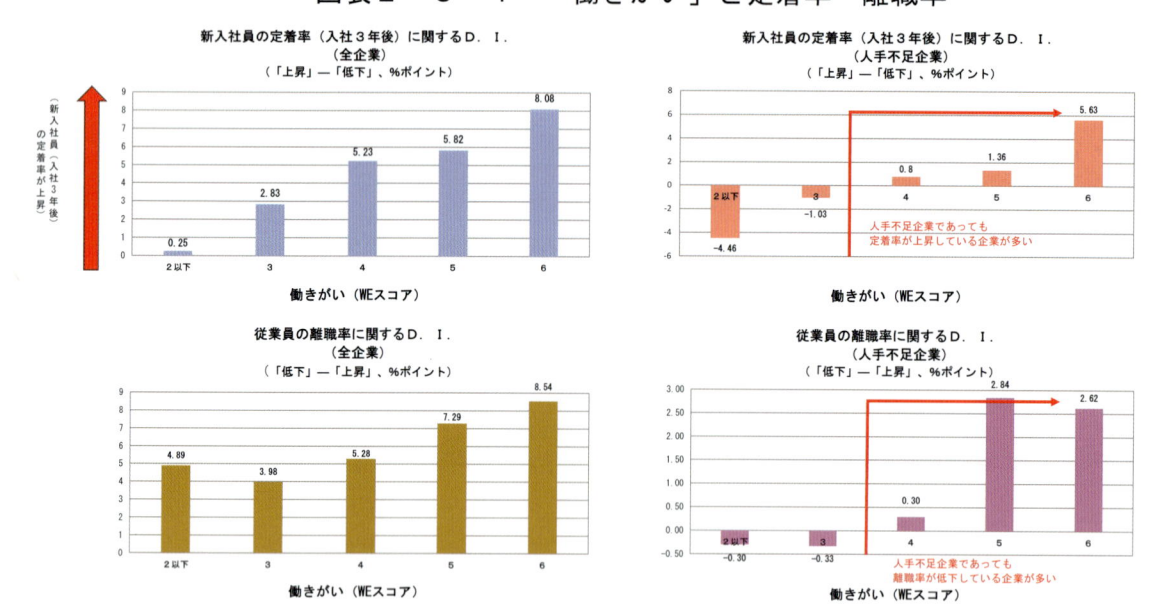

図表Ⅱ－3－1　「働きがい」と定着率・離職率

（注）
1）「新入社員の定着率（入社3年後）」は、「3年前に新規採用した正社員であって、採用後3年以上勤めている正社員数（分子）が、3年前に新規採用した正社員数（分母）に占める割合」として得た回答を示している。
2）「人手不足企業」は、正社員に関して「大いに不足」「やや不足」と回答している企業を指す。
3）「従業員の離職率」は、定年や雇用契約の満了などによる非自発的な離職は除かれている。
4）「新入社員の定着率（入社3年後）」や「従業員の離職率」は、現在と3年前の状況を比較した変化について、「大幅に上昇」「やや上昇」を「上昇」とし、「やや低下」「大幅に低下」を「低下」としている。
5）ワークエンゲージメントは、調査時点のスコアを活用しており、四捨五入により整数としている。
6）左上図、右上図は、現在と3年前を比較した「新入社員の定着率（入社3年後）」について、「上昇」と回答した企業の割合と「低下」と回答した企業の割合の差分を示している。
7）左下図、右下図は、現在と3年前を比較した「従業員の離職率」について、「低下」と回答した企業の割合と「上昇」と回答した企業の割合の差分を示している。
（備考）厚生労働省・令和元年版労働経済の分析（概要）から引用し、連合総研で一部修正。

3．日本における従業員エンゲージメントの状況

次にニッセイ基礎研究所が2022年7月に公表したレポートを参考に、日本における従業員エンゲージメントの状況をみてみよう。

同レポートでは日本における従業員エンゲージメントの強い社員の割合は5％（**図表Ⅱ－3－2**）で、調査対象129カ国中128位であり、米国・カナダで30％以上、同じ東アジアでも25％を超えていることからも「熱意のあふれる社員の割合は世界と比較して日本は低い」と指摘している。

また、日本における従業員エンゲージメントが低いことの要因として、「仕事に対する姿勢がやや受け身的で、経営陣や上司が決めたことに従うという傾向」があることや「自分の会社がどこに向かおうとしているのか、そのなかで自分はどんな仕事をすべきか、一般社員が考えて提案するような風土に乏しい」「仕事について、スキルとアウトプットでなく、長時間労働や、どんな任務と勤務場所でも引き受けることといった、服従を重視している」など識者の意見を紹介している。

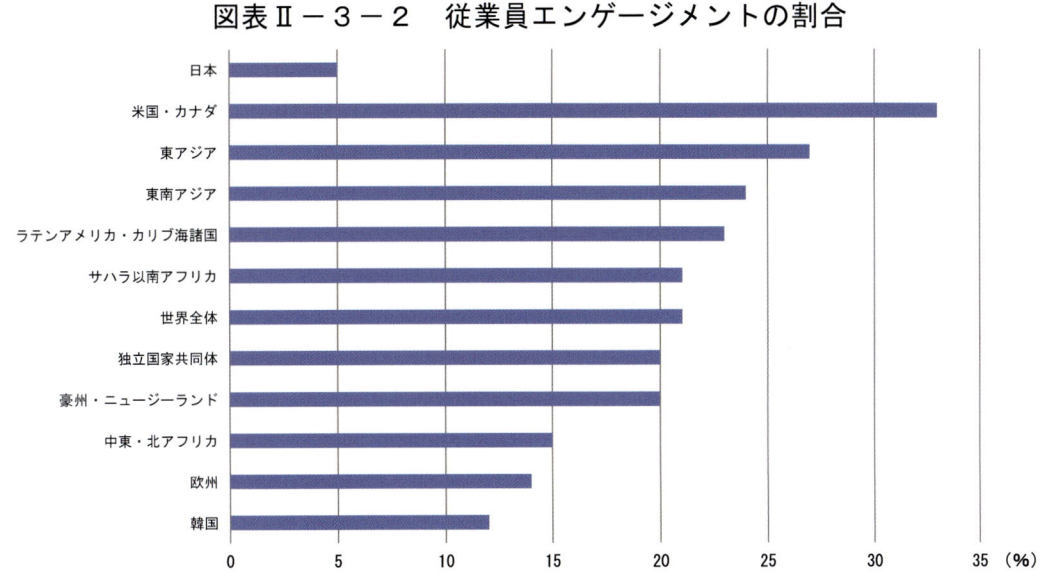

図表Ⅱ－3－2　従業員エンゲージメントの割合

（備考）ニッセイ基礎研究所レポート「日本の従業員エンゲージメントの低さを考える」から引用し、連合総研で一部修正。

4．従業員の働きがいを高めるために

　前項1～3で働きがい、エンゲージメントの定義や定着率との関係、日本の状況についてみてきた。それらを踏まえ、ここでは働きがいとワーク／従業員エンゲージメントの概念をさらに整理してみたい。まずワークエンゲージメントは、①仕事のやりがい、②仕事への熱量、③仕事から得る活力——といった個人と仕事の関係に着目している。一方、従業員エンゲージメントは①組織が目指す方向性への理解、②個人と組織の方向性の重なり、③組織への貢献意欲——といった個人と組織の関係に着目している。働きがいは、働くことから得られる心の満足や価値であり、複数の要素が絡み合って形成されるものであることを踏まえると、ワークエンゲージメント、従業員エンゲージメントがともに高い状況であれば、働きがいもより高まるといえるであろう。

　ここで留意すべきは、従業員の働きがい向上のためには企業はどちらのエンゲージメントにより注力すべきかという点である。もちろん両方のエンゲージメントを高めることができればそれにこしたことはないが、ワークエンゲージメントは個人と仕事の関係性、つまり個人の感覚や考え方に依存しており、企業がそこに直接的に対応することは難しいのではないだろうか。加えて、仕事への過剰な没頭は長時間労働にもつながりかねず、心身の健康に影響を及ぼす恐れもある。一方、従業員エンゲージメントについては個人と組織の（良い）関係であることに着目したい。つまり、組織と個人の関係性には、社内規則や労働協約などが介在することから、ある程度その関係性を人為的にコントロールすることが可能であり、それらの対応に労働組合が積極的に関わることができるのは言うまでもない。

　さらに仮にワークエンゲージメントが高い状況にあっても従業員エンゲージメントが低い状況にあれば、潜在的な転職願望者は増大し、ワークエンゲージメントが高く、優秀であればあるほど、実際に転職への行動に移す者も多くなることは容易に推察できる。したがって、今回のテーマである人手不足を踏まえた人材確保・定着の施策としては、従業員エンゲージメントを高める

第3章　働きがい/エンゲージメント向上における労働組合の役割

制度づくりに注力すべきといえよう。

5．働きがい（従業員エンゲージメント）を高める項目の検討

　働きがいを高める具体的な施策でまっさきに挙げられるのは賃金や賞与の引き上げであろう。賃金の経年指数は1991年を100とした場合、ＯＥＣＤ主要国は大幅に上昇しているが日本はほとんど上昇しておらず、昨今の物価上昇もあいまって国内では賃金引き上げへの追い風が吹いている。一方で、若年層を中心に仕事に対する価値観が賃金の高さ以外にも多様化している。例えばＺ世代では自分らしさを尊重する傾向が強く、柔軟な働き方を認めてくれる企業を求める一方で、キャリアアップの機会や成長できる環境も重視しているといわれている。

　ＮＨＫが就職活動をしている大学生を対象に面接・試験・内定・インターンシップ等「就活」に関するニュースやデータを提供するサイト「大学生とつくる就活応援ニュースゼミ」[2]によると、20代前半（20歳〜24歳）の若者に「仕事を選ぶ上で重視することは何か」（2022年調査）を尋ねた結果、上位３つは「休みが取れる/取りやすいこと」（38.0％）、「職場の人間関係がよいこと」（36.9％）、「仕事とプライベートのバランスがとれること」（33.5％）で、「希望する収入が得られること」は４番目（31.6％）、「自分のやりたい仕事であること」は５番目（25.5％）であった（図表Ⅱ－3－3）。

図表Ⅱ－3－3　仕事を選ぶ上で重視すること
（27項目から優先度の高い５つまでを選択）

順位	項目	割合
１位	休みが取れる/取りやすいこと	38.0％
２位	職場の人間関係がよいこと	36.9％
３位	仕事とプライベートのバランスがとれること	33.5％
４位	希望する収入が得られること	31.6％
５位	自分のやりたい仕事であること	25.5％

（１位〜４位：30％以上）

（備考）ＮＨＫホームページ「大学生とつくる就活応援ニュースゼミ」より（https://www3.nhk.or.jp/news/special/news_seminar/syukatsu/syukatsu1049/　2024年10月15日時点）。

　また、３年前の同調査と比較し、仕事選びの重視点で上昇したものとしては、「色々な知識やスキルが得られること」が７ポイント増、「資格や免許の取得に繋がること」が８ポイント増、「入社後の研修や教育が充実していること」が５ポイント増となっている（図表Ⅱ－3－4）。

---

[2] https://www3.nhk.or.jp/news/special/news_seminar/syukatsu/syukatsu1049/

第3章 働きがい/エンゲージメント向上における労働組合の役割

図表Ⅱ－3－4　仕事を選ぶ上で重視すること（2022年調査と2019年調査の比較）

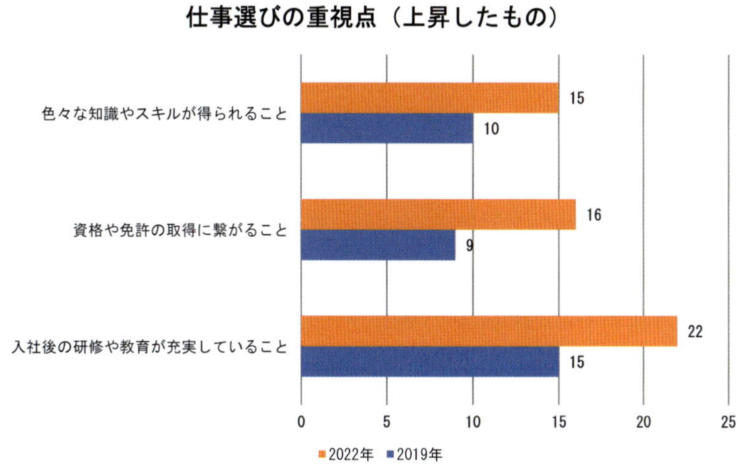

仕事選びの重視点（上昇したもの）

項目	2022年	2019年
色々な知識やスキルが得られること	15	10
資格や免許の取得に繋がること	16	9
入社後の研修や教育が充実していること	22	15

（備考）NHKホームページ「大学生とつくる就活応援ニュースゼミ」より（https://www3.nhk.or.jp/news/special/news_seminar/syukatsu/syukatsu1049/　2024年10月15日時点）。

　今後の人材確保に向けては、若年層が仕事選びの際に何に重点をおいているかなどを参考に、人材育成やワーク・ライフ・バランスに関する制度をより充実していくことにより、企業が単に仕事だけではなく、プライベートや生き方を含めた長期的なキャリア支援を重視しているというメッセージを発することが、従業員の会社に対する信頼感や帰属意識を高めるものと考えられる。

　さらに従業員エンゲージメントを高めていくためには、先にも述べたとおり組織が目指す方向性への理解や個人と組織の方向性の重なりが求められることから、個人の業務への動機づけが極めて重要である。また、従業員の組織への貢献意欲については、もちろん動機づけがあってこそではあるが、個人の業務に対する姿勢や成果について適切に評価・フィードバックし、再度動機づけするというサイクルが必要不可欠であろう。

　以上、本節では働きがいについて従業員エンゲージメント向上の観点から基本的な取り組みを示したが、先述したとおり組織と従業員の（良い）関係は就業規則や労働協約が介在することから、取り組み範囲は当然これだけにはとどまらず、その対象は雇用管理制度全般に及ぶといっても過言ではない。

6．労働組合の役割と対応について

(1) 多様化する組合員ニーズの把握と対応

　前5．項で従業員エンゲージメント向上に関する取り組みの範囲を雇用管理制度全般であると述べた。つまり、従業員エンゲージメント向上は、社内の制度を構築する、またはより良いものに改善していく営みに他ならない。これは労働組合が最も役割を発揮できる分野であるが、それは労働組合が常に組合員のニーズを把握している、把握する取り組みをしっかり実施していることが前提になっていることは忘れてはならない。とりわけ意見の言いにくい企業風土であれば、労働組合の本取り組みはますます重要となってくる。

第3章 働きがい/エンゲージメント向上における労働組合の役割

　先述したとおり若い世代を中心に働くことへの意識や価値観が多様化し、組合員のニーズにおいても同様の傾向がみられる中、既存のオルグや職場集会のような大人数かつ集合型によるニーズの把握では、多様化への対応が難しいことが想定される。また、自律的な学び、いわゆるリスキリングとのセットで主体的なキャリア形成を従業員に促す企業も昨今増えているが、これまで会社主導でキャリアを形成してきた中高年層にとっては難しさを感じるのではないだろうか。このような多様化するニーズや個々人のキャリア形成の課題に労働組合が対応していくには、相談会の開催など、組合員一人ひとりに寄り添う仕組み、とりわけ「場」の構築が有効であろう。その際、効果の観点から対面での対応が望ましいが、稼働や費用を考慮しWEB会議システムを活用することも検討に値する。なお、リスキリングおよび主体的なキャリア形成に関する労働組合の役割については、「2023～2024年度経済情勢報告」で考察しているのでご参照願いたい。

(2) 制度化によるルールの明確化

　幅広い雇用管理制度の中でも賃金制度は従業員の関心が最も高いものの一つであろう。しかしながら中小企業の一部にはどのようなときに賃金が上がるのか明確になっていないなど、賃金制度が確立していないケースや大企業においても定期昇給が制度化されていないことも少なくない。評価や業績に応じて賃金が増減する制度であっても、定期昇給が具体的な形で制度化されることは、長期に勤めることで自分の賃金がどのように上がっていくか将来にわたり一定可視化されることから、従業員の経済的な将来の安心にもつながり人材定着にも効果があると考える。賃金制度の大幅な組み換えや見直しは、制度に精通した人材が必要であるなど、とりわけ中小企業ではハードルが高くなりがちであるが、同業他社や同規模企業の賃金制度の事例が大いに参考になる。とりわけ産別労働組合の多くは各加盟単組の賃金制度や見直し事例を含め、賃金制度構築のノウハウを有しており、協力を仰ぐことで対応のハードルがより低くなると考える。

(3) 制度運用状況の把握とさらなる改善に向けて

　制度は、制度趣旨に沿って運用されてこそ意味を成すものであり、また趣旨どおりに運用された場合においても、制度設計時には想定できなかった運用上の課題が顕在化されることもある。したがって、制度の運用状況は労働組合としても適宜把握し、問題点を会社と共有した上で改善に向けた対応が求められる。

　この他にも従業員へ制度趣旨が浸透しきれていない、または制度運用の結果のフィードバックがなされていない等の理由で発生する問題も少なくない。部下の育成やモチベーション向上のために昨今1on1ミーティング[3]を取りいれる企業が増えてきているが、このような問題を把

---

[3] 上司が部下の育成やモチベーション向上を目的に行う個人面談。週に1回～月に1回といった定期的なペースで上司が部下の現状を聞き、その内容にフィードバックしていくことで、部下の成長を促すことにつながる。

握し、解消するためにも評価できる取り組みであり、まだ導入していない企業には労働組合から導入提案をすることも検討に値する。

　ここで留意したい点は１on１ミーティングに対応する上司は部下と職場を同じくする直属の上司で、その場合、その上司はプレイングマネージャー[4]であることが多いということである。プレイングマネージャーは文字通り自身の業務はもちろん、職場全体の業務のマネジメントや１on１ミーティング以外にも、例えば評価制度にもとづく目標設定や評価結果のフィードバックなどの定期的な面談も担当しており、極めて多忙な状況であることが容易に推察される。「プレイングマネージャーは日々の多忙な業務に追われて、全体の管理や部下指導・育成が疎かになっている」との識者の指摘もある。質の高い１on１ミーティングによる指導・育成は人材定着にも有効であることは言うまでもない。労働組合は組合員の働きがいのためにも直属の上司の労働時間等にも留意し、適切にマネジメントできる環境整備を会社に求めていくことも必要であろう。これらの環境整備は出世欲がない、昇進に興味が薄い、管理職になりたがらないといわれる若年層の「管理者離れ」の歯止めにも一定成り得るものと思われる。加えて、会社側の１on１ミーティングと先述した労働組合の相談会などで出された課題やニーズを労使ですり合わせることで、より効果の高い対策が取れることも付言しておきたい。

(4) 労働組合の価値向上

　厚生労働省が公表した2023年の日本における労働組合の組織率は16.3％と低位にあるものの、ＩＣＴ・ＡＩなど情報通信技術の急速な発展やカーボンニュートラルへの対応などグローバル規模での産業構造の変化の時代に突入し、雇用動向の先行きがより不透明になる中、労働組合の必要性・重要性はより高まってくると思われる。もちろん、それは労働組合が求められる役割を発揮していることが前提ではあるが、企業にしっかりとした労働組合があることは本来であれば学生が就職先企業を選択する際の重要なファクターとなるべき事項である。

　組合員のニーズや価値観が多様化する昨今、労働組合の対応はますます難しく、より手間ひまがかかると思われるが、組合員一人ひとりに寄り添った活動を充実することが、組合員の働きがいと労働組合の価値を高め、企業の人材確保・人材定着にもつながると考える。

---

[4] 一人のプレイヤーとしての業務と管理職としてのマネジメント業務、両方の業務を担う立場。2019年に実施したリクルートワークス研究所調査では、マネージャーの約９割がプレイングマネージャーであった。

第4章　社会的役割を担う労働組合

第Ⅱ部　第4章のポイント

○労働組合は「賃金」「雇用」といった経済的条件の向上だけでなく、労働者の「健康」「キャリア形成」「家族の幸せ」「つながり」「経営の健全化」「地域の自治」においても重要な役割を果たしている。

○「健康」では、怪我・事故の防止といった身体的安全性に加えて、精神的健康の維持や生活習慣病の防止など、労働組合の取り組み範囲が拡大している。

○「キャリア形成」では、組合によるリスキリング施策の推進やキャリアカウンセリングなど、拡大の余地がある。

○「経営の健全化」では、労働組合は経営による不適切行為のチェックや、問題発生時の原因解明や再発防止の一翼を担っている。

○労働組合が重視してきた労働時間やワークライフバランスは「家族の幸せ」につながる。少子高齢化が進展している日本ではますます重要な取り組みである。

○世界的に孤独・孤立が社会課題になっているが、労働組合は人々の「つながり」を育み、広げるソーシャル・キャピタル（社会関係資本）である。

○人口減少により「地域の自治」の維持が難しくなっているが、労働組合を市民生活や地域経済、地域社会の支え手と位置づけることができる。

○労働組合を経済条件を向上するための連帯としてだけでなく、社会的役割の担い手と位置づけていくことが、社会の持続可能性を高めていく。

第4章　社会的役割を担う労働組合

1．労働組合の存在意義

　労働組合は労働条件の改善や労働者の地位向上のための組織である——。労働組合に対するこうした認識は、労働組合法の条文を持ち出すまでもなく、広く浸透している[1]。とくにここ数年は、物価上昇や格差拡大、技術革新やコロナ禍の影響など、さまざまな要因があいまって、先進国では労働組合の存在感が飛躍的に高まっている。

　例えば、アメリカでは2023年、全米自動車労働組合（ＵＡＷ）が自動車大手３社と４年半で25％という大幅な賃上げで合意した。労働組合は必要ないと従来考えられてきたＩＴ産業でも、ＧＡＦＡＭ（Google（Alphabet）、Apple、Facebook（Meta）、Amazon、Microsoft）で労働組合の結成や労働組合との連携が相次ぐ[2]。2023年にはアメリカ財務省から『労働組合と中間層』という政策レポートも発表され、労働組合政策が強化された[3]。

　日本でも、2024年の春闘では賃上げ率が５％を超え30年ぶりの水準となった。2023年には、そごう・西武労働組合が大手百貨店では60年ぶりとなるストライキを行い、ＡＢＣマートではひとりのパートタイム労働者が総合サポートユニオンに加入し賃上げを求めたことが契機となり、パートタイム労働者やアルバイト約5,000人の賃上げが実現した。

　このように賃金や雇用などの労働条件の維持・改善は、組合活動の中軸である。それはこれまでも、これからも不変である。しかしその一方で、労働組合の組織率は低下し、存在感の低下が指摘されてきた[4]。このことは、連合総研が半年ごとに行っている「勤労者短観（勤労者の仕事と暮らしに関するアンケート）」の2003年調査と2022年調査の比較からも確認できる。2003年から2022年にかけて、「勤め先に労働組合があるかどうかわからない」は10％から22％に倍増し、労働組合は企業に対して「何も影響をあたえない」は10％から36％に、組合員に対して「何も影響を与えない」は11％から36％に増加している。分析した梅崎（2024）は、労働組合に対する無理解・無関心の拡大は、労働組合に対して賛否がわかれている状況よりも危惧すべきだと警鐘を鳴らす[5]。労働組合は、労働者や生活者のためにどんな取り組みを行っているのかあらためて言語化し、共通認識をつくっていく必要がある。

2．労働組合の社会的役割

　今日、労働組合が担っている役割は経済的条件の維持・向上よりもはるかに広く、活動内容は多岐にわたる。労働組合の主な社会的役割をⅡ－４－１にまとめた。

　賃金や雇用などの「経済的条件」を中心に、その外縁に「健康」「キャリア形成」「経営の健全化」「家族の幸せ」「つながり」「地域の自治」がある。後述するように、これらは労働組合が従来から

---

[1] 労働組合法 第二条 この法律で「労働組合」とは、労働者が主体となつて自主的に労働条件の維持改善その他経済的地位の向上を図ることを主たる目的として組織する団体又はその連合団体をいう。
[2] Google（Alphabet）、Apple、Amazonで労働組合が結成され、MicrosoftはAFL-CIOとのパートナーシップ締結を発表している。
[3] 中村天江（2024）「米バイデン政権『労働組合と中間層』―報告書のメッセージと日本への示唆―」『DIO』391号
[4] 熊沢誠（2013）『労働組合運動とはなにか 絆のある働き方をもとめて』岩波書店、道幸哲也（2023）『岐路に立つ労使関係 ―労働組合法の課題と展望―』旬報社など。
[5] 梅崎修（2024）「批判されるより怖いこと 「勤労者短観調査」の20年の比較」『労働組合の「未来」を創る ―理解・共感・参加を広げる16のアプローチ』連合総合生活開発研究所

第4章　社会的役割を担う労働組合

重点的に取り組んできた活動だが、時代の変化によりその内実が変わり、範囲も広がりつつある。さらにその外側には、「産業発展」「問題提起」「社会運動」「政策実現」「社会貢献」「国際的連帯」が並ぶ。単組は前者に注力し、産別労組やナショナルセンターは両者について一体的に取り組んでいる。

　そこで本稿では、伝統的な守備範囲の外側に広がる労働組合の社会的役割について考察する。とくに単組が果たす「健康」「キャリア形成」「経営の健全化」「家族の幸せ」「つながり」「地域の自治」について論じる。

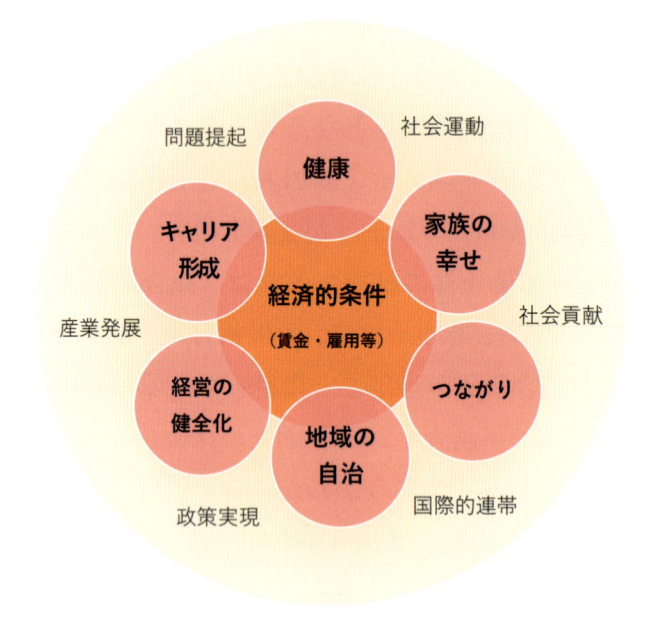

図表Ⅱ－4－1　労働組合の社会的役割

（備考）中村天江作成。

3．環境変化による期待役割の拡大

　労働組合の社会的役割について考えるにあたり、あらためて、連合総研が半年ごとに実施している「勤労者短観（勤労者の仕事と暮らしに関するアンケート）」の2003年調査から2022年調査における主な変化を紹介しておきたい[6]。

　図表Ⅱ－4－2「労働組合への期待の変化（2003年と2022年の比較）」では、2003年から2022年にかけてほぼすべての項目で値が低下しているなか、「わからない」「特にない」「セクシャルハラスメント、パワーハラスメントの防止」だけは値を大きく伸ばしている。ハラスメント項目はこの間、選択率が5倍近く増えており、深刻で切実な問題になっていることがわかる。

　なぜこのようなことになっているのか確認するために、性別と雇用形態（男性正社員、男性正

---

[6] 「勤労者短観（勤労者の仕事と暮らしに関するアンケート）」の2003年調査と2022年調査は調査対象・調査方法が同じではない。2003年調査は全国政令指定都市の20代〜50代を対象とした郵送調査、2022年調査は全国の20代〜60代前半を対象としたWeb調査である。また、2022年調査の「セクシャルハラスメント・パワーハラスメント防止」は、2003年調査では「セクシャルハラスメントの防止」という選択肢であった。

第4章　社会的役割を担う労働組合

図表Ⅱ－4－2　労働組合への期待の変化（2003年と2022年の比較）

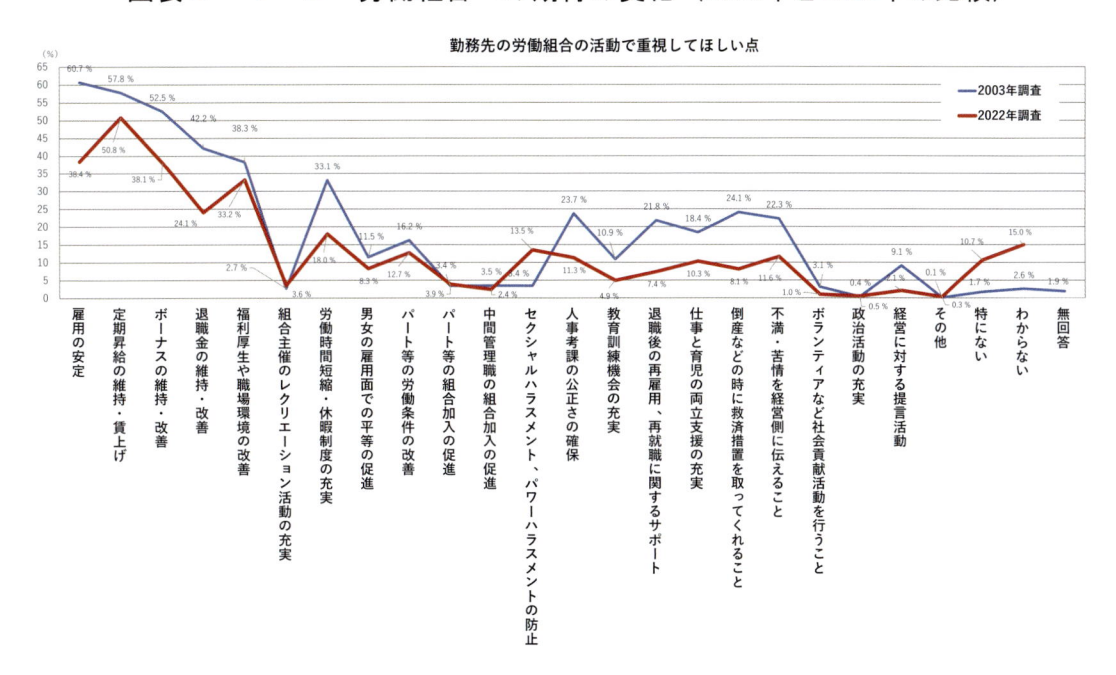

勤務先の労働組合の活動で重視してほしい点

（備考）連合総合生活開発研究所「勤労者短観（勤労者の仕事と暮らしについてのアンケート）」。

図表Ⅱ－4－3　労働組合への期待（2022年調査、属性別）

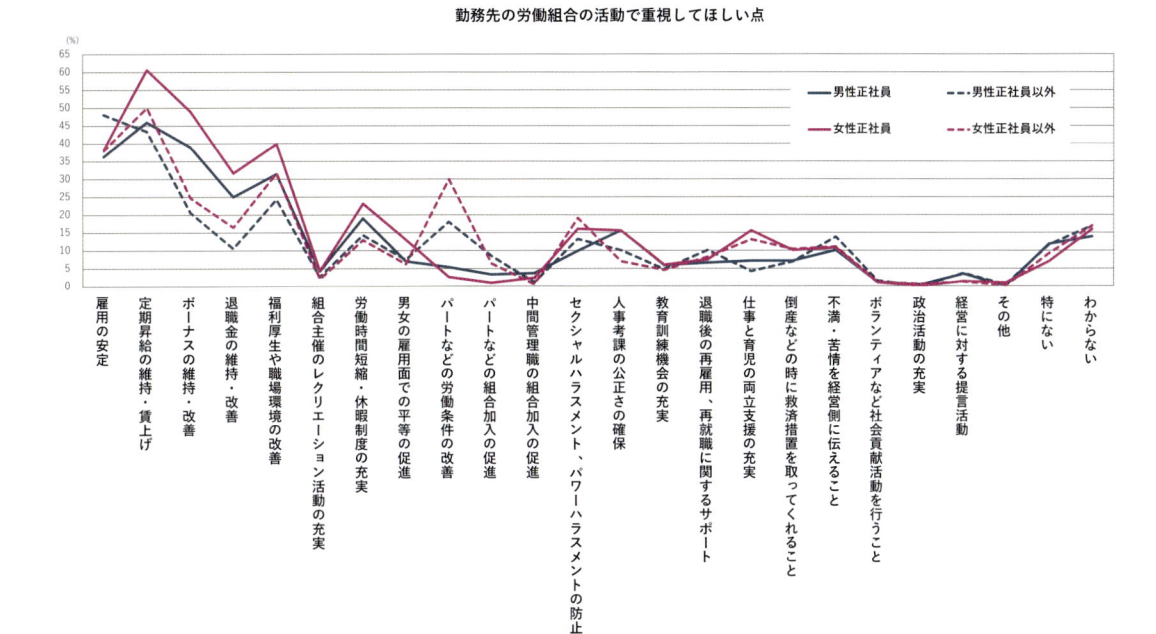

勤務先の労働組合の活動で重視してほしい点

（備考）連合総合生活開発研究所「勤労者短観（勤労者の仕事と暮らしについてのアンケート）」。

社員以外、女性正社員、女性正社員以外）にわけて、2022年調査の集計をしたのが**図表Ⅱ－4－3**「労働組合への期待（2022年調査、属性別）」である。まず選択率が大幅に増えた「セクシャルハラスメント、パワーハラスメントの防止」をみると、選択率は男性正社員が最も低く、男性正社員以外、女性正社員、女性正社員以外の順に高くなり、男性正社員と女性正社員以外では約2倍も

119

第4章　社会的役割を担う労働組合

の開きがある。つまり、女性の労働参加や雇用形態の多様化によって、重要度の高い問題が変わりつつある。

この観点で**図表Ⅱ－４－３**をみると、「仕事と育児の両立支援の充実」も男性と女性で選択率に大きな開きがあり、今日重要性が増している課題であることがわかる。なお、「仕事と育児の両立支援の充実」では男性正社員に比べ男性正社員以外の選択率が低いが、これは男性正社員以外が育児との両立を軽視しているからではなく、不安定雇用や低賃金から結婚や子育てにいたらないことが背景にあると考えられる。実際、男女ともに正社員以外の「パートなどの労働条件の改善」の選択率は正社員の数倍となっている。他方、正社員の「労働時間短縮・休暇制度の充実」の選択率は正社員以外よりも高い。賃金や労働時間は家庭生活を考えるうえで切っても切れない。

この20年間で、女性の労働参加が進み、雇用形態が多様化したことにより、労働者のニーズは多様化している。ハラスメントやワークライフバランスに対する意識の高まりも、労働組合に対して従来とは異なる問題への対応を求めるものである。

一方、2003年、2022年調査いずれにおいても、「組合主催のレクリエーションの充実」や「ボランティアなど社会貢献活動を行うこと」「政治活動の充実」の選択率は低い。この数値をそのまま受け取れば、「つながり」や「地域の自治」といった労働組合の社会的役割は期待されていないことになる。しかし、少子高齢化と人口減少が進んでいるわが国では、地域の活力維持が極めて重要な社会課題になっている。労働組合は従来からこの領域で取り組みを重ねており[7]、学術的にも労働組合がコミュニティのつながりを豊かにし、活性化するソーシャル・キャピタル（社会関係資本）になりうると指摘されてきた[8]。したがって、労働組合のコミュニティ活動は過小評価されている可能性が高く[9]、活動内容のアップデートとともに、位置づけをとらえ直す必要がある[10]。

４．働く人々の健康

現代社会において重要性が増している労働組合の社会的役割のひとつは、働く人々の「健康」である。「第１章 労働者の健康維持管理」で詳述したように、日本では長寿化により職業人生が長くなっており、長い職業人生における健康の維持・増進は、個人にとっても、企業の事業運営や社会の経済活性化においても極めて重要になっている。

働く人々の「健康」には、①身体的な怪我や事故の防止、②精神的健康（メンタルヘルス）の確保、③仕事と治療・通院の両立、④加齢によって増加する心身症状への対処、など多様な課題が存在する。労働組合は昔から安全衛生には力を入れており、職場での怪我や事故を防止するために熱心に取り組んできた。

図表Ⅱ－４－４が示すように、労働災害による死亡者数は減少しており、この間の安全衛生に

---

[7] 連合総研の機関誌『DIO』400号の特集「地域と共にある労働組合」において、労働組合による個人のつながりの創出や、ボランティア活動、地域レベルでの政策決定への関与の取り組みを紹介している。
[8] 中村天江（2024）「ソーシャル・キャピタルとしての労働組合」『DIO』400号
[9] 中村天江（2024）「労働組合は職場と地域のソーシャル・キャピタルになれるか？」『DIO』400号
[10] 梅崎修（2024）「離れた職場に連帯（つながり）を生むコミュニケーション・デザイン」『労働組合の「未来」を創る―理解・共感・参加を広げる16のアプローチ』連合総合生活開発研究所

第4章　社会的役割を担う労働組合

関する取り組みが成果をあげてきたと評価できる。労働時間の適正化や休暇の取得、制度利用に関しても、労働組合は長きにわたって取り組んでいる。他方、近年、②精神的健康の確保や、生活習慣病や更年期障害、身体機能の低下といった④加齢による変化への対応の必要性が高まっている。労災による死亡者数が減少しているのとは対照的に、精神障害による労災請求件数は増加の一途をたどっており（**図表Ⅱ－4－4**）、「安全」の範囲が、身体的なものから精神的なものにまで大きく広がっている。職場における過度な成果主義や業務過多、マネジメント不全、パワーハラスメントなど、さまざまな問題により、高ストレスをかかえて、メンタルダウンする人が相当数になっている。

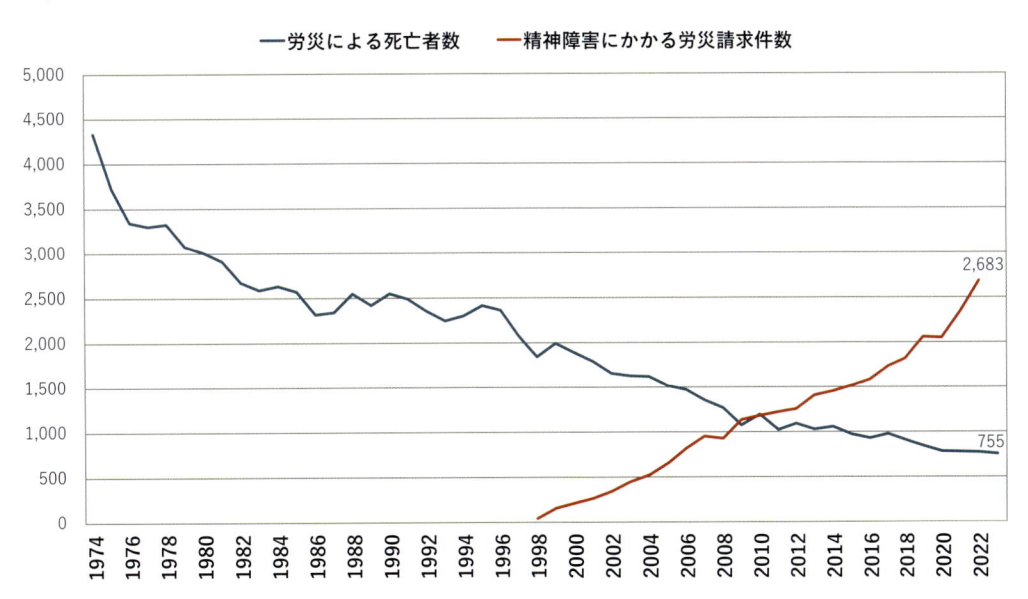

図表Ⅱ－4－4　労災による死亡者数と精神障害にかかる労災請求件数の推移

（備考）厚生労働省「労働災害発生状況」「過労死等の労災補償状況」。

　さらに近年は、職場内だけでなく顧客によるハラスメント「カスタマーハラスメント」も大きな問題になっている。カスタマーハラスメントに関してはUAゼンセンなどの取り組みが奏功し、自治体での条例化や法制化の検討が進んでいる。2024年8月にまとめられた厚生労働省「雇用の分野における女性活躍推進に関する検討会　報告書」では、職場のハラスメントは許されるものではないという趣旨を法律で明確にすることが提起されている[11]。

　働く人々の「健康」は、労働組合がこれまでも重視し、実績を重ねてきた領域である。健康に関する課題が増えるなかで、労働組合の活動射程も「身体的安全」から「健康」全体に広げ、推進していくことが強く期待される。

---

[11] 厚生労働省『雇用の分野における女性活躍推進に関する検討会　報告書　～女性をはじめとする全ての労働者が安心して活躍できる就業環境の整備に向けて～』（座長：佐藤博樹東京大学名誉教授）

5．キャリア形成

技術革新やグローバル化による環境変化により、キャリア形成の重要性が非常に高まっている。個人にとって新たなスキルを身につけることが、環境変化を乗り越え、長く働き続けるために不可欠となっている。近年、リスキリングに関する政策・企業施策が拡充されているなかで、労働組合でも組合員のスキル・キャリア形成に積極的に取り組んでいるところがある。

例えば、ジェーシービー従業員組合は、組合員の資格取得や自己啓発のために補助金を出している。資格取得については、会社側が指定した業務に関連する資格の取得を目指す場合に、労働組合から1回1万円の補助金を出している。つまり、ジェーシービーでは、労働組合は資格取得に向けた取り組みに対して（結果的に資格取得ができなくても可）、会社は資格を取得した結果に対して、補助金を出すという二面支援を行っている。ジェーシービー従業員組合はリスキリング施策の強化により、組合員の組合プラットフォームの利用率が50％まで上昇しており、キャリア形成支援と組合活性化の好循環が回っている[12]。

また、Mitsui People Union（三井物産労働組合）では、組合執行部がキャリアコンサルタントの資格を取得し、組合員のキャリア相談にのっている。労働組合は社内の事情に通じ、個人側に立ったアドバイスができるという点で、企業人事や転職エージェントによるキャリア相談にはない優位性がある。Mitsui People Unionも組合活動に対する社員の関心が高く、労働組合に活気がある[13]。

これらの事例に共通するのは、経営側の教育訓練施策だけでは足りないところを、労働組合が自ら見出し、施策に昇華し、それが組合活性化につながっているという点である。いずれも、労使の施策が重層的に機能している。環境変化を乗り越えていくためには、労働組合も個人のスキル・キャリア形成への関与を強化し、経営側と補完的・相乗的に取り組んでいくことが肝要である。

6．経営の健全化

ここまで個人の職業キャリアの長寿化への対応を述べてきたが、企業の持続可能性を高めることもまた労働者にとって重要である。このところ、一般に優良企業とみなされている企業も含め、経営層による不適切行為や不正検査などの問題が相次いでいる。事態の放任は経営リスクを高めるが、こうした不適切行為は長い慣行や慣習に根づいていることが多く、問題を可視化し、対策を講じることが容易ではない。しかし労働組合は、企業内でチェック機能を果たし、業務の適正化や不正の再発防止の旗をふることができる。

実際、連合総研が2019年に発表した『企業危機の克服と労働組合の存在意義の最大化に向けて―コーポレートガバナンスと労働組合の役割に関する調査研究委員会報告―』によれば、労働組合は不適切行為等が起きた際、労使会議等を通じて、正しい情報の迅速な入手や現場の声の伝達・共有などを行ったり、再発防止への取り組みに参加・協力したりしている。

---

[12] Nakamura, Akie. (2024) "Overcoming the limitations of online communication: A Japanese labor platform," LERA 76th annual meeting (Triad 2024)
[13] リクルートワークス研究所（2021）「『賃金のベースアップからキャリア支援』へ。三井物産労働組合のデータ改革」

経営と協調的な労使関係は、労使が一体となって事業を発展させ、そこで生まれた利潤を労働者に還元できるという利点がある一方で、労働組合が経営と同化しすぎて、結果的に経営課題を容認・放置することが懸念されてきた。労使間での一定の緊張関係は保ちながら、企業が健全かつ持続的に成長していくよう、労働組合は不適切行為の防止や再発防止に積極的に関与していくべきである。内部者であり第三者でもある労働組合にそうした役割を期待することは、経営にとってもコーポレートガバナンスの強化につながるものである。

7．家族の幸せ

連合総研・連合「労働組合の未来」研究会が2023年に行った調査から、理想の組合活動として「家族の幸せ」を掲げる組合リーダーがいることが明らかになった[14]。労働組合は従来から、労働時間の適正化やワークライフバランスの推進に熱心に取り組んでおり、家族の幸せを願って活動している面がある。

超少子化と超高齢化に突入しているわが国では、望むのであれば子供をもち、健やかに育てられ、さらに子育てや介護と仕事が両立できることがますます重要になっている。しかし、「第2章 仕事と育児・介護等との両立支援の課題」で論じたように、家族のケアと仕事の両立にはいまなお課題が存在する。そのため、**図表Ⅱ－4－3**で示したように、労働参加の拡大により、女性は仕事と家庭生活の両立への対策を切に求めている。男性についても、2023年の育児休業法の改正により、子育てとキャリアの両立を望む者が顕著に増加してきている。

「家族の幸せ」を願い、そのための取り組みを蓄積してきた労働組合が、家庭生活やケアと仕事の両立に向けて取り組みを一層強化することが期待される。

8．人々のつながり

世界的に人々の孤独・孤立が問題になっている[15]。日本でも、高齢化と過疎が進む地域では、住民同士のつながりが極めて重要な生活基盤になっているうえ、都市部でも自治体がお見合いイベントを開催し、「マッチングアプリ」を提供するようになっている。2024年4月には孤独・孤立対策推進法が施行された。

こうしたなかにあって、労働組合は「連帯」「友愛」の組織である。労働組合はかねてより、経済的危機や災害などの非常時においてセーフティネットとなってきた[16]。また、アメリカ財務省『労働組合と中間層』レポートは、労働組合が孤独・孤立に陥りかねない人々の社会的接点になることを指摘する[17]。

---

[14] 中村天江（2024）「労働組合が自ら掲げる理想とは？―組合綱領と実践の分析―」『労働組合の「未来」を創る ―理解・共感・参加を広げる16のアプローチ―』連合総合生活開発研究所
[15] リクルートワークス研究所（2020）『マルチリレーション社会 ―多様なつながりを尊重し、関係性の質を重視する社会―』
[16] 玄田有史・連合総研（2023）『セーフティネットと集団 ―新たなつながりを求めて―』日経BP日本経済新聞出版、中村天江（2024）「労働組合による災害ボランティア」『DIO』400号
[17] 中村天江（2024）「米バイデン政権『労働組合と中間層』―報告書のメッセージと日本への示唆―」『DIO』391号

第4章　社会的役割を担う労働組合

　日本でも労働組合は昔から青年女性部などを中心に、組合員同士の交流のために、他の労働組合との連携や地域合同でイベントを行ってきた。しかし、ダイバーシティ推進のために青年女性部を閉鎖したり、組織改編したりする労働組合が増えている。新型コロナウイルス感染症により対面活動ができなったことも重なり、こうした交流イベントは減少している。しかし、労働組合を介した出会いは、組合員同士の安心感や信頼感の上に出会いがあり、組合員の生活を豊かにし、時には他社・他労組の実態を知る学びにもなる[18]。

　ただし、**図表Ⅱ－4－2**によれば、「組合主催のレクリエーション活動の充実」への期待度は低い。これは組合のレクリエーションの設計がおざなりになっていたり、なかには「動員」したりしてきたためだろう[19]。一方で、連合総研・連合「労働組合の未来」研究会が2023年に行った調査を筆者が分析したところ、交流活発度の高い労働組合は、経営への要求事項が多く、その実現度も高いことが明らかになっている。人々のつながりを豊かにしていくために、組合コミュニケーションのリデザインが期待される。

9．地域の自治

　人口減少により、地域の衰退が危惧されている。しかし、地域は社会の礎であり、地域の活力が社会の活力になるといっても過言ではない。実はこうした地域の活性化において、労働組合は重要な役割を果たしている。

　例えば、アメリカ財務省『労働組合と中間層』レポートは、労働組合の地域における意義を次のように紹介する。「労働組合はまた、ソーシャル・キャピタル（社会関係資本）や市民参加を促進することで、個々の労働者や雇用主を越えた便益を地域にもたらす可能性がある。Freeman（2003）は組合員の投票率は非組合員よりも12％高く、組合員世帯の非組合員の投票率は非組合員世帯の人よりも3％高いことを見出している。さらにZullo（2011）は、組合員のほうが、慈善団体に寄付したり、地域の集会に出席したり、近所の活動に参加したり、組織のためにボランティアを行う可能性が高いことを発見した。」[20]

　労働組合が地域で果たしている役割については、10年以上前から中村圭介東京大学名誉教授が実態を調査し、その可能性を提起してきた[21]。労働組合は地域において、例えば、労働相談や生活相談にのり、推薦首長や推薦議員との連携や自治体や使用者組織との話し合いを行っている。地方連合会や地域協議会という労働組合同士の連帯によって、職場の労働者代表の範囲を大きく越えた活動も展開している[22]。しかし、企業別労働組合が主流の日本では、労働組合が地域で果たす

---

[18] リクルートワークス研究所（2021）『つながりのキャリア論 ―希望を叶える6つの共助―』、中村天江（2024）「労働組合が「婚活イベント」を行う是非 ――背後にあるストーリーを探る―』『DIO』400号
[19] 梅崎修（2024）「離れた職場に連帯（つながり）を生むコミュニケーション・デザイン」『労働組合の「未来」を創る ―理解・共感・参加を広げる16のアプローチ―』連合総合生活開発研究所
[20] Freeman, Richard B. (2003) "What Do Unions Do…to Voting?" National Bureau of Economic Research, working paper no. 9992. 85、Zullo, Roland. (2011) "Labor Unions and Charity." Industrial and Labor Relations Review 64 (4): 699-711
[21] 中村圭介（2010）『地域を繋ぐ』第一書林、（2021）『地域から変える：地域労働運動への期待』旬報社など。
[22] 平川則男（2024）「地域における「労働者代表機能」を超えて―人口減少、格差が拡大する中での地方連合会の課題―」『労働組合の「未来」を創る ―理解・共感・参加を広げる16のアプローチ―』連合総合生活開発研究所

役割はあまり注目されてこなかった。

　労働組合は地域で、コミュニティを形成し、地域経済を担い、政治にも参加している。組合員には面倒見がよく、行動力がある人も多い。人口減少がすすむ地域で、貴重な人材を有し、中間団体として機能しているのが労働組合である。労働組合が地域で果たしている役割は社会性が高く、そのことを評価・重視していくことが、地域の持続可能性を高めることになる[23]。

10. 持続可能な社会に向けて

　一般に、労働組合は組合員の待遇や働き方の改善を求める存在だとみなされている。たしかにそれは労働組合の根幹だが、全体ではなく部分である。いまや労働組合に対する理解は失われ、労働組合の輪郭は曖昧になっている。そこで本章では、労働組合の今日的な役割について考察した。

　いまの労働組合は、賃金や雇用などの「経済的条件」の改善だけでなく、労働者の「健康」や「キャリア形成」、「家族の幸せ」、「経営の健全化」、さらには人々の「つながり」の創出や「地域の自治」を促す役割も担っている。これらは労働組合が従来から取り組んできた領域ではあるが、時代の変化と共に内実が変わり、労働組合の活動範囲が拡大している。

　人口減少が進む日本では、人口増加期につくられた社会システムが機能不全を起こし、社会の持続可能性が脅かされている。また、技術革新や経済ショックなど、社会の不確実性も高まっている。しかし、財源制約などから国ができることには限界があるため、こうした環境変化を乗り越えていくには、自助と公助のあいだの共助を重層化していくことが肝要である[24]。労働組合はいまなお1,000万人近い組合員を擁す稀有な中間団体である。労働組合の社会的な潜在力を見出し、強化することが、個人の生活を豊かにし、社会の持続可能性を高めることになる[25]。

　労働組合は社会的公器といわれつつも[26]、もっぱら経済や政治との関わりでのみとらえられ、社会的な存在意義についての共通認識が形成されているとはいいがたい。しかも、労働組合の活動範囲は、「健康」「つながり」「家族の幸せ」「キャリア形成」「経営の健全化」「地域の自治」と大きく拡大している。したがって、労働組合の存在意義を狭くとらえすぎることは、労働組合に対する理解や評価を誤る原因となる。労働組合の潜在力を活かすには、労働組合に対する今日的なとらえ直しが不可欠である。

　ただし、労働組合に対する期待の拡大は、労働組合がもつ潜在力への積極評価である一方で、労働組合にさらなる尽力を求めるものでもある。よって、労働組合への期待を狭義から広義に広げれば、実際に達成・実現できる程度は減少するかもしれない。労働組合の限られたリソースを、狭い範囲の課題に集中投下するのか、広い課題に可能な範囲で取り組んでいくために使うのかは判断がわかれるところだろう。労働組合内部で、何に優先して取り組むのか漸次的に見直してい

---

[23] 中村天江（2024）「ソーシャル・キャピタルとしての労働組合」『DIO』400号
[24] リクルートワークス研究所（2021）『つながりのキャリア論 —希望を叶える6つの共助—』
[25] 宇野重規（2024）「労働組合と民主主義の未来 —地域とファンダムの可能性—」『労働組合の「未来」を創る —理解・共感・参加を広げる16のアプローチ—』連合総合生活開発研究所
[26] 呉学殊（2011）『労使関係のフロンティア 労働組合の羅針盤』労働政策研究・研修機構

第4章 社会的役割を担う労働組合

くことが肝要である[27]。

　相互扶助の連帯からなる労働組合は、本来、極めて社会的な存在である。そして、労働組合のネットワークは、組合内部のみならず、労働組合同士、他の組織、政治とつながる架け橋となる。ステレオタイプな見方にとらわれず、労働組合の存在意義を今日的かつ発展的にとらえていくことが大切である。

---

[27] 富永京子（2024）「労働組合は変わったほうがいい？だとすれば、どこをどうやって？ ―構成員の多様化、対抗性・政治性、歴史と変革のバランス―」『労働組合の「未来」を創る ―理解・共感・参加を広げる16のアプローチ―』連合総合生活開発研究所

第Ⅲ部

生活向上につながる賃上げと働きやすい労働環境の実現に向けた課題

ご寄稿者一覧

- ◆東京大学名誉教授　吉川 洋氏
- ◆(公社)日本経済研究センター研究顧問　齋藤 潤氏
- ◆お茶の水女子大学基幹研究院教授　永瀬 伸子氏
- ◆慶應義塾大学経済学部教授　太田 聰一氏

第 Ⅲ 部

賃金と労働生産性

吉川 洋氏　東京大学名誉教授

　今年の春季労使交渉（春闘）では、定期昇給分とベースアップを合わせ5.10％（連合集計）と、1991年以来33年ぶりとなる５％超えの高い水準となった。もちろん本報告でも述べられているとおり、こうした動きは経済全体に一様に広がっているわけではない。帝国データバンクの調査（４月）では、３社に２社が賃上げ率は５％に達していないと回答しているし、日本商工会議所の調査（１月）でも、今年度に賃上げを実施予定と回答した企業の割合は６割にすぎない。この間、厚生労働省『毎月勤労統計』の「現金給与総額」の伸び率を消費者物価上昇率でデフレートした「実質賃金」は、2024年５月時点で過去最長の26カ月連続の下落が続いている。

　実質賃金は労働の限界生産で決まる。これが経済学（新古典派理論）の基本命題である。「限界」という専門用語にこだわらなければ、実質賃金は労働生産性で決まると言い換えることもできる。実質賃金は生産性が決まった後で「結果」として決まるものだというのが、経済学の主張である。最低賃金の引き上げに対して多くの経済学者が抵抗感を持つのは、そのためだ。こうした考え方には問題があるのだが、とはいえ大きく見れば、賃金と労働生産性には高い相関がある。

　労働生産性については、１人１人の労働者がどれだけ資本ストックを持っているか——工事現場のイメージで言えば、シャベルかブルドーザーか——を表す「資本装備率」と、技術水準で決まるというのが、スタンダードな経済学の考え方だ。しかし計測された生産性は、資本装備率や技術といった供給サイドの要因だけではなく、つくられたモノやサービスがどれだけ売れるかという需要サイドの条件にも大きく左右される。このことは、2019−20年新型コロナ禍の下、需要が著しく落ち込んだ宿泊・飲食サービスで労働生産性が大きく低下した事実を見れば、容易に理解することができるだろう。さらにマクロ的には、人々がどれだけスムーズに生産性の高いセクター／企業に移れるかが重要なポイントになる。こうした問題を、拙稿「生産性と労働移動」（RIETI Discussion Paper Series 23-J-047）で行った分析を基に論じることにしたい。

　よく知られているとおり、日本の労働移動率は、欧米、とくに米国と比べて低い。労働者が生産性の低い企業／産業／セクターから生産性の高い企業／産業／セクターに移れば、経済全体の成長率は高まる。『骨太の方針2023』でも「成長分野への労働移動の円滑化」がうたわれた。こうした議論は、岸田内閣の下で始まったわけではなく、過去30年以上繰り返しなされてきた。日本では労働の移動率が低いと言うが、そもそも人は、よりよい条件の職場があれば、他人から言われなくても移動する。実際、かつて高度成長の時代には、わが国でも労働は十分に移動した。

　人は生産性が高く、したがって賃金水準の高い職場に移るはずだが、はたして実態はどうだろうか。厚生労働省「雇用動向調査」によって、2022年１年間の転職者の賃金動向をみると、前職と比べて賃金

が「増加」した割合は34.9%にすぎない。3人に1人だ。逆に「減少」した割合は33.9%、「変わらない」が29.1%となっている。転職で賃金が増えたのは3人に1人という事実は、金融危機が発生した1998年以降2022年まで四半世紀、変わっていない。日本で転職がはかどらない理由は、労働者に必要な技能が不足しているから、というのが政府のリスキリング論だが、これについては昨年度の本コラムで疑問を呈しておいた。

　賃金に大きな影響を与える生産性については、いくつかの事実が確認されている。OECDの統計によれば、依然として労働生産性が最高の水準にあるのは米国である。ドイツとフランスはほぼ米国と同じ水準に達しているが、わが国の労働生産性は、いまだ米国の6割ほどの水準で低迷しており、G7中最低である。時系列でみると、1970年の対米4割ほどの水準からバブルの崩壊した1990年代初頭まで、順調なキャッチアップを通して対米7割ほどの水準まで労働生産性は上昇した。だが、その後は米国とのギャップが拡大し、2020年には対米6割ほどの水準まで低下した。

　製造業と非製造業に分けてみると、製造業では生産性が上昇しているが、非製造業では停滞しており（1994－2018）、両者の間に50%ほどの格差がある。日本ではマクロ経済でシェアの高いサービス業の生産性が低い、というのは今やコンセンサスと言ってもよいだろう。

　日本経済全体でみると、生産性は製造業で高く、非製造業、とくにサービス業で低い。それならば人がサービス業から製造業に移ればよいかというと、もちろんそうではない。製造業の需要には限りがあるから、高い生産性を生かすことができない。製造業で働く人は、すでに1994年の1,410万人から2021年には1,044万人まで減った。生産性の高い製造業において雇用を維持するためには、次世代のものづくりに向けたイノベーションを通して、グローバルな市場で新たな需要を創出し続けることが必要である。

　より大きな問題はサービス業だ。こちらは需要面では追い風が吹いている。経済社会の変化を反映して、需要はモノからサービスへシフトしている。すでに日本の国内総生産の4分の3は非製造業から成る。にもかかわらず、「宿泊・飲食サービス業」「公衆衛生・社会事業」「その他のサービス」など、多くのサービス業で労働生産性の伸びが低い。というより、むしろ低下すらみられるのである。高齢化の下で需要が膨らむ医療・介護では、デジタル化の遅れなど問題がコロナ禍の下で明らかになってしまった。

　日本全体の賃金の問題は、結局、低生産性部門／企業から高生産性部門／企業に労働者が移動していない、というところにある。しかし、その理由は労働者のスキルが不足しているからではない。需要の伸びに応じて雇用が拡大している「成長分野」において、生産性が十分に伸びていないところに原因がある。具体的には、生産性上昇率が高い製造業で就業者の減少が続く中、高齢化の下でニーズが高まり就業者が増加する保健衛生・社会事業セクターで生産性の上昇が一向にみられないことである。

　高齢化の進展でさらなる拡大が見込まれる医療・介護の「市場」は公的保険が存在するため、「公定価格」に基づく市場である。保険の報酬体系が時代の変化に応じて機動的に見直されなければ、医療・介護セクターの健全な成長は望めない。報酬体系の見直しを担う政府の「失敗」が、停滞を生み出している兆候は随所にみられる。介護の分野にも同様の問題がある。介護は、社会的なニーズが高いにもかかわらず、生産性が低く賃金も低い。基本的な問題は生産性の低さにあるが、それは資本装備率の低さに起因する。労働生産性の上昇をもたらす「ロボット」を含むさまざまな機器の開発が進んでいるが、保険の報酬が適切に設計されていない。その結果、介護分野における生産性は上昇せず、賃金も低い。

就業者が流入していると言っても、賃金が低く仕事もきついため離職率も高く、慢性的に人手不足の状態にある。日本商工会議所が2023年7月に行った「人手不足の状況および多様な人材の活躍等に関する調査」結果でも、「介護・看護」は最も人手不足が深刻な業種になっている（86.0％が「不足している」と回答）。

　日本経済全体の賃金上昇を実現するためには、介護・看護などいくつかの戦略的な分野で労働生産性が上昇することが必要である。労働組合が、賃金と並びそうした分野での「政府の失敗」を正すべく、積極的な発言をするよう期待したい。

第Ⅲ部

賃上げの今後のあり方を考える

齋藤　潤氏　（公社）日本経済研究センター研究顧問

1．2024年春闘は高い賃上げを実現

　2024年春闘は近年にない高い賃上げを実現した。7月1日時点で行われた連合の最終集計によると、平均賃金方式での賃上げ率はベア分と定昇分を合わせ5.10％となったが、これは昨年の同賃上げ率である3.58％を上回り、1991年の5.66％以来33年ぶりの高い伸びとなっている。2024年7月時点の消費者物価指数の上昇率は、生鮮食品を除く総合で前年同月比2.7％、持家の帰属家賃を除く総合で同3.2％であるので、春闘に参加した組合の労働者個人としては消費者物価の上昇を上回る賃上げを実現できたということになる[1]。「成長と分配の好循環」が叫ばれて久しいが、今回の春闘がそれに向けた大きな一歩になることが期待されている。

　その意味で言うと、日本経済全体にとって重要なのは、同じ賃上げといっても、同一賃金表上の上方移動（定昇分相当）ではなく、賃金表自身の上方改訂（ベア分相当）である。そこで、今春闘でのベアを見てみると、内訳が分かる組合の賃上げ率5.20％のうち、ベア分は3.56％となっている。前述の消費者物価上昇率と比較すると、やはり高い伸びとなっていることが確認できる。

　さらに、マクロ経済的に考えた場合に重要なのは、こうした春闘の賃上げを受けて、春闘に参加していない労働者の賃金（多くは中小企業や非正規の労働者）を含めた賃金総額がどうなるかである。毎月勤労統計調査の7月速報では、労働者一人当たり平均の所定内給与（ベアの対象となる基本給に相当）は前年同月比2.7％の増加となっている。これに所定外給与、特別給与の伸びや、雇用者数の伸びを加えると賃金総額が得られる。国民経済計算（SNA）においてこの賃金総額に相当するのが雇用者報酬であるが、これの2024年4～6月期における前年同期比は2次速報値で3.8％の増加となっている。今後の推移は予断を許さないものの、年度を通しても雇用者報酬の伸びが物価上昇率を上回り、実質値で前年度比プラスとなる可能性がないとは言えない。

　しかし、仮に今回の賃上げで実質雇用者報酬のプラスの伸びが確保できたとして、それで満足していいのであろうか。必ずしもそうとは言えないのではないか。以下では、そう考える理由を三点に絞って論じてみたい。

---

[1] 賃金をどのようなデフレーターで実質化されるべきかについては議論がある。消費者物価指数の生鮮食品を除く総合は日本銀行が行う金融政策上重視される物価指標であるが、消費者物価指数の持家の帰属家賃を除く総合は賃金の実質的な購買力を測るという観点からは、GDP統計の考え方と整合的な指標である。

2．実質賃金を上昇させるだけではなく、労働分配率を上昇させる賃上げが必要

第1点目は、春闘賃上げ率の高さをどのような基準で評価するかという問題に関係している。

春闘の結果、実質雇用者報酬の伸びがプラスになることはもちろん望ましいし、必要なことである。しかし、これは最低限の必要条件に過ぎないと言うべきであろう。なぜなら、実質雇用者所得の伸びがプラスになっても、企業において新たに生産される付加価値の労働者への分配比率である労働分配率は低下をする可能性があるからである。

労働分配率は雇用者報酬を国民所得で除して得られる比率であるが[2]、仮に実質雇用者報酬がプラスの伸びをしても、実質国民所得がそれ以上に伸びれば、労働分配率は低下してしまうのである[3]。実際、過去を見ても、景気拡張局面では実質雇用者所得が増加していても、実質国民所得がそれ以上に増加しているので、労働分配率は低下している（第1図）。もちろん、逆に景気後退局面では、終身雇用制の下にあって実質雇用者所得をそれほど大きく減少させることはできないので、実質国民所得の伸びの鈍化の方が大きくなり、労働分配率は上昇する。そう考えると、長期で見れば大きく変化しないように見えるかもしれないが、実際は、景気拡張局面は景気後退局面よりも期間が長いこともあって、長期間をとって累積して見ると、実質雇用者報酬の伸びは実質国民所得の伸びを下回っているのである[4]。

第1図　労働分配率

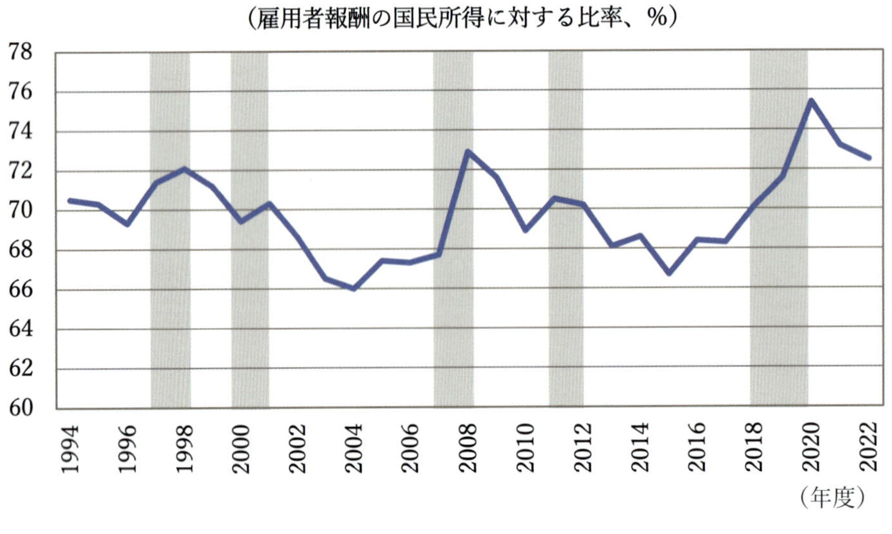

（雇用者報酬の国民所得に対する比率、％）

（備考）シャドーは景気後退局面を表す。ただし、景気基準日付は月単位で認定されているため、景気の山から景気の谷までの期間が属する年度にシャドーをかけている。
（データ出所）内閣府、国民経済計算。

---

[2] 国民所得の数値は、各年度が終わった直後の年末に公表される国民経済計算の確報ではじめて明らかになる。このため、労働分配率をそれ以前に計算したいときには、国内総生産で近似することが多い。
[3] 労働分配率は通常は名目雇用者報酬を名目国民所得で除して求める。ここでは、分子と分母のデフレーターの変化率に大きな差異がないことを前提に議論している。
[4] これについて試算した結果については、昨年の連合総研『2023〜2024年度経済情勢報告』所収の拙稿「賃金引上げと人的資本への投資」を参照されたい。

このように考えると、新たに生産された付加価値の公正な分配のためには、景気拡張局面にあっても労働分配率が低下をしないような実質賃金の増加が必要であるように考えられる。そうすれば、雇用者報酬を主要な所得の源泉とする家計の最終消費支出ももっと伸びることが期待されるはずである。

3．高い賃上げを持続させることが必要

　第2点目は、賃上げによっていかに家計消費支出を喚起させるのかという問題に関係している。

　雇用者報酬の伸びが家計消費支出の伸びの前提であることは間違いない。しかし、その意味することには注意を要する。

　例えば、2024年春闘におけるベアは、雇用者報酬の増加をもたらし、家計の可処分所得の伸びを通して、家計消費支出を伸ばすであろう。しかも、ボーナスのように、その時には所得は増加するが、同じだけの所得が来年も期待できるかどうか分からないような「一時的な所得増」とは違い、ベアは来年以降もその額が減ることはないと期待できる「恒久的な所得増」なので、それだけ家計消費支出の増加は大きいと考えられる[5]。

　しかし、問題は、一回のベアが家計消費支出の水準の一段の上昇をもたらし、その「水準の維持」を支えることにはなっても、それだけでは来年の家計消費支出がそれからさらに「増加を示す」ことにはならないということである。そのような消費の一段の増加を期待するためには、来年も同様のベアが実現されなければならない。

　つまり、「成長と分配の好循環」が機能するためには、一回限りの高い春闘賃上げ率ではなく、（労働分配率を低下させないような）高い春闘賃上げ率が将来にわたって持続することが必要なのである。2024年春闘で実現した高い賃上げ率を嚆矢として、そのモーメンタムをどのように今後も維持することができるのかが問われている。

4．賃金面の不平等を拡大させないことが必要

　第3点目は、賃金の高い伸びだけを追求するのではなく、賃金間の格差拡大を抑制するためにはどうすれば良いのかという問題に関係している。

　既に指摘したように、春闘賃上げ率は春闘に参加した労働者の賃上げ率であり、それが2024年は高かったわけであるが、春闘に参加していない労働者（例えば中小企業の労働者、非正規労働者）の賃上げ率はそれほど高くはない。また、春闘に参加している労働者の間でも、組合員の多い組合と少ない組合とでは、前者の方が後者よりも高い賃上げ率を実現しているという現実がある[6]。ということは、もともと大企業で働く労働者の賃金は中小企業で働く労働者の賃金よりも高い傾向にあるので、春闘を通して労働者間の賃金格差が拡大していく可能性があることを示唆している。この背景には、大企業と中小企業との間の収益力の違いがあると考えられる。そして、その企業間の収益力の差は、今後、ますます拡

---

[5] このような考え方はライフサイクル＝恒常所得仮説に基づいているが、同じような観点は、一時的な所得増である一回限りの減税や給付金の支給の効果を考えるときにも有効である。

[6] 300人以上の組合員のいる組合の賃上げ率と300人未満の組合の賃上げ率を比較すると、2024年春闘では前者が5.19％であるのに対して、後者は4.45％となっている。このように大手の賃上げ率が中小の賃上げ率を上回るような状況は、1995年春闘以降に見られる傾向である。

大していくものと予想される。このため、何らかの対応をしないと、賃金格差はますます拡大しかねないのである。

この点をもう少し詳しく説明しよう[7]。これまで我が国では、比較的小さな政府を維持しながら不平等度の拡大を抑制するために、内向きのグローバル化やイノベーションは限定的にしか行われてこなかった[8]。しかし、高齢化・人口減少がさらに進行するなかにあって、国民の生活水準を落とすことなく、社会保障や財政の持続可能性を維持していくためには、内向きのグローバル化やイノベーションを促進することで、経済成長を維持・強化していくことを避けることはできない。

内向きのグローバル化やイノベーションを促進することだけでも大変な改革努力を必要とするが、実はこの両者は、所得の不平等度を拡大してきたと言われている要因と重なっている。ということは、経済成長を維持・強化するために内向きのグローバル化やイノベーションを促進しようとすると、所得の不平等度を拡大させるような圧力を高めることになると考えられるのである。これにどう対処すべきなのか。この問題への取り組みが、今後私たちに問われてくるものと考えられる。

もし経済成長を追い求めながら、不平等度の拡大も抑えたいというのであれば、少なくともこれまでのような「小さな政府」から、「大きな政府」への転換を図らなければならないであろう。これは新しい日本型「福祉国家」を追求することを意味する。

福祉国家というと北欧の国々を思い出すが、北欧諸国で行われている不平等度の抑制策として大きな役割を果たしているのが、所得再分配である。典型的には、国民から税や保険料を徴収し、それを低所得者への移転支出の原資とするというものである。確かに、所得再分配後の可処分所得ベースでの不平等度は北欧諸国では低く抑えられている。

しかし、北欧諸国が行っているのは、そのような事後的な所得再分配ばかりではない。事前的な所得再分配も行っているのである[9]。その先鞭をつけたのが、1950年代のスウェーデンである[10]。北欧諸国では、賃上げに労働組合が深く関与しているが、当時のスウェーデンの労働組合は、賃金決定に際して、高収益企業で働く労働者の賃上げを意識的に抑制する一方、低収益企業で働く労働者の賃上げを意識的に高めに設定した。これによって賃金決定の段階で格差が拡大しないようにしたのである。

その後、そうした考え方は放棄されたとされている。しかし、北欧諸国における労働者間の賃金格差は、現在においても依然として限定的なものにとどまっている（**第2図**）[11]。このため、所得再分配前の市場所得ベースでみても、多くの北欧諸国で不平等度は小さなものにとどまっている。

---

[7] 以下の議論の詳細については、拙著*Japan and the Growth-Equity-Small Government Impossible Triangle*, Routledge, 2024を参照されたい。
[8] 「内向きのグローバル化」とは筆者の造語で、「外向きのグローバル化」に対する概念である。これが限定的であるとは、具体的には、農産物輸入、対内直接投資、外国人労働者の受入れがあまり行われていないことを指す。
[9] 「事後的な所得再分配」及び「事前的な所得再分配」も筆者の造語で、前者は税や保険料の徴収や移転支出による所得再分配のことを、後者は賃金決定の段階での所得再分配のことを指す。
[10] いわゆるRehn-Meidner Modelと言われるものである。これについては、例えば Lennart Erixon, "The Rehn-Meidner Model in Sweden: Its Rise, Challenges, and Survival," *Journal of Economic Issues*, 2010, XLIV(3), pp.677-715を参照されたい。
[11] 第2図を見ると日本における賃金格差も現在のところ限定的である。この背景には、先述のように内向きのグローバル化やイノベーションを犠牲にして企業間の収益性の差異を拡大させないようにしてきたことや、必ずしも個々の労働者の生産性の違いを反映させないような年功賃金制を採用してきたことがあるものと考えられる。

第2図　OECD諸国における賃金格差

(賃金の第9十分位数の第1十分位数に対する倍率)

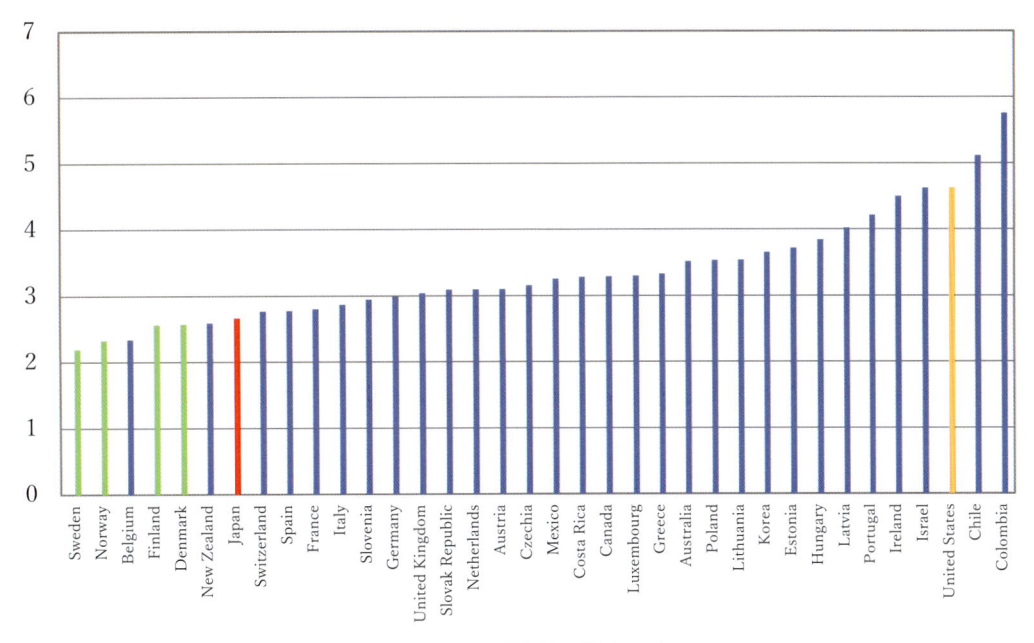

[図：OECD諸国の賃金格差を示す棒グラフ。横軸は国名（Sweden, Norway, Belgium, Finland, Denmark, New Zealand, Japan, Switzerland, Spain, France, Italy, Slovenia, Germany, United Kingdom, Slovak Republic, Netherlands, Austria, Czechia, Mexico, Costa Rica, Canada, Luxembourg, Greece, Australia, Poland, Lithuania, Korea, Estonia, Hungary, Latvia, Portugal, Ireland, Israel, United States, Chile, Colombia）、縦軸は倍率（0～7）。]

(備考) データは2022年におけるフルタイム雇用者に関するもの。
(データ出所) OECD Employment and Labour Market Statistics Database

　もちろん日本でも直ちにこのような考え方を採用すべきだということにはならない。日本と北欧では、これまでの歴史も、国民の選好も、労働組合の役割も異なっている。しかし、こうした考え方も参考にしながら、高い賃上げを持続的に実現することだけでなく、賃上げによって不平等度を拡大させないためにはどうすれば良いのかを考える必要があるように思われる。

5．日本経済の成長と発展に寄与する賃上げを目指して

　以上、仮に2024年春闘の結果、実質雇用者報酬の伸びがプラスになったとしても、それで満足すべきではない理由を3点にわたって述べてきた。そこで提起された課題は、短期的な課題から長期的な課題にまでわたっており、一朝一夕に答えが出るような問題ばかりではないかもしれない。しかし、2024年春闘の高い賃上げを契機に、日本経済の成長と発展に寄与するような賃上げのあり方を追求するのであれば、こうした課題をも視野に入れて取り組む必要があるように思われる。

第Ⅲ部

正規雇用と非正規雇用者に分かれた雇用システムをどう変えていくのか

永瀬　伸子氏　お茶の水女子大学基幹研究院教授

日本の最低賃金の課題：ドイツより大幅に低い日本の実情

　コラムには「日本のＧＤＰを上回ったドイツの働き方」が書かれている。そのドイツの最低賃金は、2024年は12.41ユーロであり、1ユーロ160円で計算すると約2,000円である。日本では、もっとも高い東京都でも2024年10月からの最低賃金は1,163円に過ぎない。つまり日本の最低賃金は国際比較においてきわめて低い部類に入る。

　日本の非正規雇用者は最低賃金近傍しか得られていない者が多い。非正規雇用者が年々増加していく中において、最低賃金の引き上げは日本の重要な政策課題だろう。

　本来、最低賃金の上昇は人々の購買力をあげ、企業が物価上昇を価格に転嫁することを可能にするはずである。また非正規雇用者の平均労働時間は長くはない。『賃金構造基本統計調査』令和5年から短時間雇用者の労働時間を見れば、週20時間弱である。だから、本来は、賃金率の上昇によって、労働時間が増えれば、賃金率の上昇は、世帯年収を引き上げ、世帯を豊かにし、さらに労働時間の増加によって、人手不足の解消に資するはずである。

賃金上昇で非正規雇用者の労働時間が増えず世帯年収が上がらない日本

　ところが、重要な点だが、日本については、これまでの女性の労働供給の分析から、1時間あたり賃金率が上がるとパート労働者の1人あたりの労働時間が減ることが実証的に知られている。このため低賃金の上昇によって、必ずしも人手不足の解消にならない上に、必ずしも世帯年収を引き上げないという矛盾が起きている。

　永瀬（2024）はこれまでの研究をまとめている。米国では女性の賃金率の上昇は、大きく女性の労働力率を引き上げていったばかりではなく、女性1人あたりの労働時間を増やしていった。その一方で、日本ではそうでないことをレビューしている。古くは安部・大竹（1995）は『パートタイム労働者総合実態調査』を用いて、パートの妻の賃金が1％上がると労働時間が0.5％減るという推計を出している。大石（2003）は、『国民生活基礎調査』を用いて同じく賃金が1％上がると0.36％労働時間が減るという推計を出している。これ以前の1980年代から、非課税限度内での就業をターゲットとする就業調整が有配偶女性に多いことが多くの研究者によって指摘されていた。

　その後横山・児玉（2016）は、『賃金構造基本統計調査』1989－2013年を用い、2004年の税制改正（配偶者特別控除の103万円未満の部分的な廃止）の効果を分析し、改正後に、むしろ有配偶女性の年収の

103万円への集中がおきたとする。それは103万円未満での配偶者特別控除の廃止が年収70－103万円の妻の労働時間を増やす方向への改正であった一方で、103万円以上では税制改正は影響がないはずだが、103万円以上においては配偶者特別控除の制度があり、この時期に夫の収入増が起きたことに妻が反応し、103万円への集中が起きたのだと解釈している。

就業調整がなぜそれほど顕著に起きるのか

なぜ、女性の賃金率が上がるほど、労働時間が減るのか。日本のパート労働者のこの特徴は顕著で、かつ長く変わっていない。

労働経済学では、賃金率の上昇が労働時間に与える影響には、代替効果のプラスの影響と所得効果のマイナスの影響があり、このどちらが大きいかで労働時間への影響が異なるというのが教科書的な答えである。そして教科書においては、賃金率が高い場合には、賃金が上がってもそう労働時間は伸びないが（たとえば多くの男性）、賃金が低い者（たとえば女性がここに入るだろう）は、賃金が上がれば代替効果がより強いため、労働時間が伸びる、と書かれている。いわゆるbackward-bending labor supply curveというものである。これは上記の米国の例にも表れている。

しかし日本の女性労働では、そうした教科書とは異なる反応がみられるのである。それはなぜなのか。日本女性の強い負の係数の主因は、ある一定水準を超えると、多額の固定費用がかかるという社会的な仕組み、そしてその固定費用の大きさに対して女性の賃金率が低いことによるところが大きいと私は見る。

非正規雇用者の多数を占める有配偶女性のかつての年収ターゲットは非課税限度額であった。これは、税金の賦課ということもあるが、夫の配偶者手当が、妻が非課税であることとリンクし、妻が課税されると配偶者手当がなくなり、これが、夫の給料だけでなく、夫の賞与に、退職金に、さらに夫婦の老後の公的年金にも反映され、大きいマイナスとなることが主因といわれていた。労使は、サラリーマンの妻があまり働かないように、夫に奨励金を支払うことに合意してきたのである。夫が長時間労働、残業、転勤などに当然に対応すべきという雇用慣行を労働法が支持するのであれば、家族のケアのために、そうした制度の奨励がなされたとしても驚くにはあたらない。

その後、安倍政権は、女性労働の奨励の旗振りをし、企業が対応していったことから、配偶者手当と非課税限度額とのリンクは以前よりは切り離されて薄くなった。しかし130万円を超えるとサラリーマンの配偶者に対して新たに社会保険料がかかるようになる固定費用は変わらない。この際、企業に年金と医療、そして介護保険（40歳以上）の合計で15％、個人にも同様に15％ほど、合計で30％の社会保険料負担がかかる。

サラリーマンの配偶者が低収入である場合に、その社会保険料を免除する制度は、年金保険については1985年に、介護保険については2000年に創られた。医療保険は配偶者に限らず扶養家族に対する配慮をこの前から持っている。ただ医療保険については、被保険者本人と、扶養家族との自己負担の格差がかつてはあったのだが1990年代後半から2000年にかけて縮小され、現在は自己負担率は同一となっている。そこで自分で社会保険料を負担することのメリットは縮小した。また私自身、自分で試算するまで知らなかったことだが、1985年改正によって、低収入のシングルあるいは共働きの個人の公的年金は、定額部分の低下と報酬比例部分の低下によって大きく下がったが、被扶養配偶者がいる雇用者（主に正社員の世帯主男性）の社会保険料に対する世帯の公的年金給付は、「適正化」といわれるこの改正にもか

かわらず、基礎年金部分が2人分になることで実質的に上昇したのである（永瀬（2023））。つまり、被扶養配偶者であることを強く奨励する改正が1985年改正でなされたのである。

つまり1980年代から2000年代にかけて、世帯主とその被扶養配偶者を保護する雇用慣行と社会保障が拡充されていった。

しかしながら2000年代以降、こうした保護を受けないシングル若年層に非正規雇用が増える。初職で非正規雇用（アルバイトやパート）に就く若年男女が増えたのである。しかし彼らは被用者保険の被保険者からは、長いこと除外されてきた。企業の通常の労働者の3／4の労働時間がない限りにおいては、事業主負担のない地域保険にしか入れないというのがルールであった。すなわち1985年改正により、長時間労働の正社員だけでなく、その正社員を支える配偶者は被用者保険の一員となったが、それ以外の働き方は長く除外されてきた。

短時間雇用者の被用者保険加入に関する法改正とその後の変化

その後2016年から106万円以上、週20時間以上の短時間雇用者について、一定規模以上の企業において、被用者保険加入が義務付けられる法改正が過去2回の年金法改正で行われた。

この改正に対して、企業や個人がどう対応したのか、労働政策研究・研修機構はこの点については、2回の調査を行っている。調査からわかるのは、企業側の多くは、社会保険料を払わないで済む働き方、払う働き方、その双方に対応するような準備をしたということである。一方、労働者側を見れば、免除の恩典が可能な有配偶女性については、被用者保険加入を回避する者の方が、被用者保険加入をする者よりやや多かった一方で、免除の恩典のないシングルは逆であったということである。

企業にとっては、社会保険料負担なしに1時間1,000円程度で働いてくれる優秀な労働力は大きい魅力である。またサラリーマンの配偶者については、一定収入以下に抑えれば、社会保険料負担をせずに夫を通じた社会保険に入れるため、この選択肢は依然として魅力がある。というのは、社会保険料を支払ったとしても、払わない場合と比べてさほど大きい給付の差はないのが現行制度だからでもある。また106万円、130万円でかかる固定費用を挽回するためにはかなり長時間働かないとならないほどに低賃金である。このことも短時間雇用者の被用者保険加入を停滞させていると私は見ている。

最新の2022年『就業構造基本調査』を確認すると、2022年、すなわち短時間雇用者の年金加入がすすんだ時期の調査においても、年収50－99万、年収100－149万の枠にいる有配偶女性の6割は、自分は一定収入に収めるように就業調整をしていると回答している。

連合として考えるべきこと

労働組合の上部組織の「連合」としては、これからの雇用者の生活を考えることが重要な使命である。長期でみれば、国立社会保障・人口問題研究所の将来人口の中位推計から、日本は（これまですでに1,000万人現役世代が減少したが）、これから20年でさらに1,000万人以上現役世代が減ることが見込まれている。そして75歳以上人口は（これまで1,000万人以上増えたがさらに）400万人以上増える。また将来の現役世代に育つはずの19歳未満人口は（これまで500万人減少したが、さらに）500万人減ると予想されている。

そうであれば、世帯主として、残業、転勤などに対応し企業にコミットしないと十分な賃金を得られないような働き方と、非正規雇用であれば低賃金を当然とするようなこれまでの日本的雇用慣行を続けるとすれば、日本の賃金総額は年々下がることになってしまう。これまで高賃金を得てきた男性人口が大きく減少するからだ。その一方で、高齢人口の増大によって、社会保障負担は年々上がり世帯の手取りは減っていくことになる。

つまり、実際には働ける時間があっても、就業調整が得だから就業調整をしたいと思う、そのような社会保障や雇用慣行を廃するということは豊かさの持続のために必須だ。ただそれだけでは不十分であると私は考える。

人口減少社会を前提に、雇用者が豊かに暮らしていくためには、働き方をかえ、性別役割分業の夫婦でない形の雇用を考えていくことが重要となる。

どうすれば働き方を変えた上で生産性を確保できるか、それを本気で検討することが重要である。

つまり、出産によって、育児休業をとったり、離職したりする女性の今後の処遇である。離職期間なしに正社員として仕事を継続する者を増やすことは重要だが、離職した者についても、つまりいわゆるパートといわれ中年期に労働市場に再参入する雇用者についても、時間あたり生産性を正しく評価し、生産性を上げる訓練の仕組みを取り入れ、生産性を高める賃金制度を考えていくことが必要である。

今日においては、10年以上の正規雇用の経験がある大卒女性も、いったん離職すれば、非正規雇用者として、最低賃金近くで働く者が多数を占める。しかし日本女性の国語力、数学力はOECDでもトップレベルである。こうした労働者の賃金を1,000円程度に限定する雇用慣行は、そうした者の力を生かせず、そして日本全体を貧しくする。

非正規雇用者の現在の生産性を賃金として正当に評価し、さらに非正規雇用者の生産性と賃金を上昇させることを目標として持つことが必要である。

日本においては、現在も、妻は低年収で、家事育児時間が長く、夫が世帯賃金を稼ぎ、帰宅時間が遅いと言う性別役割分業の家族が、特に35歳、40歳以上の夫婦を見ると多数を占める。最近は、育児休業をとって復帰する女性が増えている。しかし2022年『就業構造基本調査』から全国をみると、35歳以上では、こうした性別役割分業家族が今も（若い世代ほど減る傾向があるとはいえ）なお多数となっている。

しかしその一方で、OECDにおいて大きい注目を集めている事象だが、日本において40－50歳女性の3割が生涯無子となっている。この水準はOECDで最大であり、さらに変化もきわめて急速である。

男性も生涯未婚者は多い。この世代が20歳代、30歳代の頃にそうした未来を理想・予想して望んで選択したわけではないのは、過去の『出生動向基本調査』からわかることだ。しかし現在の雇用慣行、社会保障のもとで、各個人が毎期毎期の自分にとって最適と思う選択をしていった結果、性別役割分業の強い夫婦と、子どもを持つ機会がないだけでなく低収入であるシングルが増えるという社会の二極化が日本で起きているのである。この日本の二極化は、実は日本国内では、あまり問題視されていない。夫婦の強い性別役割分業も、生涯シングルも、個人が選択したものだと思われている。

しかし社会的には私は問題が大きいと思っている。有配偶女性が低賃金であることも問題であるし、また子どもを持つ未来を考えていた多くのシングルの男女が、シングルのままであることも現実の制約があったのではないかと疑っている。

日本においてこうした極端な二極化が起きている社会的な要因を紐解く必要がある。

人生100年時代といわれる中で、男女分業ではなく、男女協業で仕事をしていく、それとともに男女協

業で子育てや介護などのケア労働をしていくことが、社会的により合理的な時代となっている。これは、男女協業が可能な国ほど、経済成長も高く、少子化も緩やかであることから、このように私は評価している。

　労働者の上部組織としての「連合」には、これができるように、生産技術も、社会制度も、働き方も、イノベーションを起こしていくことが必要だ。それは簡単なことではないが、この方向が正しい解だと私は考えている。

参考文献リスト

　安部由起子・大竹文雄（1995）「税制・社会保障制度とパートタイム労働者の労働供給行動」『季刊社会保障研究』Vol.31 No.2、20-134.

　大石亜希子（2003）「有配偶女性の労働供給と税制・社会保障制度」『季刊社会保障研究』Vol.39 No.3、286-300.

　労働政策研究・研修機構（2018）『「社会保険の適用拡大への対応状況等に関する調査」及び「社会保険の適用拡大に伴う働き方の変化等に関する調査」結果』調査シリーズ　No.182.

　労働政策研究・研修機構（2023）『「社会保険の適用拡大への対応状況等に関する調査」（企業郵送調査）及び「働き方に関するアンケート調査」（労働者Web調査）結果』調査シリーズ　No.243.

　永瀬伸子（2023）「日本的雇用システムにおける男性の就労とケアをめぐるジレンマ―「無限定な働き方」と第3号被保険者制度を手掛かりに―」『社会保障研究』8（3）270-294.

　永瀬伸子（2024）『日本の女性のキャリア形成と家族：雇用慣行、賃金格差、出産子育て』勁草書房.

　横山　泉・児玉直美（2016）「女性の労働と税」『フィナンシャル・レビュー』No.2016、49-76.

第 Ⅲ 部

高齢化社会における労働災害をあらためて考える

太田　聰一氏　慶應義塾大学経済学部教授

労働災害リスクの現在

　このところ人々が直面している労働災害リスクが高まっている。「労働災害動向調査」（厚生労働省）によれば、2010年前後の100万延べ実労働時間当たりの労働災害による死傷者数（度数率）は1.6前後であったが、2023年にはそれが2.14まで上昇している[1]。その背景としてしばしば指摘されているのは労働力の高齢化である。だれでも年齢が高くなると、体力や反射神経の衰えが生じ、交通事故や転倒のリスクが増大するので、職場の労働力構成が高齢化すれば災害リスクも増大しておかしくない。実際、これまでの研究でも太田（2001）や酒井（2017）などによって、高齢化が労働災害の頻度を高めるという仮説をサポートする実証分析結果が示されてきたが、現在ではそうした見解は広く受け入れられているように思われる。本稿では、この論点についてもう少し検討していきたい。まず、実際のデータを用いて、労働力の年齢構成の高齢化が労働災害発生率に与えた影響について整理する。その後、これから高齢者の安全をはかるために必要だと思われることを論じたい。

　高齢化が全体の労働災害発生状況に与える影響を調べるためには、年齢階級別の労働災害発生率の統計が必要となる。先述した「労働災害動向調査」からは残念ながら年齢階級別の労働災害発生率を知ることはできないので、「労働者死傷病報告」（厚生労働省）に掲載されている各年の年齢階級別死傷者数を「労働力調査」の雇用者数（除役員、年平均）で除して千人当たりにしたものを「死傷年千人率」と呼び、そちらを用いることにしたい。2023年のデータを用いてこれを計算した厚生労働省労働基準局安全衛生部安全課の資料によると、60歳以上の死傷年千人率は4.02であり、これを30代と比較すると、男性は約2倍、女性は約4倍となっていた。したがって、高年齢層は疑いなく中堅年齢層に比べて労働災害に遭遇するリスクが高くなっている。よって、雇用者の年齢構成が高齢化すると、自動的に全体の死傷年千人率が押し上げられてもおかしくない。実際、2013年から2023年の10年間で年齢計の死傷年千人率は2.27から2.36に上昇した。ただし、10～20代前半の労災発生率は30～40代よりも高いので、雇用者に占める10～20代前半のシェアが少子高齢化で低下すれば、それは死傷年千人率の低下要因になる。

　そこで、2023年の年齢階級別死傷年千人率を固定した上で、2013年の雇用者の年齢構成を2023年に適用した場合の年齢計の死傷年千人率を仮想的に計算し、それと2023年の実際の値との差を10年間の年齢構成変化の寄与とみなすことにしたい。各年の10歳刻みの年齢階級別の死傷年千人率と雇用者数（役員

---

[1] 2018年に調査対象産業に「漁業」が追加されたことから厳密な時系列比較は困難である。ただし、2018年に1.83だった度数率がそれ以降も上昇していることから、以下の議論には影響しないと考えられる。

を除く）を用いた計算の結果、仮想的な値は2.23となり、実際の2013年における年齢計の死傷年千人率の2.27を下回った。これは年齢構成変化がこの間の実際の値の変化をほぼ説明しつくすことを意味している。このことは逆に、年齢階級別の死傷年千人率の動きは年齢計の死傷年千人率を0.04ほど抑制したことを意味する。

高齢者の労働災害発生率の動向

年齢階級別の労災発生率の動向は、全体としては労災発生率を抑制する方向に働いていた。ここにはおそらく労災抑止のための企業努力や労災抑制政策の効果が含まれていると推測される。しかし興味深いことに、その変化の仕方は年齢階級によって異なる。図1では、年齢階級ごとに2013年と2023年の死傷年千人率を比較しているが、ここからわかるように、10～40代ではたしかに死傷年千人率は低下しているが、50代、60代以上の年齢階級では逆に少し上昇している。もちろん、60代以上という粗い年齢階級区分であるためにその区分内での高齢化がこうした変化を一部もたらしたという可能性は指摘しうる。しかし、5歳刻みの統計が利用可能な2018年から2023年の変化を調べたところ、5歳刻みの年齢階級区分（60～64歳、65～69歳等）で見ても、60歳以上では死傷年千人率が上昇しているので、これは年齢階級区分の粗さでもたらされた現象とは言い難い。つまり何らかの理由から、社会における労災抑止の努力にもかかわらず、高年齢の雇用者は労災リスクの上昇に直面しているのである。

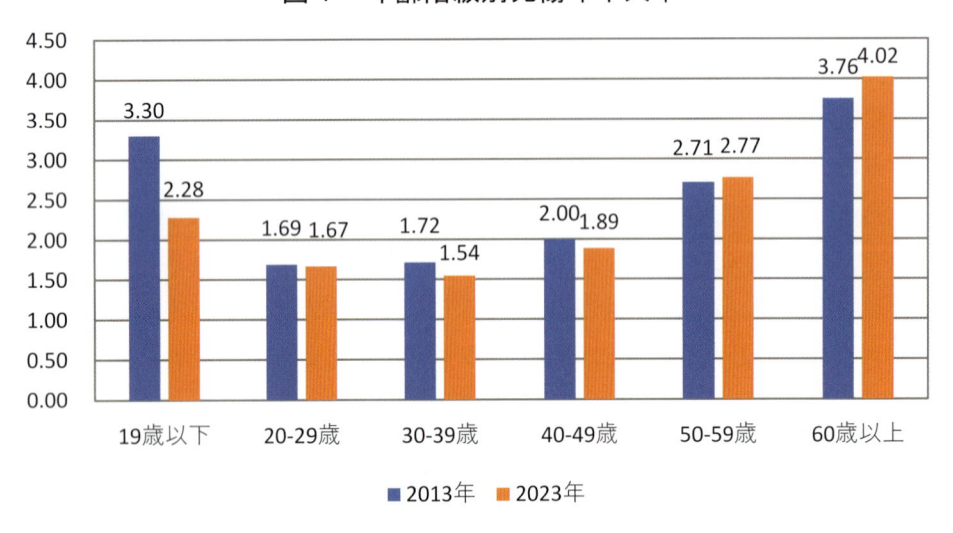

図1　年齢階級別死傷年千人率

年齢階級	2013年	2023年
19歳以下	3.30	2.28
20-29歳	1.69	1.67
30-39歳	1.72	1.54
40-49歳	2.00	1.89
50-59歳	2.71	2.77
60歳以上	3.76	4.02

（備考）死傷千人率＝労働災害による死傷者数／平均労働者数×1,000
　　　　死傷者数…労働者死傷病報告
　　　　労働者数…労働力調査（年次・基本集計第I-2表　役員を除く雇用者）

この理由については、現在のところいくつかの可能性を指摘するにとどめたい。第一に、高齢者の労働力への参加が進む中で、体力面等で脆弱な部分を抱える人々も労働市場に参加するようになったことで、高齢者の中での労災発生確率が上昇した側面があるかもしれない。第二に、人手不足が顕著になるにつれて高齢者一人の仕事量が増えてきたために、労災リスクが高まっている可能性がある。第三に、高齢者の就業先の構成が変化した影響があるかもしれない。すなわち、労災リスクが無視できない業種・

職種が人手不足を解消するために高齢者を積極的に受け入れるようになれば、高年齢者の中でのそれら業種・職種のシェアが上昇し、高齢者にとっての平均的な労災発生率は上昇してもおかしくない。実際、老人福祉・介護事業は労働災害の発生率が高いことが知られているが、高年齢の介護職員はこの十年で急増しているため、60歳以上の死傷者数の伸びにおいて保健衛生業が最大の寄与をもたらすようになっている。

労働災害の減少に向けて

　以上のように、社会全体の高齢化とともに労災発生率が上昇し、同時に高齢者の労災発生率も高くなっている。今後さらに高齢化する日本において、人々が安心して働くことのできる社会を実現するためには、高齢者の労働災害抑止が望まれる。しかし、そこにはいくつかの課題が横たわっている。例えば、企業が従業員に対して安全教育を実施するにしても、退職時期の近い高齢者に教育投資するインセンティブが働きにくいことがある。また、60歳以上になると年齢が高くなるほど規模の小さい企業で働く比率が高くなっていくが、小規模企業にとって安全な職場環境を整備するだけの金銭的・時間的な余力が乏しいことも挙げることができるだろう。これらの課題への対応として、厚生労働省は「エイジフレンドリー補助金」事業として、中小企業における高年齢労働者の身体機能の低下を補う設備・装置の導入や、その他の労働災害防止対策に要する経費の一部を補助する施策を実施している。今後、施策の効果を見極めながらブラッシュアップしていくことが望ましい。

　それと同時に、筆者は高齢者の働き方も、今後検討されるべき大きな論点だと考えている。菅・中尾・山田（2020）の事例研究によれば、高齢の作業者は「疲れ」や「焦り」によって転倒しやすくなる。そうであれば、職場において高齢従業員の疲労が蓄積しにくいような配慮が必要となる。また「焦り」が生じると、注意力が低下するとともに、小走りによる転倒のリスクも高まる。そうした状況は、労働者が作業の遅れを取り戻そうとするときや、顧客対応に追われているときなどに生じやすい。余裕をもって仕事をする雰囲気が職場内で醸成されなければ、こうした理由による転倒は減らしにくいと思われる。労働者が皆キビキビと働く社会は高い生産性を実現しやすいが、超高齢社会が到来する日本においては「ゆっくり働くこと」への理解が社会に求められているように感じている。また、労働組合もそうした機運を職場内や社会で醸成するために一役買うことを期待したい。

引用文献

　太田聰一（2001）「労働災害・安全衛生・内部労働市場」『日本労働研究雑誌』No.492、43-56。
　酒井正（2017）「就業者の高齢化と労働災害」『日本労働研究雑誌』No.682、37-50。
　菅 裕香・中尾 奈歩・山田紀代美（2020）「女性高齢清掃員の転倒災害の状況と背後要因に関する検討」、『日本職業・災害医学会会誌　JJOMT』Vol.68、No.2、121-128。

[補論]

2024～2025年度・経済情勢報告

［補論］
2025年度の日本経済の姿

　25年度も物価上昇率を上回る賃金の引き上げが持続することが見込まれ、24年度後半から25年度にかけて消費や設備投資が増加するケース（以下、「ケース１」という。）と、25年度は賃金の引き上げが物価上昇に比べて十分でない伸び率にとどまることが見込まれ、24年度後半から25年度にかけて消費や設備投資が低迷するケース（以下、「ケース２」という。）の２つのケースに分けて日本経済の姿を示す（付表参考）。

　各ケースとも一定の仮定に基づいた試算であることや、先行きの不確実性が極めて高いことに鑑み、本見通しで提示した諸係数は相当程度幅を持って捉えられる必要がある。

両ケース共通の前提
（１）公需に係る想定は、24年度、25年度ともに一定の増加を見込んでいるが、24年度に新たに取りまとめる経済対策の効果は反映していない。
（２）中国経済については不動産市場の調整の影響等により足踏み状態が続く一方、欧米先進諸国が金融緩和に転じたこと等を背景に世界経済の緩やかな拡大は継続し、輸出は緩やかに増加する。
（３）為替レート、原油価格については、2024年７－９月期の水準で一定と見込んでいる。
（４）消費者物価上昇率の前年同期比は、賃上げによるコスト上昇を製品・サービス価格に転嫁する動きが見込まれる一方、既往の大幅な円安が反転したことにより円ベースの輸入物価が下落に転じていることの影響等から、24年度の２％台半ばから、25年度にはケース１で２％程度、ケース２で１％台前半まで鈍化する。

ケース１
　25年度も物価上昇率を上回る賃金の引き上げが実現することが見込まれ、所得環境の改善が継続することから、消費は24年度、25年度とも前年度比で増加する。住宅投資も、24年度は若干の減少が見込まれるものの、25年度には増加に転じる。設備投資は、企業マインドの改善を受け、継続的に拡大する。輸入は、既往の大幅な円安が修正される中で、内需が増加することから、緩やかに増加を続ける。

　この結果、ＧＤＰ成長率は実質で24年度は0.6％程度、25年度は1.3％程度と見込まれる。

[補論]

ケース2

　25年度は賃金の引き上げが物価上昇に比べて十分でないことが見込まれ、消費は24年度については微増、25年度は横ばいにとどまる。住宅投資は24年度、25年度とも減少を続ける。設備投資も、先行きの不透明感から企業マインドが悪化し、伸び率は鈍化する。輸入は、内需の弱さを反映して、ケース1よりも低い伸びにとどまる。

　この結果、GDP成長率は実質で24年度は0.3％程度、25年度は0.6％程度と見込まれる。

【付表】

単位（％）	23年度（実績）	24年度 ケース1	24年度 ケース2	25年度 ケース1	25年度 ケース2
実質GDP	0.8	0.6	0.3	1.3	0.6
（民需寄与度）	▲0.5	0.7	0.3	1.2	0.2
民間最終消費支出	▲0.6	0.7	0.2	1.2	0.0
民間住宅投資	0.3	▲0.6	▲1.5	0.5	▲0.5
民間設備投資	0.3	2.8	2.0	3.0	1.0
（公需寄与度）	▲0.1	0.1	0.1	0.1	0.1
政府最終消費支出	▲0.5	0.0	0.0	0.5	0.5
公的固定資本形成	0.7	2.3	2.3	0.5	0.5
（外需寄与度）	1.4	▲0.2	▲0.1	0.0	0.3
財・サービスの輸出	2.8	1.5	1.5	3.0	3.0
財・サービスの輸入	▲3.2	2.7	2.0	3.0	1.5
名目GDP	4.9	3.0	2.4	2.8	1.4
GDPデフレータ	4.0	2.4	2.1	1.5	0.8

（参考）想定為替レート及び原油価格 (注)

	24年度（残余期間）	25年度
為替（円/ドル）	149.2	149.2
原油価格（ドル/バレル）	73.2	73.2

（注）作業のための想定であって、予測あるいは見通しを示すものではない。

編集後記

　本報告書は、以下の執筆分担により連合総研の責任でとりまとめました。発刊にあたり、ご助言・ご示唆を賜りました経済社会研究委員会の委員・オブザーバー各位に厚く御礼申し上げます。

第Ⅰ部　第1章、第3章	鈴木　智之	（前連合総研主任研究員）
第2章	太田　哲生	（連合総研主任研究員）
	遠坂　佳将	（前連合総研主任研究員）
	千谷　真美子	（連合総研主任研究員）
第Ⅱ部（序文）	鈴木　智之	（前連合総研主任研究員）
	太田　哲生	（連合総研主任研究員）
第1章	石黒　生子	（連合総研主幹研究員）
第2章	多田　健太郎	（前連合総研主任研究員）
第3章	松岡　康司	（連合総研主任研究員）
第4章	中村　天江	（連合総研主幹研究員）
第Ⅲ部　とりまとめ	石川　茉莉	（連合総研研究員）
補　論	太田　哲生	（連合総研主任研究員）

（肩書は2024年9月現在）

生活向上につながる賃上げの実現と労働環境の改善へ
＜2024～2025年度　経済情勢報告＞

2024年10月29日　初版第1刷発行

編集・発行　公益財団法人 連合総合生活開発研究所
　　　　　　　所　長　市川　正樹
　　　　　　　〒102-0074　東京都千代田区九段南2-3-14
　　　　　　　靖国九段南ビル5階
　　　　　　　ＴＥＬ　03-5210-0851
　　　　　　　ＦＡＸ　03-5210-0852

制作・発売　株式会社コンポーズ・ユニ
　　　　　　　〒100-0011　東京都千代田区内幸町1-3-1
　　　　　　　幸ビルディング6Ｆ
　　　　　　　ＴＥＬ　03-4330-0741
　　　　　　　ＦＡＸ　03-4330-0730
印刷／株式会社コンポーズ・ユニ
ISBN 978-4-906697-90-8
ⒸJTUC Reserch Institute for Advancement of Living Standards, 2024 Printed in Japan